文化转向与课程改革

以王国维、胡适和钱穆为中心

"教育、文化与社会:新教育叙事研究"丛书

周勇 著

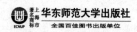
华东师范大学出版社
全国百佳图书出版单位

图书在版编目（CIP）数据

文化转向与课程改革：以王国维、胡适和钱穆为中心 / 周勇著 . 一上海：华东师范大学出版社，2014.10

（教育、文化与社会：新教育叙事研究）

ISBN 978-7-5675-2679-2

Ⅰ.①文… Ⅱ.①周… Ⅲ.①教育史—研究—中国—现代 ②课程改革—研究—中国 Ⅳ.① G529.7 ② G423.07

中国版本图书馆 CIP 数据核字（2014）第 243317 号

大夏书系·"教育、文化与社会：新教育叙事研究"丛书

文化转向与课程改革
——以王国维、胡适和钱穆为中心

著　　者	周　勇
策划编辑	林茶居　程晓云
审读编辑	齐凤楠　朱　颖
封面设计	吴元瑛
责任印制	殷艳红

出版发行	华东师范大学出版社
社　　址	上海市中山北路 3663 号　邮编　200062
网　　址	www.ecnupress.com.cn
电　　话	021-60821666　行政传真　021-62572105
客服电话	021-62865537
邮购电话	021-62869887　地址　上海市中山北路 3663 号华东师范大学校内先锋路口
网　　店	http://hdsdcbs.tmall.com

印 刷 者	北京季蜂印刷有限公司
开　　本	700×1000　16 开
插　　页	1
印　　张	17
字　　数	250 千字
版　　次	2015 年 1 月第一版
印　　次	2015 年 1 月第一次
印　　数	6 100
书　　号	ISBN 978-7-5675-2679-2/G·7703
定　　价	35.00 元

出版人	王　焰

（如发现本版图书有印订质量问题，请寄回本社市场部调换或电话 021-62865537 联系）

"教育、文化与社会:新教育叙事研究"丛书编委会

学术顾问

   丁 钢 田正平 张诗亚 吴康宁

编委成员（以拼音为序）

   蔡 可（首都师范大学教育学院）

   程天君（南京师范大学教育社会学研究中心）

   贺晓星（南京大学社会学系）

   李春萍（北京大学教育学院）

   李振涛（华东师范大学基础教育改革与发展研究所）

   刘云杉（北京大学教育学院）

   王东杰（四川大学历史系）

   吴 刚（华东师范大学教育高等研究院）

   熊和平（宁波大学教育学院）

   叶 隽（中国社会科学院外国文学研究所）

   岳 龙（上海师范大学教育学院）

   周 勇（华东师范大学教育高等研究院）

本书系教育部人文社会科学青年基金项目（10YJC880170）成果之一

"教育、文化与社会:新教育叙事研究"丛书总序

毫无疑问,自孔子以来,教育一直都是维系中国文化与中国社会进步不可或缺的重要力量。今天,规模日益庞大、资源及人力投入也与日俱增的教育体系同样应该为仍在转型的中国文化与中国社会作出有益贡献。和其他人文社会理论研究一样,教育理论研究在今天的庞大教育体系中,亦只是小小的组成部分。虽然微小,但也不能简单止步于向西方教育理论看齐,更不可只在它的话语体系下展开理论研究,而必须从中国历史与现实的文化、社会问题出发,跨越既有的学科界限,接受各种切实能揭示文化和社会问题的新视野与新话语,如此教育研究才可能为当代中国文化与社会的进步贡献一份学术及理论力量。

1920年代,教育学界热衷于引入"道尔顿制"、"设计教学法"等当时西方流行的教育学话语,并以之来改革中国教育。结果这一"移植型"的教育理论建构及其教育改革实践很快皆落入"失败"陷阱,还遭到傅斯年、陈寅恪等权威学人的猛烈"炮轰",故进入1930年代后教育研究备受学界歧视与排斥。多亏一批前辈勉力维系,学院里的"学科"位置才得以保持到新中国成立。新时期,教育学和其他人文社会学科一起拉开"重建"序幕,不久又一起迎来新一轮西方思想的强大冲击,教育学界再度出现被各种西方概念牵着鼻子走的理论生产动向与局面。

为避免重蹈可能的理论"终结"困境覆辙,1990年代中期以来,许多资深教育学者都在进行反思与调整,并在此基础上提出了教育理论应"本土

化"。与此同时，也有一些人文社会学者跨界转入教育学领域，并为教育理论研究带来了历史学、社会学等诸多有利于认识本土教育历史与现实的跨学科视角。因此1980年代末兴起的从"中国文化"角度出发展开的跨学科教育研究能在教育理论界获得更多响应。

在当代几路教育学人的推动下，21世纪初以来，教育理论界其实已经有不少文化及社会取向的忧思与探索。从沉思中国教育改革如何应对剧烈经济社会转型进程中"生命意义"的迷失，到审视西方"经济全球化"与"消费主义"文化泛滥造成的教育挑战，再到考察中国教育改革及"新课程改革"受制于什么样的"社会基础"，过去十多年来，教育理论界已广泛采用"文化"与"社会"的跨学科视野与框架，来分析当代中国教育发展所面临的"文化"与"社会"问题。甚至在考察中国教育的历史演变"面相"时，也有许多教育学者十分重视分析在教育演变中起作用的种种"文化"与"社会"力量。不仅如此，过去十年，教育理论界还兴起了一场"叙事研究"运动，许多一线教师或其他从未被教育理论话语详细描述过的"无名者"纷纷成为"教育叙事"的文本。

本丛书取名为"教育、文化与社会：新教育叙事研究"丛书，既是为了向1980年代末以来各路教育学人在理论及学科视野方面的努力开拓致敬，又是为了尝试以不乏真切"文化关怀"和"社会学想象力"的"新教育叙事"研究，来深化各路前辈在"教育、文化与社会"这一框架下展开的教育理论探索。也因此，本丛书十分希望更多的青年学者加入进来，在关注文化与社会问题的同时，又能通过对非常具体的"时间、地点、人物、事件"展开的"深度描述"与分析，来揭示中国教育曾经发生或正在面对的种种"文化"与"社会"问题，从而为中国文化与社会进步作出有益的学术与教育理论贡献。

周　勇

2013年12月31日

于华东师范大学教育高等研究院

目 录

导　论　现代中国教育的文化转向与文化认同 / 1

　　1. 文化转向与现代中国教育的文化认同重建 / 5
　　2. 当代教育理论界的文化转向与文化认同探讨 / 10
　　3. 被遗忘的本土前辈及其文化转向与课程改革经验 / 14

第一章　"中学无用"：中国教育遭遇文化认同危机 / 21

　　1. 现代教育改革与"中体西用"的形成 / 22
　　2. 被冷落的文化保守"苦心"及其谢幕 / 26
　　3. 激进的趋新与中国教育的文化迷惘 / 32

第二章　独上高楼的寂寞先驱及其文化开拓与课程贡献 / 41

　　1. 依旧以激进政治变革为本的主流文化革新走势 / 42
　　2. "感情苦多"的边缘青年学者及其教育与文学转向 / 54
　　3. 悲剧文学认同与现代中国文学课程范式的诞生 / 68

第三章 "文艺复兴"一代的文化重建与课程改革努力 / 87

1. 现代学术职业主义的兴起与学科课程体制的建立 / 88
2. 蔡元培再度出山与北大成为教育界的"新文化"中心 / 103
3. "科学"的中国现代文化建构实践与课程改革运动 / 117
4. 一位召唤"国魂"的底层教师及其学术与课程突围 / 142

结 语 教育学、课程改革与未尽的现代文化转向 / 175

1. 丰富的文化革新想象与有限的文化实践能力 / 176
2. 课程改革作为教育界的"新文化"生产及传播机制 / 189
3. 作为"学术文化实践"的教育学及其重建之路 / 200

参考文献 / 221

后 记 / 253

导论　现代中国教育的文化转向与文化认同

2013夏天，余华推出新作《第七天》①。有点出乎意料，沉默七年之后，作家想让人们最先读到的竟是《旧约》里的一句话："到第七日，神造物的工已经完毕，就在第七日歇了他一切的工，安息了。"无论指向自己，还是指向现实，这样的主题都难以理解，仿佛自己以及自己试图描写的现实都已不需要写作。手握许多"理论"工具的评价家则有些失望：在这个"景观社会"里，"昔日'先锋文学'的生力军"，已经没有能力揭示所谓"未被彻底遮蔽的真实与现实"。②

十四年前，40岁的余华曾告诉人们，经过20年的文学阅读，他已经有了"温暖和百感交集的旅程"，似乎只需要"模仿着它们（指鲁迅、辛格、福克纳等人的'伟大作品'）的步伐，在时间的长河里缓缓走去"③便可以了。《第七日》的结尾，即是在"模仿"辛格的《傻瓜吉姆佩尔》结尾："当死神来临时，我会高高兴兴地去。不管那里会是什么地方，都会是真实的，没有纷扰，没有嘲笑，没有欺诈。赞美上帝：在那里，即使是吉姆佩尔，也不会受骗。"

作家说，这段话"催人泪下"，又不乏"知识"、"理论"或"思想"意义上的贡献与教导——辛格"告诉我们，有时候最软弱的（比如一直被人欺

---

① 余华《第七日》，北京：新星出版社，2013年。
② 王冰冰《表象时代的写作困境——评余华的〈第七天〉》，《小说评论》2013年第5期，第118—122页。
③ 余华《温暖和百感交集的旅程》，《内心之死》，北京：华艺出版社，2000年，第14页。

侮的傻瓜吉姆佩尔）也会是最强大的"①。总之，与"现实"搏斗的余华大可以将自己的文学实践界定成向"伟大作品"致敬。也许只有这样想，我们才可理解他为何把《第七天》写成那样。但被"理论"缠住的评论家也未说错，因为纯从"理论"的角度看，《第七天》确实没有揭示"未被彻底遮蔽的真实与现实"。而一流小说的使命，如昆德拉所论，恰恰在于不断揭示各种被遗忘的"存在"。②

余华生于1960年，比他小3岁的刘小东也是一位对"现实"感兴趣的"先锋"文化实践者，他们的不同在于刘小东以绘画的方式揭示现实。"他一上来就画民工，画大日头底下无聊躁动的青春"。这样的画，在1990年的时候，曾让1953年出生的画家陈丹青"非常兴奋"，"中国终于出现这样的画家"。陈丹青说，"我们这代人口口声声说是在追求现实主义和人道主义，认为艺术必须活生生表达这个时代。其实我们都没做到……"所以看到刘小东的画，他会很"兴奋"。后来，陈丹青又看到1970年出生的贾樟柯拍的电影《小武》，同样说"这次对了"，"第五代的导演没做到"。"中国的小县城有千千万万'小武'，从来没人表达过他们。但贾樟柯这家伙一把就抓住他了"。③

贾樟柯、刘小东与余华、陈丹青，分别是"1970后"、"1960后"和"1950后"的人。名单还可以列下去，如侯孝贤、杨德昌、吴念真、王家卫，和早已没有声音的窦唯、张楚等。这三个年代出生的人构成了当代中国文化创造的主力。从这一意义上讲，当代中国文化所面临的内部挑战，或许还不是在文化生产被"票房"、"收视率"等"市场经济"指标支配的背景下生产出的许多令人匪夷所思的"选秀"或"雷人"电影和电视剧，而是以他们为代表的三代文化先锋能有什么样的文化创造与文化引领表现。前一类文化生产似乎本来就不是为了创造文化，很难对其寄予文化期望。要是三代文化先锋也围着"票房"、"收视率"打转，那当代中国文化便可能真的只有"市场"和"媚俗"，或只能依靠五千年的文化遗产了。

应该说，他们作为三代人的代表都有不错的文化创造实践：他们虽无法完全免于"媚俗"，却一直在努力探索，在各自所能接触到的现实（历史）中，

---

① 余华《温暖和百感交集的旅程》，《内心之死》，北京：华艺出版社，2000年，第10页。
② 昆德拉《小说的艺术》，上海：上海译文出版社，2004年，第1—26页。
③ 贾樟柯《贾想1996—2008》，北京：北京大学出版社，2009年，第10—11页。

探寻社会到底有何"人道"。《活着》如此,《悲情城市》亦是如此。《一代宗师》何尝不是在尽力刻画民国以来便已成为传奇的"大师"究竟身怀何等厉害的言语与行动——能为"武林"及国家赢得尊严。这三代文化先锋不仅均在知识、道德及美学层面创造出了许多堪称动人的文化,而且拿到了诺贝尔文学奖、金熊奖、金棕榈奖等不少权威的国际文化奖项,替当代中国文化赢得了国际荣耀,尽管这三代文化先锋集体坚持的"现实主义"和"人道主义"文化认同还不能抵抗西方"新自由主义"或"新公司主义"文化在全球范围内的恐怖影响。[1]

然而令人费解的是,三代文化先锋的文化实践及其不乏动人知识、道德及美学内涵的文化作品,至今仍然游离于四处可见的学校课堂(即使他们的文化作品被无数学生喜爱早已是事实)之外。甚至放眼整个教育界,也只有少数大学或者是大学中的中文系、传媒系等少数几个系,会向他们的动人文化实践开放——况且这些极为有限的开放往往也不是为了提供文化理解与支持,而是为了证明西方1970年代以来崛起的一系列文化"理论"比他们的文化实践更高一筹,因此常常是以抽象的"理论"来压低他们的作品。[2]

蔡元培时代,北京大学曾是中国"新文化运动"的中心,整个教育界都跟着沾光,许多大中小学在北大的榜样作用下,成为中国"新文化"生产与传播基地。像南开中学这样的基层学校竟可以成为中国现代话剧的先锋与人才摇篮,乃至成为"北方令人瞩目的文化现象"[3]。细思昔日教育界的文化创造与引领景况,更是会让人纳闷:当代中国教育为何在文化上不是疏离漠视,便是以文化"理论"来代替文化创造呢?当代权威的教育学教科书相信,"教育可以传递、传播文化,可以净化、升华文化,可以更新、发展文化"[4],那么规模庞大、投入甚巨的当代中国教育正在"传播"、"更新"什么样的文化呢?

---

[1] 有关西方"新自由主义"的兴起及其在全球范围内的恐怖影响,新马克思主义理论家有许多深入的宏观与微观研究。参见汪晖《新自由主义的历史根源及其批判》,《台湾社会研究季刊》2001年6月第42期,第1—65页;沈原《市场、阶级和社会》,北京:社会科学出版社,2007年。

[2] 学院评论界对余华的"尖锐批评",乃至"否定",可以说明这一点,参见邵燕君《"先锋余华"的顺势之作——由〈兄弟〉反思"纯文学"的"先天不足"》,《当代作家》2007年第1期,第14—17页。

[3] 梁吉生《张伯苓与南开话剧》,《人物》2009年第10期,第61—67页。

[4] 孙喜亭《教育原理》,北京:北京师范大学出版社,1999年,第83页。

关于教育界的文化生产状况，当代美国权威教育学家有过许多回答，如阿普尔认为只是在生产"官方知识"（official knowledge）文化①，曾在哈佛教育学院主持全美教育调查的西塞则描写得十分具体：

> 学校规模都很大，……；老师们都被过多的工作量压得喘不过气来，士气低落；……学校课程都是州政府指定的，以教科书为主，教材也多半倾向于和标准考试的内容一样；……纸笔测验基本上是唯一评估和考量学生成绩的方式，一般都是复选题或填充题；许多学生对于课业都是缺乏兴趣的，对上学也没有兴趣，只是在虚度光阴等着毕业。②

由于缺乏研究，这里无法判断出当代中国学校是否也是几无文化兴致、缺乏文化创造的文化荒漠，其中也只是一堆让人"虚度光阴"的教科书和考试机器。青年文化学者罗小茗近年曾对地方学校教育体系近十年的"课程改革"运动做过田野考察，且其观察角度是"国家文化生产"。结果发现，原本旨在提高国家经济与文化竞争力的课程改革在基层实施之后，却因为只有课程制度或教学"形式的独奏"，实际可能会"弱化"国家经济与文化竞争力。③

事实是否如此，显然还需进一步研究。但罗小茗希望学校教育能够切实成为重要的国家文化生产机制，这无疑值得欣赏。毕竟国家为改革学校课程运作体系投入了那么多人力与资源，理应看到切实的文化创造，何况学校曾经就是中国"新文化"的诞生之地。遗憾的是，本书没有能力进一步探讨当代中国学校教育体系的文化生产与文化贡献，也不知道怎样消除学校教育与此前提到的三代文化先锋的文化实践之间的体制隔离。本书勉强能做的乃是回望过去，考察1862年至1931年，几代教育改革先锋如何应对清末以来的文化认同危机，以及几代前辈为重建文化所做的努力，尤其是他们的文化转向（cultural turn）与课程改革行动，究竟让现代中国教育炼成了怎样的文化

---

① Apple, M.E. *Official Knowledge: Democratic Education in Conservative Age*, London: Routledge, 1993. p.10.

② Ronald E.Koetzsch 著、薛晓华译《学习自由的国度：另类学校在美国的实践》，上海：华东师范大学出版社，2005年，第117页。

③ 罗小茗《形式的独奏——以上海"二期课改"为个案的课程改革研究》，上海：上海书店出版社，2013年，第230—243页。

实践或创造能力，具体取得了什么样的"新文化"成绩。

1. 文化转向与现代中国教育的文化认同重建

既然本书首先是将文化转向作为基本的概念工具，来考察清末民国时期现代中国教育的文化实践状况与文化创造能力，那无疑得先对文化转向做一番界定，以弄清究竟用它来分析什么。从人文社会学界的情况来看，学者们最初提出"文化转向"这一概念是在1990年代，以用它来概括1970年代末至1980年代初人文社会学界兴起的一股学术变革运动，这股运动便是当时诸多人文社会学者纷纷突破各自学科原有的焦点与框架，将学术视野或研究对象转到"文化"上。①

为了进一步弄清人文社会学界1970年代末兴起的"文化转向"运动，学者们还从中推举出几位著名人物及其代表著作，来呈现文化转向运动的主流理论特征与意义，包括福柯（M. Foucault）的《规训与惩罚监狱的诞生》（*Discipline and Punish*）、布尔迪厄（P. Bourdieu）的《实践理论大纲》（*Outline of a Theory of Practice*）以及格尔茨（C. Geertz）的《文化解释》（*Interpretation of Cultrues*）等。②这里不必细究这些著作的内部结构，只需要强调一点，即"文化转向"一词最初是用来指西方人文社会学界1970年代末发生的重大变化，这一变化突出表现为几乎各人文社会学科都有学者想去研究"文化"，而不想继续面对各自学科传统的研究对象。

以早已被当代人文社会学界视为大师的福柯为例。福柯1946年考入巴黎高师攻读哲学以来，他便不想按照黑格尔的体系来创造哲学（尽管学校规定必须精通黑格尔哲学），而是很想把哲学由枯燥的哲学史，改成令人震惊激动的"奇特的作品"，就像当时先锋艺术家阿尔托的戏剧《与字托南·阿尔托密谈》那样，能让观众看过之后，永远记住"那个被虚无笼罩，更确切

---

① Steinmetz, G. *State/Culture: State-Formation after the Cultural Turn*. Ithaca: Cornell University Press. 1999. p.1—2.
② Bonnell, V.E. & Hunt, L. eds. *Beyond the Cultural Turn: New Directions in the Study of Society and Culture*. Berkeley and Los Angeles: University of California Press.1999.p.4.

地说是与虚无融合在一起的肉体磨难和恐怖空间"[1]。总之，福柯想转向自己真正喜欢的文化，它不是以黑格尔为代表的古典理性哲学，而是"二战"以来法国文学、艺术、电影等领域的新文化。

在当时巴黎高师的哲学体制里，福柯的"文化转向"当然无法通过。但忍耐彷徨多年以后，他还是把一篇以"疯癫"为主题的博士论文，做成了有如阿尔托的戏剧一般的作品——才华横溢且充满反抗张力。他向巴黎大学申请答辩，结果，外请的一位保守的学术评委认为"福柯肯定是一位作家"，而不是一位能区分文学和史学的学者。[2]但答辩主席、时任巴黎大学哲学系主任的康吉兰是巴黎高师中欣赏福柯的老师，他充分肯定"福柯从多个维度揭示了造型艺术、文学和哲学中的疯癫及其对于现代人的启示意义"[3]，让现代人不只是从"精神病学"的角度理解"疯癫"。

归根到底，福柯之所以要从哲学转向自己喜欢的文化，是因为自"二战"以来他已不想忍受在残酷现实前面形同虚设的"古典哲学"乃至整个西方古典文化。1970年他担任万塞纳（一作讷）大学哲学系主任时，还曾在教育部长面前捍卫其文化转向，他说：

谁能明确地告诉我哲学是什么？凭什么，根据哪家经典，哪家标准，哪家真理否定我们所做的一切？我不知道世界上存在着什么真正的哲学，世上只有"哲学家"。这个概念是指这样一些人：他们的话语和活动随着时代变化而变化。我们不仅必须从政治保守主义下解放自己，而且必须从文化保守主义下解放出来。我们必须关注我们的习俗，……应该戏弄、暴露、改造、颠覆这些悄悄地规范我们的习俗。就我而言，这正是我在工作中竭力做的。[4]

在福柯眼里，仿佛西方哲学乃至整个西方现代文化都已不是文化，都变成了高高在上、令人厌恶的"习俗"、"言语"、"压迫机制"或"知识权力"，

---

[1] Foucault, M. *Madness and Civilization*. New York: Routledge, 2001. p.287.
[2] Millner, J. *The Passion of Michel Foucault*. Cambridge: Harvard University Press, 2000. p.104.
[3] Canguilhem, G. Report from Mr. Canguilhem on the Manuscript Filled by Mr. Michel Foucault, Director of the Institute Francais of Hamburg, in Order to Obtain Permission to Print His Principal Thesis for the Doctor of Letters, in *Critical Inquiry*, Vol.21, No.2, 1995. p.280.
[4] 刘北成《福柯思想肖像》，上海：上海人民出版社2001年，第222页。

他因此要"劈开其内部结构，颠覆之"，① 让新一代哲学学子可以自由转向法国"二战"以来兴起的"新文化"，如格里耶的"新小说"、阿尔托的新话剧、"新浪潮"电影。可以说，福柯的作为，的确可以淋漓尽致地表现何谓西方人文学界的文化转向，但 1990 年代的后辈学子在以"文化转向"一词概括福柯式的文化革新时，已很难再现福柯那一代的"新文化"创造才华与影响力，因为 1990 年代西方社会的想象力又被势力远比"古典哲学"强大的"新自由主义"主宰了。

当福柯在法国掀起"文化转向"时，一些相对温和的英国人文学者也在实施自己的"文化转向"。他们便是学术界一提到"文化转向"，首先便会想起的伯明翰学派，即理查德·霍加特（R. Horggart）、雷蒙·威廉斯（R. Williams）和汤普森（E.P. Thompson）、保罗·威利斯（P. Willis）等人。开创者霍加特原本出身于剑桥大学英文系，这意味着他得按古典方式研究莎士比亚等人的古典文学巨著，但他却想转向另一种文化，一种不被古典主义者及精英主义者视为文化的文化，即在工人阶级的生活世界中起作用的文化，或所谓的"大众文化"（mass culture）。然而，被古典文学巨著垄断的文化教育界怎么可能接受他们的"文化转向"。

剑桥大学、牛津大学均不接受，但新兴的伯明翰大学接受了霍加特的"文化转向"。1964 年，伯明翰大学允许他在校内创建"当代文化研究中心"（Center for Contemporary Culture Studies，简称"CCCS"）。学界所熟知的"文化研究"（culture studies）由此诞生，它不再像传统的英文系那样，以解读莎士比亚的文学巨著为中心，而是为了让年轻一代学子，尤其是新兴大学中人数居多的工人阶级后辈学子，掌握一种具有特定"社会理论"结构的"文化研究"，普及一种"文化社会学"（如"文学艺术社会学"）②，使年轻学者不只是解读文化作品内部的意义，而是置身于广阔的社会生活中，分析各类文学或文化实践的意义。

霍加特等人的研究对象并不相同。如霍加特本人留恋儿时旧工人社区体面祥和的文化生活，威廉斯则依然重视"作家"的文化，后期的威利斯

---

① Foucault, M. *The Birth of Clinic*, New York: Routledge, 2003. p.xv-xvi.
② Center for Contemporary Culture Studies. *First Report*. University of Birmingham. Sept., 1964. p.2—3.

尤其关注工人阶级中学生在校园里的文化抵抗。① 不过他们都主张考察"社会"生活的文化，以及现实（历史）"社会"生活中的文化实践及作用。由于 1990 年代崛起的"新自由主义"开始控制教育界，"当代文化研究中心"坚持到 2002 年，因为在论文生产方面量化业绩不佳，被管理部门评价为"表现低劣"，最终被迫关门。② 虽然"文化研究"的体制寿命只有 38 年，但它仍是西方人文学界早期的"文化转向"典范，同样可以为后来者理解"文化转向"提供生动的经验样本。③

至此，已不必再举案例来说明何谓"文化转向"，更无需再以纯理论辨析的方式来界定"文化转向"的具体所指，而可以直接交代一下，本书所说的"文化转向"，是指清末以来中国教育界各路改革先锋的文化转向，而且文化转向似乎比"启蒙"、"科学"等一般固定名词，更适合用来贴近、追踪前辈漂泊不定的文化革新实践。如梁启超离开康有为的今文经学政治文化，转向西方的国家政治及君主立宪政治文化，晚年又回到清代学术文化；严复转向西方思想，晚年也转向中国文化；王国维转向康德、叔本华哲学，不久又转向《红楼梦》、唐诗宋词等中国古典文学，民初则突然转向史学；胡适、顾颉刚等打倒令"五四"学子窒息的所谓"孔家店"，转向建构"科学"且"大胆假设"的"新国故学"文化，同时又青睐"新诗"、戏剧等情感浓郁的文化实践等。

正是诸如此类的动荡文化转向，决定了现代中国教育的文化实践走向，决定了现代中国教育到底能生产出什么样的现代文化或取得何种"新文化"成就。然而从"文化转向"出发考察现代中国教育，究竟是要分析什么核心问题呢？很明显，核心问题与重建文化认同有关。言外之意，本书的核心假设是：清末以来中国教育界诸路改革先锋的文化转向及其文化创造努力，均可以看成是为了解决中国教育的文化认同重建问题。正是这一核心假设，促使本书去考察、描绘自张之洞以来教育界几代改革先锋的文化转向与文化革

---

① Horggart, R. *The Use of Literacy*. London: Penguin, 1958. Williams, R. *Culture and Society, 1780—1950*. London: Chatto & Windus, 1959. Willis, P. *Learning to Labor: How Working Class Kids Get Working Class Jobs*, New York: Columbia University Press, 1981.

② Webster, F. Cultural Studies and Sociology at, and after, the closure of the Birmingham School, in *Cultural Studies*, Vol.18, No.6, 2004. p. 847—862.

③ Gibson, M. *Culture and Power, A History of Culture Studies*. New York: Berg Publishers, 2007.

新实践，看看前辈们的努力曾让现代中国教育形成了什么样的"新文化"认同，几代前辈创造的"新文化"成绩是否也可以赢得世界的认同。

必须承认，这一核心假设最初之所以能够形成，或者之所以将核心议题和文化认同关联起来，与人文社会学界文化转向提供的理论启示不无关系。福柯突破康德、黑格尔，转向话剧、小说等自己喜欢的新文化，一定意义上是为了重建自己的"哲学"文化认同。伯明翰学派亦是如此。霍加特发起文化研究，表达了他的工人文化认同——儿时的文化乡愁。在《文化与社会：1780—1950》中，威廉斯则将注意力放在了"作家"身上，考察作家们如何理解剧烈的现代经济社会变迁，以及他们的文学实践能为重建社会"团结"提供什么样的"生活方式"。

福柯、霍加特等人是在哲学（西方现代文明）、工人阶级、文学等宏观领域探讨如何重建文化认同，而在许多更微观的文化研究试验中，文化认同亦是其基本论点。例如，潘毅近些年便一直在研究，"打工女"能否以及如何在充满压迫与痛苦的"世界工厂"体制中，建立起自己的"主体"认同，并分析她们与"世界工厂"体制的互动行为（顺从与抵抗）将她们塑造成了什么样的新一代"中国女工"，其中有无所谓"自由"与"幸福"。[①]这些更微观的文化转向与文化研究同样会让人对文化认同产生敏感。可以说，只要将视野转向文化，就必然会关注文化认同。

问题就在于"文化认同"是否可以用来考察现代中国教育的历史进程，或者说，在晚期以来的现代中国教育改革中，"文化认同"是不是一个重要的理论与实践问题。很明显，无论是早期严守"夷夏之夏"，还是后来张之洞等人提出"中体西用"的调和理论，抑或是"维新运动"以来新一代有识之士认为"中学不能为体"，而不得不从根本上向西方学习，其实都是在处理现代中国教育改革因为遭遇"千年未有之变局"而不得不面对的"文化认同"危机问题。及至当代，随着"全球化"、"国际化"等新的历史驱动机制对中国教育的影响日益增强，中国教育再度遭遇了"文化认同"问题。[②]可见，在近一个多世纪，"文化认同"始终是中国教育改革与发展难以回避的一大

---

① 潘毅《中国女工——新兴打工者主体的形成》，北京：九州出版社，2011年。
② 丁钢《历史与现实之间——中国教育传统的理论探索》，桂林：广西师范大学出版社，2009年。

重要问题。理论研究需要大力考察不同时期的改革行动如何理解、应对中国教育的"文化认同"问题。

2. 当代教育理论界的文化转向与文化认同探讨

从理论特征来看，本书议题乃是一项"新文化史"研究试验，但就学科体制归属而言，本书仍属于教育学，因此必须梳理一下教育理论界的文化转向与文化认同，进而才可以明确本书的理论或学术价值。早在1970、1980年代，西方教育理论界就有不少学者开始引入伯明翰学派的"文化研究"理论，同时，法兰克福学派、福柯的知识权力批判以及女性主义、后殖民主义等其他文化研究范式也在教育理论界广泛传播，再加上文化研究界也有一些学者主动向"教育"领域靠拢，①从而使得西方教育理论界形成了诸多声势颇为显著的"文化转向"运动，甚至在十分微观的学科教学研究领域，都有许多学者在推动"文化转向"，发展学科教学的"文化研究"。②

可以说，西方教育理论界早已形成诸多理论清晰的"文化转向"运动。在此运动中，自然也会有许多教育学者热衷于探讨"文化认同"问题，尤其是考察教育承受者如何以自己的"象征行为"努力建构自我认同。③遗憾的是，西方教育理论界固然有显著的"文化转向"运动，也有十分微观的"文化认同"研究，但其研究对象终究都是指向西方当代教育，而未考察现代中国教育的"文化认同"问题。即使西方比较教育学界有一些学者在研究现代中国教育，也多是依靠"现代化"这一传统框架。④总之，西方教育理论界只是在分析工具上值得参考，未能在史事方面为本书提供可资立足的基础。

还需理清的是本国教育理论界的情况。1990年代中期，受西方及国内人

---

① Maton, Karl. et al. Returning cultural studies to education, in *International Journal of Cultural Studies*, Vol.5, No.4, 2002. p.379—392.

② Tobin, K. Toward a Cultural Turn in Science Education, in *Cultural Studies of Science Education*, Vol.1, No.1, 2006. p.7—16.

③ Alexander, B.K.et al. *Performance Theories in Education: Power, Pedagogy, and the Politics of Identity*. L. Erlbaum Associates. 2007.

④ Hayhoe, H. ed. *Education and Modernization: The Chinese Experience*, Oxford: Pergamon, 1992. Potts, P. *Modernising Education in Britain and China*, New York: Routledge Falmer, 2003.

文社会学界的影响，中国教育学界的理论重建活动开始活跃起来，许多学者都试图建构真正的"本土教育理论"。但就"文化转向"而言，直到现在似乎也未看到显著的效果。与西方教育理论界的"文化研究"进展相比，中国教育理论界至今也未出现一本以"文化研究"为主题的正式期刊或丛书。不过，绝不能因为尚未看到理论清晰、学术建制也颇健全的"文化转向"运动而否定中国教育理论界的"文化关怀"。事实上，理论重建推进到 21 世纪初时，当代中国教育学界诸多资深学者不约而同地表达了各自的"文化忧思"，并从不同角度推出了诸多与"文化认同"相关的理论著作。

2004 年，顾明远推出专著《中国教育的文化基础》，即在探讨"中国教育的文化之根"，并希望中国教育理论与实践能对自己的"文化之根"保持"反省与自觉"，从而建立中国教育的"现代传统"，使中国教育走上"返本开新"、"继往开来"的文化发展轨道。① 顾先生从"文化基础"入手展开的思索不仅强调了文化在中国教育发展中的重要意义，而且显然也是在处理中国教育改革的"文化认同"问题，并给出了一种文化认同重建路径：反对"西方中心主义"，但又不拘泥于民族保守主义，而是将中国教育的"文化之根"或"文化传统"置于"现代化"的要求之下，使其中积极的文化因素能在尚未完成的"教育现代化"发展中，演变成新的"文化传统"。②

除了以"现代化"的分析框架来思考、处理中国教育的"文化认同"外，"全球化"也是 21 世纪初以来教育理论界分析中国教育文化问题时经常使用的一大基本框架。在这方面，值得注意的是鲁洁的思索。与只顾"与国际接轨"的"全球化"探讨不同，鲁先生则是将"全球化"视为正在遭遇的危险历史进程，从而对"全球化"保有了必要的批判性。她认为其中的许多危险力量，会使中国教育变得更加没有自己的文化认同。在《应对全球化：提升文化自觉》一文中，鲁先生便指出，在被美国新型经济政治权力主宰的"全球化"进程中，裹挟了"消费主义"、"同质化"等会对中国教育造成不良影响的危险文化力量，教育界必须寻找应对办法，而可行的措施之一便是激发民族文化自觉，同时"提高对个体具广泛影响的消费主义文化之反思

---

① 彭江《教育之根与文化自觉——读顾明远先生＜中国教育的文化基础＞有感》，《中国教育学刊》2006 年第 5 期，第 12—14 页。
② 高益民《顾明远教授文化观的若干辨析》，《比较教育研究》2008 年第 9 期，第 10—15 页。

同一时期，丁钢也在思考当代中国教育改革面临的文化问题，其关注对象乃是21世纪初兴起的"新课程改革"。丁先生认为，"在西方知识日益推广的时代背景下，如何处理本土知识与西方知识体系之间的关系，无疑是课程变革研究无法回避的问题"，课程变革研究因此"需要一种'课程文化的视野'，其理论旨趣在于理解不同课程知识体系背后的历史文化处境及其教育价值取向，从而在与其他文化课程进行交往的过程中，逐渐建构一种突显本土文化价值并能够赢得其他文化尊重的课程体系"，而不是"遗忘本土知识的历史文化处境与教育价值取向，进而迷失本土知识的文化优势"[②]。丁先生的这些思考给出了一种"课程文化的视野"，其宗旨也是为了处理中国教育的"文化认同"问题。

上述诸家的"文化忧思"构成了当代中国教育理论界的主流文化转向。如果要问当代中国教育理论界形成了什么样的文化转向，答案就在上述诸家的"文化忧思"里。同时，这些忧思也为分析、处理当代中国教育的"文化认同"问题贡献了"文化之根"、"全球化文化"批判和"课程文化"等理论路径。近些年来，当代中国教育理论界的文化思考仍在继续，有的探讨甚至还深化了此前诸家的理论，开始探讨造成当前中国教育"文化认同危机"的深层结构，认为被国内外政治经济力量支配的当代中国教育总是难以坚持"教育的主体性"，更不要说达成清晰一致的"文化认同"，这导致教育界在一番忙碌之后，却不知道"做了什么"。[③]

这一难得的后续分析似乎有些悲观，它没有注意到此前诸多资深教育学者为处理"文化认同"问题付出的努力，同时其对中国教育的"文化认同"期望亦仅局限于达成一致且独立的"教育"认同（理想），并未真正从文化的角度分析中国教育的文化问题，以致必然会忽视考察包括教育学者在内的本国教育体系内各类"个体"的文化实践及其"能动性"。本书也将致力于深化当前中国教育理论界已有的"文化忧思"，但其深化路径却不是从分析

---

① 鲁洁《应对全球化：提升文化自觉》，《北京大学教育评论》2003年第1期，第27—30页。
② 丁钢《课程改革的文化处境》，《全球教育展望》2004年第1期，第16—19页。
③ 程福蒙《全球化与本土化之间：课程改革论述的转变与文化认同问题》，《教育学报》2006年第3期，第27—31页。

当代中国教育体系的复杂动力结构开始,而是回到晚清民国时期的中国教育界,考察各路前辈改革先驱的文化转向与文化认同重建实践,并以此来深化当代中国教育理论界对格局尚不清晰的文化转向与文化认同的探讨。

所谓"格局尚不清晰",是相对西方教育理论界的文化转向而言的。西方教育理论界早已形成了许多理论结构清晰的文化转向,且都已在教育理论界生根发芽,西方教育理论界也因此形成许多"文化学派"和异常丰富的文化转向表现与文化认同研究路径。与之相比,当代中国教育理论界显然还未形成文化理论明确的文化转向,只有一些理论结构与理论传统皆十分模糊的宏观文化忧思和文化观点。身处文化理论积累仍不清晰的教育学语境中,新一代教育学者也因此在文化上几无任何凭借,只得自言其说。[①]

和本国文化界的情形相比,当代中国教育理论界的文化思考同样显得模糊不清。如陈丹青所言,至少从他这一代人——1950后起,本国文化界便一直在追求"现实主义"和"人道主义"文化,并因此涌现出刘小东绘画、贾樟柯电影等许多杰出的"现实主义"和"人道主义"文化作品。但本国教育理论界的文化忧思进行到今天,也很难看清其中有何具体且广被1950后、1960后和1970后等几代教育学人集体认同的"主义"(文化)。与之相似,教育理论界自觉发起或积极参与过什么样的文化生产,有过哪些广被认可的文化作品,同样也是一片模糊。这难免会让旁观者以为,在文化上,教育理论界仿佛只需申明一下"教育可以传递文化,可以更新文化"便够了,无需直接从事任何具体的文化实践。

当然,做这样的比较,并不意味着形成结构清晰的文化理论是当代中国教育理论界的头等大事。当代中国教育理论界文化忧思型的文化转向,确实需要明确的文化理论,但对本书而言,真正重要的还不是文化理论,而是文化实践。正是从这一意义上讲,本书的理论意义才得以凸显出来:它将通过揭示清末以来几代教育改革先锋的文化实践,来深化当代教育理论界的文化转向,并为当代中国教育理论界应对文化问题提供历史经验。进而言之,本书将向当代中国教育界呈现清末以来,几代教育改革先锋人物曾以什么样的文化实践来表达各自的文化忧思与转向,重建中国教育的文化认同,为当代

---

① 李振涛《基础教育改革的关键词应是"文化变革"》,《人民教育》2008年第3、4期,第2—5页。

中国教育学者反思、完善自己的文化实践提供历史教训及经验。

3. 被遗忘的本土前辈及其文化转向与课程改革经验

也许有一天，当代中国教育理论界尚显模糊的文化忧思能够演变成诸多理论结构清晰的文化转向，甚至"进化"成能对整个中国教育的文化走向产生显著影响的文化实践，而不仅仅只是担心中国教育会迷失自己的"文化之根"，或被"消费主义"、"新自由主义"等西方的各种劣质文化牵着鼻子走。实现这一文化意义上的学术提升，无疑需要几代教育学者的集体努力。但在这之前，显然得了解一下，中国教育曾经有过什么样的重要文化转向与文化实践，以及"五四"以来突然在教育界崛起的教育学者最初是如何定位自己的文化生产的。不然，中国教育及教育学者恐怕很难在文化上弄清楚教育来自哪里，又去向何方。

文化上的来自哪里，去向何方，即所谓"文化道路"，在本书这里，它仍是由清末以来几代教育改革先锋的文化转向与文化实践组成。而在当代教育理论界的文化忧思中，本土前辈的文化转向与文化实践几乎都被遗忘了。本书无法将本土前辈有过的文化转向和文化实践全部揭示出来，但却可以选择一些重要人物，描绘其文化转向和文化实践经历。清末时期，先是张之洞一代和以康有为为代表的激进"维新"一代，然后是以梁启超、章太炎、王国维为代表的1860后、1870后"维新"一代，其中1877年出生的王国维将成为关注中心。接下来便是"五四"时期崛起的"文艺复兴"一代即1890一代，包括主流的胡适派和边缘的钱穆。

此外，蔡元培、陈独秀、鲁迅、陈寅恪、沈从文等情况比较特殊的文化革新者也将不时客串出场，他们或是教育界新一轮文化转向与文化革新运动的强力推动者，或是深知教育界文化内情的旁观者，能对教育界的文化生产状况做出权威评价。本书将尽可能地深入描述这几代人的文化转向，以及他们转向各自的文化之后有过什么样的文化实践。至于为什么将重心放在康有为之后的梁启超、章太炎、王国维、鲁迅、胡适、钱穆等一百多年前的1860后、1870后、1880后和1890后身上，固然因为他们本身都是现代中国教育历史变迁中的重要人物，但更主要的还是因为这些人很能反映现代中国教育曾经拥有什么样的文化创造与文化认同重建能力，及至今日中国教育也未超出他们的文化视野与文化能力。像陈丹青便有点类似当年的鲁迅，同时似乎也在教育体制姿态及文化创作方式上积极向鲁迅学习。①至于仍在胡适一系开辟的新"国故学"领域展开文化实践的，当代教育界更是大有人在。还需要交代的是，昔日前辈形成各自的文化转向后，有过许多文化实践，为什么本书特别将课程改革单列出来，下做两点解释。

首先是因为过去十多年来，中国教育的一大显著变化便是从2001年起，教育部决定在全国实施"新课程改革"。②有人甚至认为，从2001年起，"我国教育发展进入了一个崭新的时代"，即"课程改革时代"。③此后几年间，教育理论界的研究重点也迅速转向教育部启动的"新课程改革"。如教育社会学学者吴永军所查，2003到2007年间，各类教育报刊便发表了1000余篇课程改革方面的文章，其中"登载于核心期刊、对新课改中的问题进行直接研究的有440余篇"。④难怪在那几年里，只要一翻开教育期刊，便会看到"课程改革"这几个字。

正是教育理论界到处都在探讨课程改革，让本书作者也具有了很强烈的课程改革关怀。只不过，与时下往往笼统地将课程改革理解为"应试教育"的急救良方或"素质教育"的达成手段不同，本书则是把课程改革看成是教育界可能拥有的一种文化生产与传播机制。这一理解当然是相对历史而言，其基本意思是说，自1862年以来，中国教育界陆续出现过许多"新文化"生产与传播机制，如"学会"、"报刊"等。对于这些文化生产与传播机制，学界已有不少研究。至于教育界的另一大文化生产与传播机制，即"新学堂"体系建立以来的各种课程改革活动，则少有人问津，仿佛课程改革只是课程或教学制度变革，在文化生产与传播方面起不到任何值得研究的重要作用。

有意思的是，过去十多年的课程改革倒是集中表现为教学制度变革，甚至只有教学"形式的独奏"。如前所述，这是文化研究领域一位青年学者依

---

① 陈丹青《笑谈大先生·七讲鲁迅》，桂林：广西师范大学出版社，2011年。
② 教育部《基础教育课程改革纲要（试行）》，《中国教育报》2001年7月27日，第2版。
③ 蒋建华《全球课程改革走向何方》，《教书育人》2005年第1—2期，第28页。
④ 吴永军等《关于我国基础教育新课改问题研究的反思》，《教育发展研究》2008年第18期，第52页。

靠"田野考察"得出的结论，目的是为了透过课程改革来看当代中国的"国家文化生产"能力，结果发现，原本旨在提高国家文化实力的课程改革在地方实施以后，非但没有提高国家文化实力，反而弱化了国家文化实力。① 这是目前所见的唯一一项针对"新课程改革"展开的文化研究，其文化角度虽然单一（仅在观察"新课程改革"的"国家文化生产"功能），却也从一个侧面揭示了2001年以来的课程改革并无任何特定且显著的文化考量。

如此也就不难理解，为什么即使不对"新课程改革"展开文化视角十分明确的文化研究，而只是对其进行一般的理论反思，也可以轻易点出"新课程改革"的文化盲点。似乎无论反思者提到何种文化诉求，都不能在"新课程改革"中得到满足。吴永军就曾指出，"新课程改革"在"传统文化"生产与传播方面存在明显的"缺失"。②

为什么会这样？在国家急需发展优秀文化的背景下，全国范围内推行的、耗费甚大的课程改革竟然几乎没有任何明确的文化考量。对此问题，另一位教育社会学学者吴刚最近完成的一项专门研究或许可以给出答案，原来"新课程改革"最初设计时，便"没有真正可靠的内核"："由于缺乏必要的理论准备，导致核心理念缺失；由于缺乏对关键概念的梳理分析，导致整体设计的逻辑混乱；由于缺乏对前沿研究的追踪把握，导致框架理论的拼凑套用，引发理论前提的内在冲突。其最终结果是造就一场没有理论逻辑和行动逻辑的课程运动，奔走在教育突围的迷津中，忙碌而难有成效。"③

如此看来，课程改革近乎是瞎忙一场，看不出有什么可靠结果。④ 果真是这样，或许也不值得大惊小怪，因为类似瞎忙一场的课程改革在清末以来的教育界亦曾出现过，其中最著名的莫过于"道尔顿制"教学改革试验。不过，清末以来的教育界还有许多不一样的课程改革，这些改革有着明确的

---

① 罗小茗《形式的独奏——以上海"二期课改"为个案的课程改革研究》，上海：上海书店出版社，2013年，第230—243页。
② 吴永军等《关于我国基础教育新课改问题研究的反思》，《教育发展研究》2008年第18期，第52页。
③ 吴刚《奔走在迷津中的课程改革》，《北京大学教育评论》2013年第4期，第20—51页。
④ 另一些业内观察者则认为，课程改革常常是为了应付而不得不假忙一场，以至许多一线教师因此产生厌倦和抵触，参见柯政《理解困境：课程改革实施行为的新制度主义分析》，北京：教育科学出版社，2011年；马健生等《新课程改革存在的主要问题及分析》，《教育科学研究》2007年第2期，19—22页。

"理论逻辑"和"行动逻辑",内核就是文化逻辑。如王国维以叔本华的美学文化理论来改革清末旨在灌输传统纲常伦理的"中国文学"课程,使文学课发挥其美学文化培育与熏陶功能;民初钱穆以自己的《论语》修辞研究,来改革当时仍注重伦理说教的《论语》教学,使学生掌握《论语》中的"古文"作文艺术;胡适主持全国课程改革时,极力主张改革是为了普及"白话文"和"科学"的思想文化。

王国维、钱穆及胡适等人在地方、国家等不同层面发起的课程改革均有十分明确的文化目标。这一点正是本书之所以将课程改革单列出来的第二大原因。如本书即将描述的那样,虽然他们的课程改革也并非均取得满意结果,胡适更是因为"摊子"铺得太大而难以收拾,但在这一点上他们总归是成功的,即他们的课程改革均没有舍本逐末,不会把教学制度或教学形式改革当作目标本身,而是始终以十分具体的文化革新目标来统领课程改革。课程改革即因此成为其"新文化"实践的基本方式之一。他们同时还通过办刊、著述等方式来展开各自的"新文化"实践,但课程改革亦是其重要的"新文化"实践方式,整个教育界也因此多了一种"新文化"生产与传播机制。

为什么当下的课程改革做成这样,昔日的课程改革做成那样?其实只要分析一下主事者的人员结构与文化背景,原因便可一目了然。不过,这样的比较研究并不在本书的议题之列,本书所要做的只是尽力生动呈现王国维、胡适、钱穆等昔日教育界各路改革先锋如何通过课程改革来生产、传播各自的"新文化",从而将诸多文化逻辑明确但早已被今人遗忘的课程改革历史景观勾勒出来。本书中,真正重要的仍是昔日教育界各路本土前辈的文化实践,课程改革正是各路本土前辈的文化实践之一。

描述前辈们的课程改革实践,或许可以让今日的课程改革设计者,尤其是随"新课程改革"崛起的"课程理论"专家,看到另一种课程改革——以"新文化"生产与传播为本的课程改革,但本书并不认为历史经验叙事能对当下仍在进行的课程改革会产生多少实质意义上的影响,因为既已发生的事情,谁也无法改变。面对无以改变的庞大"结构",任何"个体"或许都只能看开一点,毕竟教育界并非只有课程改革,无论其有什么样的"理论逻辑"和"行动逻辑",都不至于决定整个教育界的文化生产或实践能力。相反,除了课程改革外,教育界还有其他文化生产与实践方式,因此真正关键的问题仍是,在教育界奔波忙碌的"个体"想有和能有什么样的文化实践。

想有和能有什么样的文化实践,都来源于个体的文化转向。课程改革要想成为一种文化逻辑或文化目标明确的文化实践,同样必须先有清楚的文化转向。在这一点上,我们可以在积累相对深厚的西方课程理论界找到许多成熟例证。西方课程理论家们不仅早已推出了"国家文化"、"多元文化"、"大众文化"及"女性主义"等诸多文化理论立场甚是明确的文化转向,而且擅长从各自的文化理论出发,分析学校课程体系究竟正在生产、传播什么样的文化,并因此为改革学校课程体系贡献了许多文化目标十分具体的方案文本,[1]甚至连"饶舌音乐"一类的大众文化都被引入了所谓"文化认同"教学革新计划。[2]

相比之下,近十年崛起的一直在为"新课程改革"奔波忙碌的国内"课程理论"专家在文化方面有过什么样的具体想法与实践[3],未来又可能出现什么样的文化转向呢?[4] 这又是一个中国教育界的任何"个体"都可能要面对,

---

[1] Giroux, H.A. Curriculum, Multiculturalism, and the Politics of Identity, in *NASSP Bulletin : National Association of Secondary School Principals*, Vol.76, No.548. 1992. p.1—11. Phillips, R. Contesting the Past, Constructing the Future: History, Identity and Politics in Schools, in *British Journal of Educational Studies*, Vol. 46, No. 1.1998.p. 40—53. Kros, C. Ethnic Narcissism and Big Brother: Culture, Identity, and the State in the New Curriculum, in *Bulletin of African Studies in Canada*, Vol.38, No.3, 2004. p.587—602. Tarc, A.M. Reparative Curriculum, in *Curriculum Inquiry*, Vol. 41, No. 3. 2011.p. 350—372.

[2] Weaver, J. (Popular) Culture Matters - Iterating Curriculum, Identities, and Hip-Hop, in *Journal of Curriculum Theorizing*, Vol.20, No.1. 2004. p.111—112.

[3] 这里所谓实践,是以西方课程理论家为例,包括研究实践与改革实践,即对学校课程展开文化理论明确的文化研究,和根据文化理论展开学校课程改革,参见 Lawton, D. et al. *Theory and Practice of Curriculum Studies*, Abingdon: Routledge, 2012.

[4] 就目前国内"课程理论"界的文化转向与文化研究进展而言,以下几点值得注意。首先是南京师范大学教育社会学背景的课程学者过去十多年来一直重视分析学校课程体系的文化问题,并且形成了颇具规模也颇有解释力的课程文化社会学研究运动,其具体的课程文化视角包括意识形态、"政治仪式"文化、性别文化、学生文化等,参见吴永军《课程社会学》,南京:南京师范大学出版社,2001年;程天君《"接班人"的诞生——学校中的政治仪式考察》,南京:南京师范大学出版社,2008年;石艳《我们的"异托邦":学校空间社会学研究》,南京:南京师范大学出版社,2008年。其次便是一些零星的课程文化研究试验,如一些课程学者曾尝试启用"符号"、"知识权力"等文化理论来研究学校课程,参见董标《符号、知识与课程》,《教育理论与实践》2003年第3期,第6—10页;黄忠敬《知识·权力·控制:基础教育课程文化研究》,上海:复旦大学出版社,2003年,但这些课程文化研究尝试至今也未形成气候。最后,另有一些课程学者还曾尝试以"文化哲学"、"文化学"框架,来探讨"新课程改革"的文化问题,参见靳玉乐等《新课程改革的文化哲学探讨》,《教育研究》2003年第3期,第67—71页;郝德永《新课程改革中的文化学研究》,《课程·教材·教法》2004年第11期,第17—21页。

但却难以驾驭的"结构"问题。对此问题，本书亦只能回答：还是先看看昔日教育界的"个体"，即各路前辈改革先锋，曾经有过什么样的文化转向与课程改革实践吧。如果再补充一句，也无非就是希望今日教育界的各类"个体"——包括"课程理论"专家和教育学者在内，能够继往开来，同时不犯过去有过的错误，找到各自胜任的文化转向与道路，然后以包括课程改革在内的文化实践，延续本国教育界几代前辈未尽的"新文化"建设事业。

第一章 "中学无用"：中国教育遭遇文化认同危机

甲午战争之前，中国教育固然不得不引入西方现代学校制度，但在文化层面还能以"中体西用"的两分方式守住原有文化认同的体制尊位，起初更是让创办同文馆而开启的教育制度改革难以顺利实施，新教育制度所传递的"西学"、"新学"（西方文化）一时也无法取代"中学"、"旧学"（儒学文化）的至高地位。甲午战败以来，情况开始发生巨变：中国教育领域开始了建立"新学堂"、引入现代学科课程、废除"科举"考试等迅速求变的制度改革运动，但这些制度变革却在文化认同层面发生了改革者无力驾驭的激烈变化——不久前还高高在上的"中学"逐渐被革新者视为"无用"之物。[①]主持改革的张之洞和那些一生都在捍卫本国文化尊严的教育前辈奋力坚持到最后，也只能无奈痛苦地看着下一代纷纷朝着被认为是"有用"的各类西方文化奔去。

清末一系列激进的教育制度改革也没起到"救亡图存"的作用，反而因为"牵一发而动全身"，造成了无法控制的全面社会紊乱和政治动荡。"新学堂"在各地勉强建立了，但到处都是因为找不到出路而加入"革命"的学生，他们最终让晚清政治体制彻底崩溃。不过即使将体制推翻也不能解决清末中国教育的文化认同危机问题，反而陷入更加危机的境地：原有"中学"认同被文化趋新者打破了，新的文化认同却不知在哪里，清末以来的中国教育因此陷入文化迷惘。而崛起的各路革新者又试图以激进的政治制度改革一次性

[①] 罗志田《国家与学术：清季民初关于"国学"的思想论争》，北京：三联书店，2003年，第1页。

地解决所有问题，以至即使出现难得的理性的文化革新努力，也会被日益激进的政治革新进程淹没掉，中国教育的文化认同危机也因此加剧。本章即是要描绘清末中国教育日渐严重的文化认同危机状况，以便为接下来考察王国维、胡适和钱穆等两代现代中国教育先锋的文化再造与课程重建努力提供必要的历史语境。

1. 现代教育改革与"中体西用"的形成

1862 年，以奕䜣、李鸿章等人奏请创办同文馆为标志，中国开始引入西方学校制度，现代中国教育亦由此拉开序幕。① 当然，同文馆的创立对中国教育体系以及传统儒学文化的中心地位并不能产生多大震动。同文馆只是一个临时应急的小型外语人才培养机构，其目的如奕䜣所言，是为了与"外国交涉"时，"方不受人欺蒙"，并且"止学言语文字，不准传教"。② 和依然健在的以儒学文化为主的科举教育体系相比，同文馆根本引不起读书人及社会舆论的重视。如果受到关注，反倒会招致排斥。事实也是如此，同文馆奏折公布后，立即遭到当时传统学术教育权威领袖倭仁（1804—1871，内阁大学士、同治帝之师）的激烈反对。倭仁无法接受"以夷人为师"，并强调如果任由同文馆发展下去，结果必然会是"未收实效，先失人心"。

当时教育界的"人心"明显倒向倭仁一方。报考者"都顾虑会被同僚和同乡耻笑，而不预备去考试了"。"北京士大夫中有人组织非正式的团体，誓言不受同文馆'格外优保'的诱惑，还有人在门口贴对联讽刺同文馆要'孔门弟子'向'鬼谷先生'学习"。但奕䜣的意志也很坚定，眼见自己的新教育计划将要流产，他立即又上奏慈禧，抗议"自倭仁倡议以来，京师各省士大夫聚党私议，约法阻拦，甚且以无稽谣言煽惑人心，臣衙门遂无复有投考者。"虽然在慈禧的调解下，同文馆招考还是得以举行，"共有满汉七十二人应考，但多是年老失业的人"，"这七十二人中有三十人总算考上了，但最后

---

① 周予同《中国现代教育史》，上海：良友图书有限公司，1934 年，第 2 页。
② 奕䜣等《恭亲王等：奏设同文馆折（附章程）》，见舒新城编《中国近代教育史资料》，北京：人民教育出版社，1961 年，第 115—116 页。

毕业的只有五个人"。①

同文馆的艰难发展状况表明，在现代中国教育变革的起点阶段，教育界还不会因为接受西方影响而产生大范围的文化认同危机，相反，原有的"中学"文化认同反倒稳固强大到足以让当时的新教育计划难以实施，或者即使勉强推行了，也难以取得理想效果，更不要说从文化上颠覆"中学"或"孔门"在当时教育界的至高地位。

1871年，"最顽固"的理学文化大师倭仁去世，晚清"国家"层面的这股维系原有文化认同的支柱力量终于消失了。与此同时，"西学"文化的认同力量则在各地积累壮大。不过"中学"的体制与"人心"基础依然颇为厚实，舆情一时仍很难发生质变。直到1895年甲午海战失败，教育界尤其是边缘精英士子群体才因为备受刺激而在文化上变得日益激进，其中最惹眼的"激进分子"莫过于以康有为、梁启超等为代表的一群从地方上走出来的精英士子，他们正在努力争取变革的机会。

到1898年，以康、梁为代表的"改良派"争取到了光绪帝的破格支持，翁同龢、徐以是等朝中大员也倒向试图"变法"的康、梁一边。此时，"保守派"早已无力与"改良派"抗衡，就看由地方大员组成的"洋务派"有何干预了。当时的新一代"洋务派"领袖正是张之洞。然而正如辜鸿铭所指出的那样，康有为、梁启超等"激进分子"当初采取组织学会、创办报刊等手段推动变法时，其实曾得到张之洞的大力支持，并因此能得到接近光绪帝的机会。但就在康有为进入中央层面之后，张之洞改变了立场。他看到了康有为的"凶猛和激烈，即其浅薄、粗鄙之处"后"极为不满"，曾经被予以大力支持的康、梁从此被张之洞列为敌人。②

就政治地位与权力而言，康、梁"改良派"显然无法与以张之洞为首的新"洋务派"相比。但张之洞看到康、梁突然赢得光绪帝及翁同龢、孙家鼐、徐以是、宋芝栋等朝中重臣的同情与支持，也确实感到恐惧。面对政治关系网络与政治影响日益扩大的康、梁"改良派"，张之洞必须采取遏制行动。

---

① 刘广京《一八六七年同文馆的争议》，《复旦学报》(社会科学版)1982年第5期，第97—101页。亦可参见 Biggerstaff, K. *The Earliest Modern Government School in China*, Cornell University Press.1961.
② 辜鸿铭《清流传》，北京：东方出版社，1997年，第58页。

确实如此,当康、梁"改良派"发起"维新运动"时,张之洞一直在密切关注对手的动向,并派人拆解包括《时务报》在内的康、梁维新舆论体系。但这些在地方暗中进行的关注与拆解都是权宜之计,对张之洞来说,真正的问题乃是如何清除康、梁变革思想在中央政府的影响。然而,如张之洞幕僚陈庆年所记,身为地方大员的张之洞又不便直接发难,故在与幕僚梁鼎芬商量之后,张之洞决定撰写文章,来纠正康、梁援引"西学"提出的"民权"、"平等"等"邪说"。①

张之洞所写文章正是 1898 年 5 月推出的《劝学篇》,其中提出了著名的"旧体新用"(即"中体西用")原则。张之洞的措辞很小心,既贴合两年前孙家鼐在上奏开办京师大学堂时提出的办学宗旨,又不至于激怒康、梁"维新派",过早被后者视为对手。但值得关注的还不是《劝学篇》小心翼翼的修辞艺术,而是《劝学篇》一推出,便被光绪帝认为是"持论平正通达,于学术人心大有裨益",因此光绪帝"谕令军机处颁发各省督抚、学政"。②这意味着,在清末教育改革进程中,在"国家"层面起决定作用的不是康、梁等人的"维新"思想,而是张之洞为遏制康、梁势力提出的"中体西用"。中国教育改革由此进入张之洞时代,"中体西用"则成为当时"国家"教育改革处理文化认同问题的基本框架,其核心精神正是要继续捍卫中国教育原有的文化认同。

1898 年启动的一项重大教育改革行动即创办京师大学堂,其"章程"就规定:

> 夫中学,体也;西学,用也。二者相需,缺一不可。体用不备,安能成才。且既不讲义理,绝无根底,则浮慕西学,必无心得,只增习气。

所谓"不讲义理,绝无根底",以及担心学生受"西学"影响后"必无心得,只增习气",显然都是为了强调在即将建成的新教育体系中,必须将中国传统文化置于最高地位。

三年后,当晚清"国家"决定在全国建立中小学课堂体系时,同样坚持维系原有的文化认同,因此责令"各省学堂","其教法当以'四书'、'五

---

① 中国社会科学院近代史研究所编《近代史资料》总 81 号,北京:中国社会科学出版社,1992 年,第 113 页。
② 杨天石《张之洞刊刻〈劝学篇〉的原委》,《北京日报》2013 年 7 月 15 日,第 020 版。

经'纲常大义为主,以历代史鉴及中外政治艺学为辅。"① 可以说,就文化层面来看,从1862年到1901年,风雨飘摇的晚清中央政府在教育改革领域辛苦摸索了三十年,其所取得的最大成就或许就是确立了"中体西用"的处理文化认同原则,而确立这一原则的根本用心,又是为了保住中国传统文化在新教育体系中的至高地位——似乎做不到这一点,一切改革努力都将变得毫无意义。

按今天的眼光看,相比于倭仁对于西方文化连"用"一下都不肯的"顽固"文化立场,张之洞等人提出"中体西用"则显得十分"开明"、"进步",更适合在必然发生"跨文化"交流的"近代化"或"现代化"历史进程中求得发展。而张之洞早年在湖北等地发起的教育改革,也确实具有令人瞩目的开放与革新精神,其人甚至堪称最卓著的中国教育"现代化"(modernization,又译为"近代化")和现代中国教育开创者。

关于这一点,威廉·埃尔斯(Williams Ayers)、苏云峰等海内外历史学者均已做过描述与评价。② 不过,在表彰其"现代化"功绩时,也不能忽视张之洞后期所做的文化立场调整。对于这一点,比较合适的分析词语乃是陈寅恪所说的"苦心孤诣",③或威廉斯提出的"情感结构"(structures of feeling)。④ 也就是说,后期的张之洞,以及此前提到的倭仁,他们在教育改革领域的种种文化立场及其内在"意义",也许都可以从"情感结构"的角度加以解读,即在其行动背后有一种坚固的文化"情感"在左右着他们的教育改革言论与行动。从张之洞及倭仁的坚持来看,"现代"也好,"反动"也好,背后其实都是一份相同的文化保守"苦心"或陈寅恪所说的"苦心孤诣":在李鸿章所谓"千年未有之变局"中,他们均想让中国教育保住原有的"中学"文化认同。

在"朝廷"教育改革政策层面,显然是张之洞胜利了。同时就与康有为、梁启超及其短命的"维新运动"展开政治对抗而言,张之洞也是成功一方。但在局势及"人心"均日益逼厄的历史进程中,面对不断涌入的西方文

---

① 周予同《中国现代教育史》,上海:良友图书有限公司,1934年,第19页。
② Ayers, W. *Chang Chih-tung and Educational Reform in China.* Cambridge: Harvard University Press, 1971;苏云峰《张之洞与湖北教育改革》,台北:"中央研究院"近代史研究所,1983年。
③ 陈寅恪《金明馆丛稿二编》,上海:上海古籍出版社,1980年,第247页。
④ Williams, R. *Marxism and Literature.* Oxford: Oxford University Press, 1977.p.128.

化,张之洞提出的"中体西用"及其"苦心孤诣"又发挥不了多大的历史作用。甚至连"中体西用"框架内的教育改革——如"存古学堂"——在遭遇异样"人心"支配时,张之洞式的"苦心"都无法驾驭。这份"苦心"连同它的主人,以及当时所有饱含相似文化保守"苦心"的各级教师,都只能眼睁睁地看着,在各种异质诉求的作用下,1901年之后的中国教育、文化和社会局势日益急速地朝不同方向奔去。

2. 被冷落的文化保守"苦心"及其谢幕

在人生最后的九年岁月里(1901—1909),张之洞这位曾在教育、军事、工业和政治领域开创诸多革新伟业的"中兴名臣"或许怎么也不会想到,自己费尽心力、不惜为之废除"科举"制度而创办的"新学堂"体系不仅没能将他视作个人生命和国家命脉所在的儒学文化发扬光大,反而演变成了要把整个传统体制彻底推翻的"革命"基地:到处都是积极参加"革命"的学生,[①]包括张之洞自己看中的学生黄兴,他在激烈"革命"氛围的感染下,改变了自己的文化与政治认同,成为"革命"的领导力量。[②]

1909年,晚清最后一位教育制度改革领袖张之洞去世了。弥留之际,他仍不忘叮嘱子嗣,一定要完成他未尽的心愿——创办一所专门"存古"的"经科大学"。[③]但当时更为激进的历史演变进程又怎会在意张之洞在弥留之际表达的文化"存古"心愿!

正当张之洞等"国家"教育改革主持者无法让自己设计的"新式学堂"体系在精神上归于"中学"之际,在地方教育界,那些以各自方式保守中国文化的教师同样陷入了难以维续的艰难处境。就此而言,首先值得一提的是地方书院。众所周知,清中叶以来,除"国家"层面的理学与科举教育体系外,地方书院也是教育界维系、传播中国文化的重要机制,但甲午战争以

[①] 关于"新学堂"及"新学堂"学生在清末"革命"运动中的作用,可参见桑兵《晚清学堂学生与社会变迁》,上海:学林出版社,1995年;(美)周锡瑞、杨慎之译《改良与革命:辛亥革命在两湖》,南京:江苏人民出版社,2007年。

[②] 饶怀民《黄兴——从传统儒生到革命领袖》,《南方都市报》2011年9月15日,RB16版。

[③] 帝召《令德之遗训》,《民吁日报》宣统元年九月二日,第1页。

来，地方教育界这一重要的文化认同保持机制也进入了退出历史舞台的终结阶段。

这些重要的教育机制密集在江南一带。有关它们的历史变迁，美国汉学家秦博理（Barry Keenan）曾从文化社会史的角度加以考察。秦博理指出，到十九世纪末，江南一带尽管仍有缪荃孙、柳诒徵等"最后"一代书院传人在维持南菁、龙门等老牌书院，但这些"最后的书院"的生存境况已大不如前，再也无法像过去那样从"国家"那里得到支持，而"只能和地方各类新教育团体一起竞争地方教育资源与权力"。① 从体制及社会地位的角度，我们看到传统书院在十九世纪末进入了黄昏期——再过几年，它们便会被地方当局统一改组成现代"学堂"。

与体制地位的变迁情况相一致，十九世纪末地方书院的文化传承也进入了衰亡期。一代经学教育大师俞樾的晚年深刻体验可以印证这一点。1898年，即京师大学堂创办那年，年近八十、德高望重的书院学术领袖俞樾（1821—1907）在千里之外的西湖之滨，为自己主持了31年的诂经精舍写了一首长诗。诗歌末尾，俞樾感叹道：

功令新颁罢场屋，精庐一律同零落。八集诂经文可烧（余选刻诂经文已至八集），重修精舍碑应仆（余有重建诂经精舍碑）。回首前尘总惘然，重重春梦化为烟。难将一掬忧时泪，重洒先师许郑前。年来已悟浮生寄，扫尽巢痕何足计。海山兜率尚茫茫，莫问西湖旧游地。②

诗中"老泪纵横"般的悲情体会，和对中国学术文化传统的无限眷恋，让人不忍多作揭示。

诗作中反映了俞樾内心无法割舍的，是诂经精舍近百年的发展历程及其学术文化命脉。先是于1800年，时任浙江巡抚的阮元按照戴震的意思亲自创办精舍，意在扫除明代后期兴起的空疏学风，重振汉代经学大师许慎、郑玄缔造的经史、"实学"传统。之后，又有王昶、孙星衍、秦恩复等学术名家继承

---

① Keenan, B. *Imperial China's Last Classical Academy : Social Change in the Lower Yangzi,1864—1911*. Berkeley: Institute for Asian Studies, University of California, 1994. p.144.
② 俞樾《春在堂诗编》卷二十三，转引自徐雁平《清代东南书院与学术及文学上卷》，合肥：安徽教育出版社，2007年，第143页。

学术薪火，带领诸生或考证经史，或吟诗酬唱。再后来便是俞樾于1861年接过教鞭，将诂经精舍的学术文化传承与人才培养成就推到了几代积累可能达到的顶峰水平。①但真正让俞樾动情的还不是书院久远的生命历程及其卓著的学术传承成绩，而是在他坚持到年近八旬的时候，提前看到了书院即将终结的命运。

1904年，诂经精舍正式停办。又三年，一代传统学术大师俞樾去世。他所培养的优秀学术人才，如章太炎、崔适、陈献章等，都不可能留在书院里继续光大百年前便定下的学术研究与学术教育事业，而他们是否会在现代教育体制及历史进程中再造从俞樾那里学到的学术文化，则是个尚待考证的疑问。

接下来，我们将把视线转移到一位在华北乡村默默保守中国文化的教师，他便是近些年来突然受到学界关注的刘大鹏（1857—1942）。②相比于俞樾29岁时即因一句"花落春仍在"令主考官曾国藩连连击赏而得以晋升翰林，刘大鹏将近"不惑之年"却仍要艰难地奔走在进京赶考的路上（时为1895年），但终其一生只落得个"举人"学衔。然而功名地位的悬殊并没有妨碍他和俞樾在接受传统教育的过程中达成相似的文化认同，由此也可以看出儒学文化训练稳定、普遍且独特的教育意义。只是这点意义在急功近利的现代历史进程中日益失去了光芒，刘大鹏也因此和俞樾一样，注定要被挤出历史变迁的主流轨道。

但当这位乡村私塾教师遭遇教育改革乃至整个历史变迁时，竟也能顽强

---

① 张晖《无声无光集》，杭州：浙江大学出版社，2013年，第131—140页。
② 先是上世纪九十年代中期，史学界的近代学术史名家罗志田先生提醒人们注意刘大鹏长达两百多册的日记《退想斋日记》的史料价值，并以之研究科举制废除造成的社会分裂后果，参见罗志田《科举制的废除与四民社会的解体——一个内地乡绅眼中的近代社会变迁》，《清华学报》（台湾新竹），1995年第4期。接着本世纪初，教育社会学界的年轻学者刘云杉教授也开始利用刘大鹏日记研究私塾教师生活史，参见刘云杉《帝国权力实践下的教师生命形态——一个私塾教师的生活史研究》，载《中国教育：研究与评论》2002年第2期。近些年，教育史名家田正平教授也曾关注刘大鹏，并通过他的日记考察清末"乡村士人"如何看待当时的教育改革，参见田正平等《横看成岭侧成峰：乡村士人心中的清末教育变革图景——以〈退想斋日记〉和〈朱峙三日记〉为中心的考察》，《教育学报》2011年第2期。不过，至今为止，最全面和最具深度的刘大鹏研究是由英国汉学家沈艾娣（Henrietta Harrison）完成的，该著作发表于2005年，名为 *The Man Awakened from Dreams: One Man's Life in a North Village, 1857—1942*，中译本见《梦醒子：一位华北乡居者的人生》，北京：北京大学出版社，2013年。

守住自己的儒学文化认同,并按自己的相对有限但却深信不疑的儒学根基理解正在发生的变革。他的理解很容易被视为"迂腐",随后采取的言行更是常被时人当作笑话,但他从未让他所认同的儒学文化失去尊严。尽管他无法取得俞樾那样的学术与教育成就,更不可能像掌握制度变革大权的张之洞那样,将"中学"置于体制最高地位,而只能以自己的身躯和言行来表达一份文化保守"苦心"。

同样是在 1898 年,这一教育变革的关键年份,当 78 岁的俞樾因为太了解时局动向,写诗作别此前 31 年的著名书院山长生涯时,已过不惑之年的刘大鹏又一次在进京赶考的路上吃力行走,丝毫不管即使这次考上其实也得不到多少实现建立伟业的机会。当年系科考大年,"十八省会试之人约近万人"。验身封门后,实际"会试者共八千两百余名"。①刘大鹏再次落第,只得三年后再来一趟。三年后即 1901 年,"国家"决定实施"新政"——在教育领域准备责令各省兴办"新式学堂",将各级书院分别改为大中小"学堂",同时还酝酿取消"科举"考试。

刘大鹏偏居内陆乡野,消息不多,但也听闻到了朝廷的些许动向,尤其对"国家取士以通洋务、西学者为超特之科",十分敏感,担心这样会使"孔孟之学不闻郑重","天下之士莫不舍孔孟,而向洋学,士风日下,伊于胡底耶?"②1902 年 6 月,朝廷的教育改革命令开始在山西省城执行,"将(省城)一切书院改为大学堂。……每月给薪水,所学以西法为要"。刘大鹏听到"在堂助教者,闻洋夷为师而告退之者数人",甚感兴奋,称他们为"有志气者"。③

这些"朝廷"教育改革评论显然出于和倭仁相似的文化保守"苦心"。只不过,他无法像倭仁那样采取行动,遏制"士风日下"而已。第二年夏,文化教育变革更趋激烈,"间有讲求孔孟之道,谨守弗失不肯效俗趋时者,竟呼之为'顽固党',非但屏逐之,而且禁锢之"。刘大鹏见此情状,直叹"呜呼,世尚可为也哉"。④但他显然很想能扭转在朝廷和省城陆续展开的变局,有一次,他竟神奇地梦见自己中了"进士",得以"觐见皇帝"。

---

① 刘大鹏《退想斋日记》,太原:山西人民出版社,1990 年,第 80 页。
② 刘大鹏《退想斋日记》,太原:山西人民出版社,1990 年,第 102 页。
③ 刘大鹏《退想斋日记》,太原:山西人民出版社,1990 年,第 111 页。
④ 刘大鹏《退想斋日记》,太原:山西人民出版社,1990 年,第 126 页。

梦里,"同僚皆默而无言",唯独他"挺身敷奏"。似乎在睡着的时候,他也能很好地保持"儒者"应有的正直品质和心系天下的责任感。他向皇帝上奏的变革良策同样尽是儒家基本信条。梦醒后,他都能清楚记得,包括"捐纳宜停,……贤才宜举,奸佞宜除,学校宜修,农桑宜重,民心宜固,国本宜培等条"。①两千年来,稍通儒学的人都可背出这些话,皇帝自然也应十分熟悉。然而面对失去准心、急需求变的"朝廷"与皇帝,刘大鹏朝思暮想的这次上奏只是为了提醒皇帝,最佳的"应急国策"仍在孔孟之道里。

在"千年未有之变局"中,刘大鹏想做的事就是捍卫儒家文化,他也因此必然要被激烈历史演变淘汰。1905年以前的他固然为不能扭转时局变化感到痛苦,但他还有一定的社会基础和私塾教育空间来维系传统尊严。1905年以来教育改革在地方逐步实施后带来的一系列后果,则将刘大鹏仅剩的一点基础与空间也摧毁了。先是1905年"新学堂"在山西县级地方普及,这需要额外加派捐税,乡民纷纷起来抵抗,基层社会顿时失序。接着,科举突然被取消,乡村私塾纷纷关门,刘大鹏面临塾师快要做到头、失去经济来源的危险,而"新学堂"里的课程教学他又无法胜任。

正是这一系列逐级落实的教育改革措施,让刘大鹏这位乡村塾师彻底失去了一切维系传统"中学"认同的平台。在连生计都成问题的情况下,更不要说保住"斯文"或文化尊严了。这一切,对于刘大鹏这样的基层塾师而言,就像是无法抗拒的命运。他的一些同做塾师的朋友似乎比他还惨,在他失业之前已陆续失业。有的还因"生路告绝"来向他求助,"声泪俱下"。自身难保的刘大鹏只能哀叹一声,"新政之害人可谓甚矣"②。

如沈艾娣所言,刘大鹏之所以厌恶"兴学堂"、"废科举"等教育改革,"不仅仅因为它们摧毁了他的前途,导致他的很多朋友失业,而且还因为新的教育否定了他的价值观。"言外之意,更值得关注的乃是教育改革给企图保守"孔孟之学"的刘大鹏带来了残酷的文化认同紧张,教育改革不仅摧毁了他的"中学"文化认同,还逼他认同"西学"这一他根本无法认同的"夷"人

---

① (英)沈艾娣、赵妍杰译《梦醒子:一位华北乡居者的人生》,北京:北京大学出版社,2013年,第69页。
② (英)沈艾娣著、赵妍杰译《梦醒子:一位华北乡居者的人生》,北京:北京大学出版社,2013年,第72—73页。

文化。他即因此"痛恨"1895年以来的整个教育改革,认为它"全在富强而伦常至理并置不言,凡所措置者一意嘉害国民,无非用夷而变夏。"他甚至还意识到了教育改革背后更大的历史演变真相:"政府已从维护儒家社会,转移到动员社会财富以便国家能应对国际上的竞争。"

儒家文化背景的刘大鹏不可能像当代"新马克思主义"或"后殖民主义"教育理论家那样,能够更深入地看到,其实是西方"资本主义"力量为征服世界而制造了足以改变非西方国家原有文化及社会结构的"现代"或"全球化"历史进程。[①]面对已经渗入中国边缘乡村的教育变革进程及其文化冲突,刘大鹏只能反复提醒自己,一切变革,从确立"新学堂"制度,到废除"科举",再到将"算学"等"西学"列为"新学堂"必修课程,都是"以洋人之学为训",而"洋人之学专讲利,与吾学大背,趋之若鹜,不知其非,亦良可慨也已。"[②]

诸如此类的寂寞思考表明,和俞樾一样,在文化上原本十分淡定的刘大鹏也难逃为当时中国和中国教育原有的文化认同正在遭受"西学"侵蚀而感到"心死"一般的痛苦。他的批判话语和思路直让人忆及40年前批判同文馆的传统学术泰斗倭仁。只不过,等到刘大鹏这位乡村教师也深切感受到了变革所可能引发的文化认同危机时,倭仁早已去世了,但即使倭仁仍在世,也扭转不了已经卷入的现代历史进程和已经拉开的教育改革运动,更无法让中国教育回到原有的"中学"文化认同。相反,刘大鹏也好,俞樾也好,张之洞也好,都只是在尽力延长那种由传统儒学滋养而成、但在倭仁时代其实便已开始凋谢的传统文化生命和文化保守"苦心"。反倒是那些及时趋新者,能在历史变革进程中左突右进,寻找各自的文化新生之路,但即使他们一时认为找到了,到头来也还是得面对无以回避的文化认同问题。

[①] 可参考 Mclaren, P. et al. A Revolutionary Critical Pedagogy Manifesto for the Twenty-first Century, in *Education and Society*, Vol.27, No.3, 2009. p.59—78. Peter McLaren, P. & Farahmandpur, R. *Teaching Against Global Capitalism and the New Imperialism: A Critical Pedagogy*. Oxford: Rowman & Littlefield Publishers, Inc. 2005.

[②] (英)沈艾娣著、赵妍杰译《梦醒子:一位华北乡居者的人生》,北京:北京大学出版社,2013年,第73页。

3. 激进的趋新与中国教育的文化迷惘

各类历史变革总是由"此消彼长"的矛盾力量交织而成。黑格尔、马克思和当代思想家福柯,以及中国古老的《易经》对此都已做过论述。晚清以来,西方势力强过当时中国,中国必然要被拖入西方主导的现代历史进程。而就中国教育领域的文化变革情况而言,"中体西用"这一基本的教育改革原则,以及教育界诸多维系原有文化认同("中学")的制度机制与"人心"力量之所以会陆续退出历史,也是由于反对力量变得日益强大,并且日益成为教育界正面的主导力量。

事实也是如此,正是日益激进的文化趋新成为教育界的主导力量,"中学"被认为是应该舍弃的"无用"之物。与之相对应,倭仁、张之洞念兹在兹的所谓保存"古学"或捍卫"中体"之类能否维持原有文化认同的问题,也被认为根本不是当时中国真正的问题,而是远离现实需要的无稽之谈。

早在"国家"层面提议创办同文馆之前,革新就已在"洋务派"的推动下得以形成,但同文馆之前的革新只是在"器物"层面活动,而且如前文所述,到提议创办同文馆之际,文化革新势力仍远未强大到可以在倭仁面前叫板的程度,更不可能让倭仁及其所捍卫的"中学"放弃尊位。但倭仁也遏制不了朝野革新力量的增长。朝廷之内,有张之洞这样的"最为主张革新的团体"①,在朝廷之外的地方,则有康有为为代表的在野"激进分子"一直在推动变法。在甲午海战、公车上书等内外事件的推动下,1898 年,康有为等激进变革言论终于开始在朝野上下盛行,形成一股可与所谓"守旧派"相抗衡的政治势力。②

康有为的激进势力甚至差点左右整个历史变局,只是在朝野革新力量博弈的关键节点上,张之洞出来干预,他依靠"中体西用"的施政原则,在教育政策层面保住了传统"中学"的体制尊严。这里之所以特意强调是在政策层面,是因为就实际状况而言,当时"国家"及"社会"(朝野)的革新势力已经大到能够威胁"中学"的体制地位。

---

① 茅海建《"张之洞档案"与戊戌变法》,《东方早报·上海书评》2013 年 12 月 22 日,第 7 版。
② 刘成禺《世载堂杂忆》,太原:山西古籍出版社,1995 年,第 124 页。

1901年"新学堂"在全国实施以来，连张之洞都迫于舆论，不得不加快革新步伐，为此还与袁世凯一起不惜于1905年提前废除"科举"这一"中学"的制度支撑。而他自己想另外创建"存古学堂"的计划，则遭到朝野内外趋新人士的反对。他写信给翰林院编修黄仲韬，希望时人能分担其"经籍道息之忧"，进而理解其苦心思虑："救时局、存书种两义，并行不悖。"① 他还想让自己的得意弟子孙诒让主持湖北存古学堂，但他的弟子也认为"存古书"并非急务，可缓办。不被时人理解的张之洞仍不放弃。1907年，他再次为创办"存古学堂"事上奏光绪帝。但这一次，他在课程设置方面除继续推崇"中国经史词章之学"外，还加了一句"又略兼科学，以开其普通知识，俾不致流为迂拘偏执，为谈新学者所诟病"②。

　　两年后，张之洞去世。张之洞生前便"为谈新学者所诟病"，死后，趋新人士继续对其发起批判。如桑兵、郭书愚等历史学者所示，有的视张之洞为"文明进步之阻力"，"恐其不死"；有的说《劝学篇》流毒海内，学部章程几于驱天下人才尽为奴隶；还有的认为张之洞死得其时，"不至为立宪时代之罪人"。③ 连《申报》上发表的诸多持正面评价的纪念文章也认为张之洞"保守"，办学时"以十三经为根柢"。④ 也许正如郭书愚所言，这一切是是非非都源于晚清最后十年教育界的思想文化舆情发生了大转变："在清季'新教育'的兴办进程中，尊西趋新的世风渐趋形成某种程度的'霸权'"。⑤ 在此"尊西趋新"成为话语权力的新格局中，"中体西用"以及如何维护"中学"都将被认为是无关"时局"、于事无补的无稽之谈。

　　张之洞其实也知道在"不讲西学则势不行"的逼厄"时局"中，实难保

---

① 张之洞《致瑞安黄仲韬学士》，见赵德馨主编《张之洞全集　第12册》，石家庄：河北人民出版社，1998年，第9175—9176页。
② 张之洞《创立存古学堂折》，见赵德馨主编《张之洞全集　第3册》，石家庄：河北人民出版社，1998年，第1762—1766页。
③ 桑兵《盖棺论定"论"难定：张之洞之死的舆论反应》，《学术月刊》2007年第8期，第138—146页；郭书愚《"新旧交哄的激进时代"：以张之洞和存古学堂的"守旧"形象为例》，《四川大学学报（社会科学版）》2013年第1期，第44—54页。
④ 刘彦波《张之洞薨逝后之时评：以〈申报〉为中心》，《湖北大学学报（哲学社会科学版）》2012年第7期，第94—97页。
⑤ 郭书愚《"新旧交哄的激进时代"：以张之洞和存古学堂的"守旧"形象为例》，《四川大学学报（哲学社会科学版）》2013年第1期，第44页。

住"中学"体制尊位,他甚至预言到了,"再历数年","中学"便要寿终正寝。真正令他不甘心的是,他看到"无志之士"、"离经叛道者"等"乌合之众"正在主宰历史,所谓:"尤可患者,今日无志之士本不悦学,离经叛道者尤不悦中学,因倡为中学繁难无用之说,设淫辞而助之攻,于是乐其便而和之者益众,殆欲立废中学而后快。"①

为"中学"辩护时,传统学术底蕴颇厚的张之洞可以如数家珍地陈述经史子集的大义及其传承演变,一番"为往圣继绝学"的文化苦心跃然纸上,但无论他的辩护言辞中学术功底有多深厚,也不管他的文化传承责任感有多真挚深沉,都已无法改变"中国经史词章之学"被教育趋新者认为是"繁难无用"的苍凉结果,更无法掀翻"尊西趋新"在清末教育界的文化"霸权"地位。而趋新者的立场也的确如张之洞所注意的那样,是要从"从根底处掀翻"中国文化,按照西方的范式对其进行重建。②中国教育的张之洞时代终结了,取而代之的是激进趋新者主导的新一轮改革时代。那么,清末崛起的趋新者能为失去原有文化认同的中国教育确立何种新的文化认同呢?

对于这一关键问题,当代史学界已做过许多研究,其中广为传播的观点是,清末形成的文化认同危机问题直到今天也未解决,今天仍要在"古今中西"之间探索现代文化认同之路。③鲁迅、陈寅恪等民国时期教育界的文化革新精英们在谈起当时中国的文化状况时,往往也是认为中国并无多少拿得出手的文化建设成绩,只能跟在西方文化后面。如陈寅恪就认为,直到1931年,中国教育界也没创造出什么像样的现代文化,连本国的历史、社会状况都不如西方人研究得好。④这些分析均可以提醒人们,清末以来渐成舆论主流的趋新者似乎并未解决"中国经史词章之学"被判为"无用"之后造成的文化认同危机,反而让中国教育陷入了长期的文化迷惘。

当然这是就整体状况而言,如果从个人层面来看,对于中国教育该认同什么样的文化,中国教育的文化归宿在哪里等问题,趋新者还是给出了许多

---

① 张之洞《劝学》,见赵德馨主编的《张之洞全集 第12册》,石家庄:河北人民出版社,1998年,第9726页。
② 梁启超《释革》,《饮冰室合集·文集之九》,北京:中华书局,1989年,第41—44页。
③ 余英时《现代危机与思想人物》,北京:三联书店,2005年,第32—58页。
④ 陈寅恪《金明馆丛稿二编》,北京:三联书店,2001年,第361—363页。

具体的回答，其中最有影响力的回答是来自康有为一系的"改良派"，以及孙中山、蔡元培、章太炎等"革命派"。甚至可以说，正是这两派的激进革新努力及其影响，让张之洞、俞樾等文化保守势力及其文化认同退出了1901年以来的现代中国教育改革进程。然而与张之洞、俞樾等"在位者"可以按自家心意主持文化教育事业不同，"改良派"与"革命派"均是"不在位"的激进革新者，无论他们拥有何种明确的文化革新理想，都必须先为自己赢得体制位置与权力，否则便无法实施其文化革新计划。言外之意，他们无法安心从事文化变革，或耐心为中国教育建立新的文化认同，而必须尽快争取体制位置与权力。

恰恰在这一点上，双方采取了不同的进路。康有为一系的文化立场固然十分激进，但他们仍希望由"清廷"来实施他们的革新计划，并为此四处寻找体制嵌入途径。与之不同，孙中山领导的"革命派"则决心要推翻"清廷"，然后由他们来建立"共和"体制，进而实施其文化教育革新计划。体制立场的截然不同使得两派之间不可能形成一致的文化教育革新努力，而双方都将争取体制位置与权力作为首要任务，这更是会让"后张之洞时代"中国教育的文化认同危机问题变成政治附属问题，使文化认同问题与政治体制及政治制度变革混为一谈。文化认同危机问题即因此替换为政治认同问题，并由于激进的政治革新意志和激烈的政治冲突而长期得不到激进派耐心和专门的处理。

以康有为为例。生于1858年的康有为自小便想成就一番不输于张之洞（生于1837年）、俞樾（生于1821年）等前辈的经世伟业，而日益严重的时局危机也给他提供了成就一番伟业的历史环境。应该说，他有不错的今文经学基础，也有自己的今文经学见解，认为六经皆是"托古改制"之作，此外他还"旁览西书"，自由、民主、立宪等也能了然于胸，并因此完善了自己在经学基础上形成的"托古改制"理论，即要在"天下"建立比西方文明还要优越的"大同"社会，其中不乏"离经叛道"、"惊世骇俗"的思想观点，如"其有欢者，不论男女之交及两男之交，皆到官立约，以免他争。"[①] 再如，男女"交合之事"，也是"人人各适其欲而给其求。荡荡然无名，无分，无

[①] 康有为《大同书》，沈阳：辽宁人民出版社，1994年，第328页。

界，无限，惟两情之所属。"① 总之，康有为三十岁前就创立了一种异常激进新颖的"大同"政治文化。

只在自己的学校里向少数学生传授"大同"文化，无法满足康氏意在重新"平天下"的雄心壮志。1898年以来，他终于获得光绪帝的赏识，争取到了一定的体制变革机会，并因此发动了震惊朝野的"维新变法"运动，但很快变法就被慈禧及保守势力扑灭了。康有为只能流亡日本，从而与同样流亡日本的"革命派"主力发生直接的文化政治较量。这里简单交代康有为的改革轨迹，是为了说明"康有为式"的激进革新者即使有为中国教育重构文化认同的坚强意志，也无法安静下来，以学术文化重建的方式耐心处理中国教育的文化认同问题。他们总是急于通过全面的政治改革方式让"天下"迅速接受激进的革新计划，以至于个人的文化革新行动自一开始就因为被激进的政治改革意志牵着鼻子走，而必然发生异化变形。

所谓异化变形是指文化革新沦为追逐政治目标的工具，这一点在康有为身上表现得十分明显。和埋头以经史考证、经营书院的方式传承中国学术文化的俞樾相比，康有为真可谓是"醉翁之意不在酒"。在他那里，"中学"、"西学"和他的学生，以及他早期的教学改革实践和1898年以来的"维新"努力，都是为了成就他自己的"大同"社会政治改革伟业，而他的改革意志又太强大，以至于任何与他不一致的人与事，他都会否定。即使他自己的政治文化观点在别人看来是"荒渺玄虚，理无可用"②，他也不会做半点妥协，反而要强人认同他建构的政治文化。

康有为这样做，正是要使自己成为伟业缔造者。事实上，张之洞、俞樾等在他眼里都还排不上号。他其实很早就想"自为教主"，为此，他连孔子也不放在眼里，不仅"欲立复孔子之外"，还"力欲攻之"。其变革历史文化的极端激进野心由此可见一斑。③ 但因为不在位，缺乏驾驭变革的实力，所以他还得利用孔子来掩护他的史无前例的变革伟业，并将不在位的孔子说成是"托古改制"的代表，仿佛他想做的事——越位改革——孔子早就做过了。

---

① 康有为《大同书》，沈阳：辽宁人民出版社，1994年，第327页。
② 萧公权《中国政治思想史 第3册》，沈阳：辽宁教育出版社，1998年，第653页。
③ 萧公权著、汪荣祖译《近代中国与新世界——康有为变法与大同思想研究》，南京：江苏人民出版社，2007年，第16页。

此即如他本人所言："布衣改革，事大骇人，故不如与之先王，既不惊人，自可避祸。"①

野心如此激进，但又底气不足，以至于让孔子为其激进变革计划代言，自然难以获得外界认同。曾给张之洞做"英文秘书"的辜鸿铭便直言康有为"自私自利而具野心，但又缺乏经验、判断力和方向"。一些西方人也"很难宽宥康有为的个人动机，以及夺权的欲望"。甚至其弟子梁启超都说他："常作大言"，"徒使人见轻"，其弟康广仁也抱怨"伯兄规模太大，志气太锐"。但康有为"不听，奋战到底"，"武断、执拗和专制"。因此清末教育"维新改革"运动的内在驱动力，怎么可能创造出令人认同、信服的新文化。②

熟悉此事的萧公权感叹道，"假如康有为不那么莽撞，不那样感情用事，不那样自信，他能够发动这一变法运动吗？"③这句感叹揭示了当时对康有为一系"不在位"的维新者而言，不激进似乎无以实现改革。不过，康有为一系也忽视了，激进造成的改革运动非但解决不了当时中国的危机问题，反而会使当时本就十分紧张的政治关系变得更加紧张，进而也让各类相对理性踏实的文化教育革新努力都可能被卷入"你死我活"的政治斗争，更难获得稳定的实施空间。总之，从本书的议题（即应对清末中国教育的文化认同危机）来看，康有为一系不仅没有拿出比张之洞、俞樾更好的处理方式，反而加剧了时局环境的紧张。

同样，"革命派"的本意也不在文化教育上，而是要以更加激烈的政治"革命"方式彻底推翻晚清政治体制，其所创办的"中国教育会"及诸多新式学堂等也是为了培养"革命"力量，如参与者蒋维乔所言："表面办理教育，暗中鼓吹革命。"④结果，即使"清廷"被如愿推翻了，中国教育也仍要在混乱的政治环境中挣扎寻求发展。可以说，清末两大最主要的革新力量都选择了极其激进的政治革新道路，都没有为当时失去原有文化认同的中国教育开

---

① 康有为《孔子改制考》，北京：中华书局，1957年，第267页。
② 萧公权著、汪荣祖译《近代中国与新世界——康有为变法与大同思想研究》，南京：江苏人民出版社，2007年，第17、15页。
③ 萧公权著、汪荣祖译《近代中国与新世界——康有为变法与大同思想研究》，南京：江苏人民出版社，2007年，第18页。
④ 蒋维乔甚至认为，中国教育会是"我国最早之革命团体"，详见氏著《中国教育会之回忆》，《东方杂志》第33卷第1号，1936年1月，第7—15页。

拓所谓比"中体西用"更为"进步"的文化重建范式，中国教育的文化认同也因此长期处于迷惘状态。几路激进的革新运动之后，似乎只是让中国教育界新增了由"公理救国论"、"立宪救国论"、"革命救国论"等相互难容的"救国论"构成的激进政治文化。

至此，清末教育界三大文化实践都考察完了，它们分别是张之洞的"中体西用"文化革新实验，俞樾的为延续中国传统学术文化的努力，以及各路激进革新者推出的一系列激进政治文化。三者之间，前两者的结构规模虽有差异，但其心意十分相似，都是为了尊重本国读书人原有的"集体文化记忆与情感"（认同）——"中国经史词章之学"——并让这种"集体文化记忆与情感"能在现代教育体系中延续下去。但这份心意却被1898年以来日益崛起的激进革新势力否定了，安心传承的本国学术文化也因此被猛烈宣传激进的政治革新言论替换了。

哪一路能创造出令人信服、值得认同的新文化呢？相比于猛烈宣传激进政治革新言论的，乃至为此像康有为那样肆意曲解孔子，践踏中国读书人长久以来的集体文化记忆与情感的，张之洞、俞樾的方式与心意显然更接近文化本身（尽管他们无法创造具有现代意义的中国文化）。然而清末"客观"的激进历史走向容不下这种"主观"的理论裁断。事实上，清末教育界并非没有相对冷静踏实且具有现代意义的文化革新思考，但这类难得的文化革新思考也被日益激进的政治革新进程淹没掉了。

面对在教育界及社会不断扩散的激进政治革新言论，严复这位传播西方思想最得力的文化教育改革家曾反复告诫时人，仅仅宣扬"自由"、"民主"、"立宪"等西方的某一"公理"，然后按这一"公理"建立一套新制度，绝不可能解决中国面临的各种问题，更不可能由此获得一夜之间便可整体性地解决中国问题的良方。相反，这种激进肤浅的制度革新行动只会加重原有危机。不仅如此，严复还依靠留学英国和翻译积累的"西学"功底，对西方"公理"的内在局限之处做过批判，这更可以提醒时人：西方"公理"自身都有问题，绝不能非理性地盲从与迷信。

1906年，时任复旦公学监督的严复就曾专门撰写"政治讲义"，其中明确指出，柏拉图至卢梭以来的西方政治思想均有一个明显缺陷，即"言治不求之历史"，都是依靠"心学"或"自然公理"在"推演"政治，都可谓是

"无根"的政治学。① 这是在提醒时人,必须充分研究西方公理本身的结构,同时尊重、研究本国历史,从中寻求政治革新路径。1913 年,严复仍在叮嘱自己的教育改革事业接班人熊纯如,要他记住卢梭的"民约"论(即"社会契约论"),乃是"以药社会之迷信",只会怂恿人"不惜喋血捐生以从其法,然",之所以会这样,都是因为"其本源谬也。"②

严复也有宏大的政治与文化革新理想,同样希望能为国家的"文明富强"担负责任。1898 年,四十四岁时,严复仍写有《拟上皇帝书》,"计万言"。③ 但他坚决反对激进的制度变革行动,主张在中西文化之间展开扎实的学术研究,而他也相信,即便时人多为"旧学之消灭"感到无能为力,也仍可以努力做到"新学愈进"和"旧学愈益昌明"两不误④,进而在"统新故"、"苞中外"的踏实基础上从事文化教育革新。但他的这些理性思考力量实在太微弱,丝毫不能扭转当时激进教育变革进程——"今之教育,将尽去吾国之旧,以谋西人之新",更不要提改变趋新者对于西方"公理"的肤浅盲从与迷信,以及康有为式的巨大私人野心了。

顺便提一下,1921 年,无可奈何的严复终于彻底离开了让他绝望的激进历史变革进程。临终前,严复仍不忘提醒后世谨记以下三点:

(一)中国必不亡。旧法可损益,必不可叛。(二)新知无尽,真理无穷。人生一世,宜励业益知。(三)两害相权:己轻,群重。⑤

三点"遗训"无一不是针对所见"时弊"而发。遗憾的是,激进趋新者并不看重这些弥足珍贵的文化革新原则,或者根本就不会看到,⑥ 就像严复本

---

① 严复《政治讲义》,见王栻《严复集 第 5 册》,北京:中华书局,1986 年,第 1243 页。
② 严复《与熊纯如书》,见王栻《严复集 第 3 册》,北京:中华书局,1986 年,第 614 页。
③ 严璩《侯官严先生年谱》,见王栻《严复集 第 5 册》,北京:中华书局,1986 年,第 1548 页。
④ 严璩《侯官严先生年谱》,见王栻《严复集 第 5 册》,北京:中华书局,1986 年,第 1549 页。
⑤ 严璩《侯官严先生年谱》,见王栻《严复集 第 5 册》,北京:中华书局,1986 年,第 1552 页。
⑥ 有关严复在近现代中国激烈"文化转型"中的表现及其心境,可参考 Schwartz, B.I, *In search of wealth and power: Yen Fu and the West*. Cambridge: Belknap Press of Harvard University Press,1964. 中译本为本杰明·史华兹著、叶凤美译《寻求富强:严复与西方》,南京:江苏人民出版社,1996 年;萧公权《近代思想史上的"主义与问题"之争的再思考——严复与胡适的经验论思想比较及其启示》,《开放时代》1997 年第 1 期,第 47—55 页;黄克武《惟适之安:严复与近代中国的文化转型》,北京:社会科学文献出版社,2012 年。

人也没办法注意到，尽管清末以来教育界的革新努力日益激进，激进趋新乃是教育界的主流文化方式，但仍有一些后辈在保持大气变革理想的同时，努力调整康有为以来的激进变革旨趣与方式，以便开拓踏实理性、以文化本身为重的文化认同再造之路。

第二章　独上高楼的寂寞先驱及其文化开拓与课程贡献

如上一章所述，身陷1898年以来日益激进的历史变革进程，严复其实已为教育界找到了一类相当踏实理性的文化认同再造路径，其中不仅明示文化革新绝不是发动激进政治制度改革所能解决的，而且反复强调包括文化革新在内的一切改革行动都必须充分尊重中国的历史与现实，并在此基础上对中西文化进行批判性的反思与重建，而不是一味"复古"或盲从西方。严复十分期望教育界的注意力能从激进政治改革运动中撤出来，转向在古今中西文化之间展开扎实的文化探索与再造，只有这样，中国才可能重新找到文化出路，中国教育也才可能创造出"统新故"、"苞中外"的新文化。

然而严复的文化革新方案却被清末激进的历史变革进程抛弃了（尽管由他译介的自由、进化、权利等成为教育界竞相引用的新口号），他自己在地方学校的改革实践，也因遭遇纷乱人事与利益争斗而无法顺利展开。① 这位生于1854年，与康有为（生于1858年）同辈的理性改革家只能失意退出个人无法驾驭的变革激流。

接下来本文便要探讨"1860后"、"1870后"后辈有何种文化表现，尤其是他们能否超越1898年以来教育界渐成主流的以激进政治改革为本的文化革新。就此而言，首先值得关注的是康有为的弟子梁启超和俞樾的弟子章

---

① 有关严复在上海复旦公学、安徽高等学堂等处的艰难改革实践，学界已有一些专门研究，参见皮后锋《严复的教育生涯》，《史学月刊》2000年第1期，第54—62页；张仲民《严复与复旦公学》，《历史研究》2009年第2期，第133—146页。

太炎，前者生于 1873 年，后者生于 1869 年，二人堪称清末最引人注目的新一代文化革新先锋。然而他们却是 1898 年以来激进政治变革的后续主导者，并未跳出激进政治改革藩篱，反倒是身处教育界边缘、独上高楼的寂寞青年学者王国维（生于 1877 年）自觉从激进政治改革中撤离，转向文化与教育创造本身，并且是在清末新课程体系中展开文化创造，从而不仅为中国教育贡献了诸多现代文化，而且形成了一套现代文化课程范式。

1. 依旧以激进政治变革为本的主流文化革新走势

1898 年 9 月，实施了 103 天的"戊戌变法"突然流产，梁启超与其老师康有为一起流亡日本。未曾预料的失败没有终结康有为的政治变革意志，梁启超更是试图迅速扭转局面。为此，梁启超在接下来的两个月里，"倾注了满腔热望奔走于日本政界，呼吁营救光绪皇帝"，尽管一番奔波下来，却"没有取得看得见的成果"。此后，梁启超又开始撰写《戊戌政变记》，并在自己创办的《清议报》上发表，希望藉此可以争取英国、日本等国政治力量的同情与干预，帮助光绪帝、康有为平息反对势力，挽救突然被扼杀的"戊戌变法"运动。①

为写《戊戌政变记》，梁启超前后花了六个月时间。期间，他本可以深入反思自己所看到和所经历的革新运动，并在此基础上做出方向上的调整，但事实上梁启超依然坚持"政变"以前的新旧对立分析框架与立场，并据此将中国 1898 年以及此前即以启动的历史变革简化为"百日维新"，甚至现在更多人认为这只是"康有为由布衣而卿相的个人发迹史"，还把以康有为为首的"维新派"说成是晚清"惟一的进步力量"，慈禧及其他"维新"反对者则被描绘成反动的守旧派。康有为领导的"维新派"多年奔走，谋求"进步"改革，终于在 1898 年赢得了光绪帝的支持，但反动的慈禧却将"进步"改革扼杀了。②

从陈寅恪开始至今，国内外早已有学者对梁启超的历史叙述表示怀疑，

---

① 狭间直树《梁启超〈戊戌政变记〉成书考》,《近代史研究》1997 年第 4 期，第 233—242 页。
② 戚学民《〈戊戌政变记〉的主题及其与时事的关系》,《近代史研究》2001 年第 6 期，第 81—126 页。

认为他只是在为康有为及"维新派"辩护,陈先生甚至认为更值得同情的改革力量乃是张之洞一方。① 当然,后世的这些是非议论改变不了历史本身的进程。虽然不知道梁启超主观色彩浓厚的历史叙述是否争得了英、日等国执政者的同情,但通过发挥他的"天才写作能力(gifts as a writer)","梁启超的叙述确实打动了不少对国内实际情况不甚了解的海外华侨,进而使他们对'保皇'运动表示热烈支持。"② 言外之意,梁启超按自家意思讲述的故事还是取得了对其有利的效果。

至于国内局势更是对"维新派"有利。如戚学民所言,"历史在这里展现了它的严峻和反讽,慈禧等人凭借政治势力暂时挫败了维新力量,但是梁启超却用富有魔力的笔取得了叙述戊戌变法史的权力。"③ 最终慈禧等人所赖以为生的政治体系都被日益崛起的激进文化"权力"掀翻了。然而这里值得注意的还不是"维新派"如何重振暂时失败的变革行动,而是梁启超本人的文化革新事业在遭遇惨重失败后有没有发生变化。

很明显,没有发生变化。创办《清议报》、撰写《戊戌政变记》期间,梁启超的革新立场仍和康有为一样,他甚至希望教育界乃至整个世界都认为"只有康有为才是中国惟一的改革力量,只有康有为的方略才是惟一的救国方案。"④ 作为康有为之后最有影响的后辈革新者之一,梁启超独自担负起革新的领导重任时,并没有突破康有为开拓的以激进政治改革为本的文化革新道路局面。他从事了不少新的文化革新实践,从创办《清议报》,到撰写《戊戌政变记》,每一件事都非常投入,然而这些文化新实践仍把文化视为政治改革工具,仍是为了能迅速改革传统政治体制,建立"君主立宪"政治,而不是为了专门创造新文化。

梁启超自己说得更干脆,创办《清议报》时,是其"明目张胆,以攻击政府"最激烈的时期,以至不久"政府相疾亦至,严禁入口,驯至内地断

---

① 陈寅恪《读吴其昌撰梁启超传书后》,《寒柳堂集》,北京:三联书店,2001年,第166—168页。
② Kwong, L.S.K. *A Mosaic of the Hundred Days: Personalities, Politics, and Ideas of 1898.* Cambridge: Harvard University, Council on East Asian Studies.1984. p.6.
③ 戚学民《〈戊戌政变记〉的主题及其与时事的关系》,《近代史研究》2001年第6期,第125页。
④ 戚学民《〈戊戌政变记〉的主题及其与时事的关系》,《近代史研究》2001年第6期,第124页。

绝发行机关",三年后"不得已停办"。①1902年春,梁启超又创办了《新民丛报》,继续"灌输常识",追求其政治改革事业。就方式而言,这次文化实践是在重复此前的办报行动,至于"报中论调",也是"日趋激进",只不过这次行动造成的社会反响让他有些意料不到——如他本人所言"受社会之欢迎,乃出意外",②梁启超因此成为康有为之后教育界引领革新的新一代"巨子"。

值得注意的是,在创办《新民丛报》的前后一段时间里,梁启超在保持"激进"色调的同时,思想似乎还是发生了颇为明显的变化。这一变化便是"国家"概念在其思想中日益扮演重要的作用,甚至取代了原先的"保皇"信仰。与之相联系,"民权"、"民治"、"民族"等概念也逐渐涌入梁启超的思想世界。如果一直发展下去,这必然会与康有为的政治理想发生冲突。康有为也觉察到了梁启超的思想变化,因此不断写信告诫弟子"今日但当言开民智,不当言兴民权",并不许弟子在文章中使用"自由"、"平等"、"民治"等与"民权"相关的词语。③但此类禁止并不奏效,梁启超还是转向了"国家主义"和"民族主义",并给康有为带去了"毁灭性的打击",将后者的言论"送进了博物馆"。④

今天来看,梁启超1902年另外创办《新民丛刊》,算是"独立门户"之举,不过其结果也"非常成功","在思想性上,在编辑风格上,在发行销量上,以及在民众口碑中,继起之《新民丛报》都大获全胜。"⑤那么,执意要突破康有为束缚、追求"思想进步"的梁启超究竟为中国教育贡献了什么样的新文化呢?1902年1月,在《新民丛报》创刊号上,梁启超以"中国之新民"的笔名发表了《新民说一》,其中明确提出"新民为今日中国第一急务"⑥。这与之前追随康有为及光绪帝直接投身政治改革,试图在中国建立

---

① 梁启超《初归国演说词·鄙人对于言论界之过去及将来》,《饮冰室合集·文集之二十九》,北京:中华书局,1989年,第2—3页。
② 梁启超《初归国演说词·鄙人对于言论界之过去及将来》,《饮冰室合集·文集之二十九》,北京:中华书局,1989年,第3页。
③ 丁文江、赵丰田编《梁启超年谱长编》,上海:上海人民出版社,1983年,第236—237页。
④ 勒文森著、刘伟等译《梁启超与近代中国思想》,成都:四川人民出版社,1986年,第127—128页。
⑤ 杜新艳《〈清议报〉停刊考》,《云梦学刊》2008年第5期,第29页。
⑥ 梁启超《新民说一》,《新民丛报》第1号,1902年2月8日,第2页。

"保皇"、"保教"政体相比，显然是想另外开辟一条变革新路。

如此重新界定"第一急务"正是为了展开此前的"国家"理想。梁启超希望中国能成为"安富尊荣"的"国家"，要实现这一点，必须从"新民"开始，"新民"即由此被他视为"中国第一急务"。与之相联系，康有为提出的"保皇"、"保教"等行动计划，便很自然地被梁启超悬置了，因为在他的"国家"视野里，这些计划都不如"保国"重要。①总之由"国家"出发重新界定"第一急务"正是他的思想超越与革新之处。而梁启超之所以会有此"国家"思想转向，一定意义上是为了能与当时盘踞日本且主动示好的"革命派"达成合作关系，②摆脱孤立无援的危险处境，但这一结构更是其根据时势人心变化所做出的理性调整。

言外之意，这里起决定作用的仍是梁启超本人的思想力量。梁启超既不认可康有为一意孤行的上层政治改革，也不认可"革命派"的下方"革命"运动，而是坚持寻找自己的方式。1902年，这一方式终于形成了，即依靠自己的"新民"文化和"新民"教育行动，建立现代意义的"民族国家"。从1902年2月发表《新民说一》，到1906年，梁启超一直都在以写文章的方式，展开其"新民"政治文化教育行动，意在教导国人，让他们学会将"国家"作为效忠对象，取代过去的"皇帝"信仰，然后具有"自由"、"权利"、"义务"、"法治"等现代政治道德观念，从而成为有能力让国家富强文明的"新民"。

关于梁启超"新民说"的具体内容，学术界已经做过许多研究，③这里只想强调，梁启超这一番前后"若出两人"的思想调整，不仅让他做起了公共教育实践（不是在学校里做），而且为当时中国教育界贡献了一种新文化，即国家主义"新民"教育学。事实上，除了实践"新民"教育学之外，梁启超自1901年以来，还适时推出了其他文化革新计划，包括：1903年7月到

---

① 梁启超《保教非所以尊孔论》，《新民丛报》第2号，1902年2月22日，第61—72页。
② 冯自由《康门十三太保与革命党》，《革命逸史 上》，北京：中华书局，1981年，第28—32页。
③ 如崔志海《梁启超〈新民说〉再认识》，《近代史研究》1989年第4期，第84—95页；宋志明《编序》，见梁启超著、宋志明选注《新民说》，沈阳：辽宁人民出版社，1994年；黄坤《一个世纪话题——评梁启超的〈新民说〉》，《华东师范大学学报（哲学社会科学版）》1998年第2期，第43—49页；顾红亮《梁启超〈新民说〉权利概念的多重含义》，《江苏社会科学》2010年第6期，第182—188页。

1904年10月间通过在《新民丛报》上开设"诗界潮音集"专栏，发起一场在"革命"与"改良"之间游离的"诗界革命"①；1902年11月另外创办《新小说》杂志，呼吁"小说界革命"，将"小说"这一长期受轻视的文学形式作为"新民"教育和"改良群治"的首要利器。②

此外，1902年梁启超还试图发起"史界革命"，改变为帝王"资政"的"旧史学"，建立为"国家"培养"新民"的"新史学"，并曾"立志要编写一部全新的《中国史》，把'新史学'的主张转化为可以广泛传播的通史教材。"③从"新民"教育学，到"新诗"、"新小说"、"新史学"，可以说，梁启超其实已为教育界勾勒了诸多具有现代意义的新文化框架，虽然它们无法赢得清末中央政府的认同，但它们却对清末乃至民国的学术、教育及文化朝何种方向演变产生了深远影响，许多学术、教育革新和文化认同重建努力都是在梁启超开拓的"国家"、"新民"框架下展开的。如李伯元便是在梁启超"小说界革命"言论的激励下，转而以创作小说的方式，来唤醒民众起来"救救中国"。④再如，吕思勉也是在梁启超的强烈影响下，将"新史学"作为自己一生的学术与教学理想。⑤

其实，梁启超还在音乐、美学等领域发表了革新构想。⑥一个人怎么可能同时在如此繁多的文化领域展开革新事业？梁启超可谓最有激情、也最勤奋的文化革新领袖，但即使如此，他显然也无法驾驭上述一系列庞大的文化革新计划，甚至缩小至其中的某一个领域，往往都很难耕耘出文化成果来。即以"新史学"为例，这一想法便拖到1921年转赴南开执教时，才真正得

---

① 陈建华《晚清"诗界革命"盛衰史实考》，《福建论坛》（人文社会科学版）1987年第3期，第74—80页；徐连云《梁启超"诗界革命"内涵新探》，《文艺争鸣》2007年第11期，第88—93页。
② 梁启超《论小说与群治的关系》，《饮冰室合集·文集之十》，北京：中华书局，1989年，第6—10页。
③ 王家范《吕思勉与"新史学"》，《史林》2008年第1期，第1—20页。
④ 中华书局编辑部《穷形极相的官场群丑图》，见李宝嘉《官场现形记》，北京：中华书局，2013年。
⑤ 王家范《吕思勉与"新史学"》，《史林》2008年第1期，第1—20页。
⑥ 王元骧《开掘推进梁启超美学思想的研究》，《云梦学刊》2007年第1期，第158—159页；张俊萍《梁启超对我国近代音乐教育发展的贡献》，《兰台世界》2013年第3期，第120—121页。

以些许展开。① 个中原因，固然与梁启超精力有限而又太过繁忙有关，但更主要的还是因为梁本人政治志向太大，且他又恨不能立即实现宏大政治改革志向，心思总难落在学术文化及教育创造本身。

用学术语言说，梁启超的政治志向即是建立"君主立宪"制政体的"现代民族国家"，通俗地讲，便是做一大政治改革家，因此在政治道路上越走越深，欲罢不能。1906年"新民"教育学建构完毕后，到1911年晚清解体时，梁启超仍未脱离政治来潜心发展自己定下的各种文化教育事业。待到民国成立、"北洋军阀"主政，梁启超则先后做起了"财政部长"、"司法部长"，开始一段"有理想"但却"一无所成"的"非国务大臣不做"的政治生涯。1914年"一战"爆发，梁启超又将手伸到"外交"领域，主持签署了"第二次善后大借款"，不顾此前耻辱的"二十一条"，向日本银行借钱以解财政危机。结果舆论哗然，段祺瑞只好让梁启超辞职，以平息众议，保住自己的政权。②

仕途从此终结的梁启超再次转到文化教育领域，接受了中国公学、南开等重要学校的教职，并到许多学校发表演讲。看上去其活动方向确实是转为"著述教书"了——"中国通史"在内的学术文化创造计划再次摆在案前，并推出了新的学术文化计划，如清代学术文化研究。然而梁启超依旧无法割舍其宏大的政治改革理想，晚期的"国学"文化及教育实践也因此再次异化为达成政治目标的工具。如张朋园所见，梁启超最后十年在各地的教育教学活动，其实是为了在学生中培养力量，组建自己的"新党"。为此，他甚至"有野心控制全国的文科教育"。只是由于没有足够"班底"，连武汉大学、厦门大学等诸多主动向他求助的重要学校，他都无力去"控制"，直叹可用之才实在缺乏。③

而身边既有的"人才"，包括门人与朋友，又不让他放弃政事专心学术，就这样，梁启超直到晚年也无法跳出功利激进的政治变革漩涡。1926年，转赴清华国学院任教的他得知"北伐"进展时，政治激情再度膨胀，竟把"儒

---

① 王家范《吕思勉与"新史学"》，《史林》2008年第1期，第5页。
② 朱维铮《〈清代学术概论〉导读》，见梁启超《清代学术概论》，上海：上海古籍出版社，1998年，第6页。
③ 张朋园《梁启超与民国政治》，长春：吉林出版集团有限公司，2007年，第128—152页。

家哲学"课程改成了"我的政治主张"。及至第二年,不得不考虑再次赴日避难时,还不忘鼓励清华学子"多多参与政治活动"。还好,梁启超晚年的教育教学实践固然仍要被政治牵引,但也让他体会到了学术之乐。一些晚辈见了,甚至觉得这位引领时代"进步"的革新领袖其实是个单纯学者,但说其"忘情于政治活动"的"世人"其实是"非能知梁氏者也"。①

不过,当时晚辈看到的终究是梁启超晚年面相,今人可能遗憾"任公在学术上的造诣本甚深湛,如果他民国元年归国时即从事讲学教育工作,其贡献何止如此。"②尤其是看到他晚年已开始大力研究"中国文化史",并提出"一面尽量吸收外来之新文化,一面仍不可妄自菲薄,蔑弃其遗产"等文化革新原则,③更是容易对梁启超早年未能按此原则专心从事文化革新感到可惜。奈何木已成舟,怎能苛求梁启超付出更多行动。何况他已做的够多:不仅以一己之力推动了1898年以来的政治变革,而且让时人增强了对于文学、史学以及教育等文化领域的重视与认同,并切实贡献了以"国家"、"新民"为基本框架的文化革新范式,尽管他总体上没有走出将文化教育当作激进政治改革工具的功利主义文化革新轨道。

至此,该把目光转向章太炎了。梁启超是新一代"改良派"的杰出代表,而在"革命派"中,年龄、表现方面皆与梁启超旗鼓相当的人当属章太炎。事实上,如果讲师承背景,章太炎还要胜出一筹。章太炎出自曾国藩、俞樾一系,堪称拥有当时最优越的"文化资本",而梁启超当初只是"布衣书生"康有为的弟子。提及这点背景差异,是想说明章太炎作为清末教育界名门之后,不仅必须承担一定的文化革新重任,而且其成绩和历史变革影响也不应输于梁启超,清末教育界也因为有这两大杰出后辈的登场,得以新生出许多精彩的文化转向与文化重建故事,乃至在整个历史变革进程中都可以看到年轻一代读书人的力量。

1888年,当"康有为上书请求变法"时,21岁的章太炎则在"旁理诸子史传,始有著述之志。"④两年后,即1890年,章太炎来到诂经精舍师从俞

---

① 彭玉平《王国维与梁启超》,《中山大学学报》2009年第2期,第45页。
② 张朋园《梁启超与民国政治》,长春:吉林出版集团有限公司,2007年,第152页。
③ 梁启超《清代学术概论》,上海:上海古籍出版社,1998年,第105—106页。
④ 汤志钧《章太炎年谱长编 上册》,北京:中华书局,1979年,第9页。

樾。在俞樾的调教下，他开始"以文字学为基础"，"从训诂、音韵、典章制度"等角度刻苦探究中国学术文化遗产。1891、1892年间，章太炎便完成《膏兰室札记》四册，其中尽是其解读《列子》《管子》《墨子》《庄子》等先秦诸子著作，《诗经》《尚书》《周礼》等儒家典籍以及《史记》《后汉书》《晋书》等史籍之后拿出的"考释驳乱之作"。①

将孔子以外的"先秦诸子"和魏晋历史文化列为训诂对象，仅这一点就表明章太炎年轻时的学术视野便已大幅突破清代以来以儒家经学为主的考据学。若一直努力下去的话，章太炎自然有可能超越其师俞樾，开辟新考据学。不仅如此，24岁的他还接触到当时教育界最前沿的传统学术文化革新动向，即当时在万木草堂讲学的康有为发表的《新学伪经考》，从此知道一种正在兴起的说法，即儒家典籍有"今文"和"古文"两种版本之分，所谓更近孔子本意的"古文经"系汉代刘歆伪造。②章太炎不同意康有为的新说法，这意味着，只要他继续钻研，不仅可以光大俞樾一系的考据学，或许还能纠正康氏为抬高其影响、表达自家改革意志而推出的"今文经学"，为清末教育界及新一代学子开辟一条以更严谨的史实考证为基础的经学文化再造之路。这其实也是俞樾的期望。

俞樾也不认同康有为的《新学伪经考》，还曾当面冷斥"公车上书"爆得大名、来诂经精舍拜访的康有为。俞樾希望弟子能站出来，以严谨扎实的考证功夫来阻止传统经学朝康有为的激进方向演进，将中国学术文化扳回到戴震、阮元等几代学人好不容易才确立起来的稳健轨道。但此后几年恶劣时局造成的学术畸变却将俞樾的希望彻底扑灭了。作为弟子的章太炎也没能抵御激烈时局变化给自己的学术生活带来的强大冲击。在甲午战争失败的剧烈刺激下，章太炎开始参加政治变革活动。

更令俞樾费解的是，为了尽快获取参与政治变革途径，章太炎竟然"寄会费银十六元"加入了康有为创立的"强学会"。接着他又打算去上海，加入康有为参与其中的《时务报》，并为此于1896年离开了诂经精舍，令"俞先生颇不怿"。③两年后，俞樾为即将被激进政治运动终结的诂经精舍写了那首

---

① 章太炎《膏兰室札记》，《章太炎全集1》，上海：上海人民出版社，1982年，第303页。
② 汤志钧《章太炎年谱长编》，北京：中华书局，1979年，第13页。
③ 汤志钧《章太炎年谱长编》，北京：中华书局，1979年，第26—28页。

欲哭无泪的长诗。章太炎的离去是否加剧了他当时的痛苦心情，这里不得而知，但章太炎其实并未忘却恩师的学术期望，只是在"千年未有之变局"中，他实在难以安心推进俞樾一系的几代学人开创的学术文化事业，而加入康有为阵营也是一时的无奈之举，因为甲午前后，那是他唯一能找到的政治变革捷径。

1898年春，急于寻找变革之路的章太炎甚至"跑到武昌，谒张之洞"，结果不仅没有施展一腔抱负，反而被张之洞认为有"欺君犯上"之嫌。当年的"戊戌变法"流产后，章太炎也被列为"通缉对象"，只得远走台湾避风。此时，章太炎仍留恋"改良"。但1900年"八国联军"入侵，慈禧集团丧权辱国，让章太炎思想产生剧烈震动，他不再抱"改良"幻想。第二年，章太炎便积极与"革命"势力联络，因此再度被清政府通缉。1902年，章太炎到日本避难，结识了"革命派"核心领袖孙中山先生，思想由此日益转向"排满"、"革命"。

羁日期间，章太炎曾率先翻译斯宾塞的"群学"著作。三个月后回国，还与梁启超以书信探讨如何编撰《中国通史》。1903年起，章太炎转赴上海，在中国教育会赞助的爱国学社任教。中国教育会发起人是蔡元培，爱国学社与中国教育会皆为当时重要的"革命"团体，意在通过教育培植"革命"力量。[①] 章太炎似乎觉得这种办法实在太慢，没多久，他便在《苏报》公开署名，为邹容《革命军》作序，同时发表《驳康有为论革命书》，不仅与康、梁"改良派"彻底决裂，还等于是以准备赴死的极端方式来推动"革命"进程（事后经多方斡旋，本要被就地处决的章太炎被改判为入狱三年）。提及这些政治实践，是为了说明章太炎、梁启超这两位新起巨子不仅无法在文化领域形成旨趣一致的革新努力，反而都被清末剧烈历史变革进程引上了激进政治之路，只不过一个仍想依靠"大清"政体，一个则铁定要彻底推翻"大清"来重建政体。

水火不相容的立场差异及坚持，让章太炎成就了一番梁启超无法企及的传奇政治伟业。仅仅"革命元勋"这一地位（据许寿裳言，影响仅次于"国

---

① 蔡元培《蔡孑民先生在爱国女学校之演说》，《东方杂志》第14卷第1号，1917年1月，"内外时报"，第20—22页。

父"孙中山)①，似乎就可以胜过"非国务大臣不做"的梁启超。更不要说梁启超在段祺瑞手下做"财务部长"都做不安稳，章太炎则是连段祺瑞的上司袁世凯都要大骂——面对章太炎的政治地位、影响力和不羁个性，袁世凯不仅讨好不成，还得委屈优待。②然而政治终归不是学术，纵使书写再多政治传奇故事，也不能以之代替学术文化创造，尤其是那种能够为现代中国教育提供"新文化"认同的学术文化创造，更是难以用政治革命的方式来代替。失去原有文化认同的现代中国教育能以什么样的"新文化"来重建自己的文化认同，这一难题仍得依靠学术文化创造本身来解决。

和梁启超一样，章太炎其实也很清楚政治行动解决不了文化问题。即以两人均看重的史学为例，章太炎也希望能破除"为帝王资政"的旧史学，为新一代学子创造以"国家"为本的"新史学"（即《中国通史》计划），并且章太炎也提出了十分明确、颇具现代意义的再造路径，即一方面考察"典志"制度，"以发明社会政治进化衰微之原理"；另一方面重写"纪传"，"以鼓舞民气"。③但这一史学再造构想终究被政治革命实践搁置了。直到1936年去世，章太炎也未拿出以制度"进化衰微"史和"民族精神"史为基本线索的《中国通史》，现代中国教育在史学文化方面能有什么样的建构与认同，仍需等待后一代人的努力。

还好，学术文化终究是章太炎心头一大挥之不去的牵挂。作为康有为之后中国教育界最具影响力的文化革新先锋之一，章太炎虽然总被清末以来的激进政治变革进程卷入，并因此进一步加剧他当时以激进政治变革为本的文化革新努力，但他仍为教育界后辈开辟了诸多值得珍视的学术文化革新领域与路径。例如他在诂经精舍时期的学术革新实践，便可以拓宽后辈的"国学"视野，使后辈不再局限于只是在狭窄的儒家"经学"领域展开探索，而大可以在先秦以来的一切历史文化积累中寻找中国文化革新之路。像鲁迅、钱玄同、胡适、顾颉刚等两代"五四新文化运动"推手之所以能大胆打破"孔家店"，将各种非儒学文化作为"新文化"创造的资源，很大程度上就是他们接受了章太炎的先锋教导与启发。

---

① 许寿裳《章太炎传》，南昌：百花文艺出版社，2004年，第3页。
② 许寿裳《章太炎传》，南昌：百花文艺出版社，2004年，第46—47页。
③ 汤志钧《章太炎年谱长编》，北京：中华书局，1979年，第139页。

再比如，他的看家学术本领——字义训诂、音韵考证等，他把语言文字学作为文化革新的基础，也为后辈学子提供了一条更为严谨踏实的文化革新之路（相比于康有为、谭嗣同等人的今文经学）。而后辈们也确实在章太炎的影响下，发起了方言研究、"国语统一"等语言学运动，从而为发展"新教育"、"新文化"奠定了新的共通语言基础。① 这些都是章太炎为教育界做出的文化革新贡献②，尽管如其弟子鲁迅所言，章太炎"留在革命史上"的"业绩"，"实在比在学术史上还要大"。③

就章太炎的学术文化贡献而言，最值得关注的还不是他在诸多局部领域的实践与业绩，而是为重建整个中国学术文化做出的开拓性努力。章太炎在俞樾门下时，便已突破清代经学，将考据范围扩大至整个中国文化史，为创造现代中国学术文化开辟了广阔空间。此后，章太炎的重心逐渐转向"革命"。不过"不忘讲学"的他总会将余力用于推动中国学术文化的现代转型。1906年6月，章太炎再度赴日避难。两个月后他在东京成立"国学讲习会"，正式以"国学"一词来界定自己的现代中国学术文化缔造计划。"国学讲习会"不是一个稳定的现代学术文化创造与教育机制，因为章太炎作为"革命的首席发言人"，必须继续发表政治革命言论，故而无法专心从事学术创造与传授，但此后五年（武昌起义爆发，章太炎才回国），章太炎时断时续的"讲学"却是康有为之后中国教育界"最重要"的一次学术文化认同重建努力，④ 丧失中国传统学术文化认同的现代中国教育也因此得以形成一种广被后辈学子认同的"国故学"文化。

这一"国故学"文化成品正是1910年出版的讲义结集《国故论衡》，其中章太炎不仅为后辈学子确立了三大中国学术文化创造领域，即"小学"、

---

① 徐和雍等《章太炎与中国近代民族文化》，《杭州大学学报》1987年第1期，第133—140页；彭春凌《以"一返方言"抵抗"汉字统一"与"万国新语"——章太炎关于语言文字问题的论争（1906—1911）》，《近代史研究》2008年第2期，第65—82页。
② 关于章太炎对于"五四新文化运动"，尤其是学术文化革新的诸多显著影响，详见陈平原《现代中国学术之建立——以章太炎、胡适为中心》，北京：北京大学出版社，1998年；罗志田《国家与学术：清季民初关于"国学"的思想论争》，北京：三联书店，2003年；陈以爱《中国现代学术研究机构的兴起》，南昌：江西教育出版社，2002年。
③ 鲁迅《关于太炎先生二三事》，见许寿裳《章太炎传》，南昌：百花文艺出版社，2004年，第126页。
④ 朱维铮《〈国故论衡〉校本引言》，《复旦学报》1997年第1期，第65—72页。

"文学"和"诸子学",而且要求每一领域的文化创造都必须先不计较"有用与否",只是追求"实事求是之学",并在此基础上"兼合新识"("新学"),如此方称得上是真正的"学者"。为此,章太炎还曾提醒后辈学子:不可像"近来有一种欧化主义的人"那样,"总说中国人比西洋人所差甚远,所以自暴自弃,说中国必定灭亡,黄种必定剿绝。因为他不晓得中国的长处,见得别无可爱,就把爱国爱种的心,一日衰薄一日";更不可像康有为等人那样,虽是研究中国历史文化,却是为了"将中国同欧洲的事,牵强附会起来,说甚么三世就是进化,……去仰攀欧洲最浅最陋的学说"。①

民国成立后,章太炎的《国故概论》没有被"教育部"定为新文化典范,而章太炎也不希望依靠"教育部"推动文化转型,因为他自东京讲学起就坚信"中国学术,自下倡之则益善,自上建之则日衰"②。这一民间立场让章太炎总是拒绝进入民国以来的现代学校教育体制,他的三科"国学"即"小学"、"文学"和"诸子学"也无法被放入现代学科课程体系,然而这些教育体制疏离均未妨碍他的文化影响,因为钱玄同、朱希祖、沈兼士、周树人等当时一群即将在现代中国教育中心舞台担任文化革新主力的后辈学子均是他的学生,他也因此成为谁都无法否认的现代中国学术文化的开山祖师,《国故论衡》则堪称是"中国学术从传统走向现代的过程中首出的一部杰作"。③

确实如此,毛子水这位"五四运动"时期活跃的"新青年"学子在提及早已被视为"国学界之泰斗"的章太炎时也认为:"章君虽然有许多地方不免有些'好古'的毛病,却是我们一大部分的'国故学'经过他的手里,才有现代科学的形式。"④那时,毛子水、傅斯年、顾颉刚以及他们的老师胡适正在发起新一轮的"整理国故"运动,他们均非出自章太炎门下,但他们作为现代中国教育界的新一代核心文化革新力量,也是在章太炎的"国学"框架上开展自己的中国学术文化再造行动。这更可以表明章太炎及其《国故论衡》在现代中国学术文化兴起及中国文化认同重建过程中的先锋与

---

① 章太炎《演说录》,《民报》第 6 号,1906 年 7 月 25 日,第 9—10 页。
② 章太炎《与王鹤鸣书》,见汤志钧《章太炎年谱长编》,北京:中华书局,1979 年,第 238 页。
③ 朱维铮《〈国故论衡〉校本引言》,《复旦学报》1997 年第 1 期,第 69 页。
④ 毛子水《国故和科学的精神》,《新潮》1919 年第 1 卷第 5 期,第 739 页。

典范作用。

事实上，等到"五四新青年"作为文化革新主力在教育界发起声势浩大的"整理国故"运动时，章太炎仍在以民间讲学的方式继续其"国学"重建事业。与当时梁启超虽在教育界四处活动其实是为了组建"新党"不同，章太炎依然是为了以"实事求是"的中国历史文化研究，创造中国"经学"、中国"哲学"以及中国"文学"等现代中国文化。① 只是其中所蕴含的"新识"已不能满足"五四新青年"的"思想"需要，章太炎的"国学"教导不得不淡出后者主导的文化革新进程。章太炎本人也因为一直不信任现代学校教育体制，而把本可驻足的教育舞台（尤其是北大），让给了胡适及其追随者构成的新一代文化革新主力。直到1932年（去世前四年），章太炎才肯北上，在北大、北师大等官方教育机构连连讲学，进而又引发其最后几年更奋力的民间讲学，以纠正主流教育界的"风气不正"，使文化革新"重归以平实而致博大的轨道"。②

2. "感情苦多"的边缘青年学者及其教育与文学转向

回顾康有为以来的文化革新行动，可以看出，自康有为起，文化革新者就陷入了难以化解的两难困境。一方面是不激进便无以取得大成就，产生大影响；另一方面产生大影响，成为备受各方关注的焦点人物后，又难以静下心来从事文化革新。为了成就大业，康有为及其弟子梁启超选择发动了在"保守派"、"洋务派"看来十分激进的政治"改良"运动。章太炎离开诂经精舍后，最初曾追随康、梁，但后来转向酝酿更激进的政治"革命"运动，他们的文化革新努力也因此总是被激进政治支配。康、梁直到晚年也未放弃以政治为本业，章太炎则始终不忘其作为清代学术传人必然要担负的学术文化再造使命，并确实为即将在"五四时期"登上文化革新中心舞台的后辈学子创造中国现代学术文化树立典范。

胡适及其学生傅斯年、顾颉刚等于"五四时期"成为中国教育界文化革

---

① 章太炎《国学概论》，上海：上海古籍出版社，1997年。
② 桑兵《章太炎晚年北游讲学的文化象征》，《历史研究》2002年第4期，第3—19页。

新主力的后辈学子大多出生于 1890 年间。鲁迅、钱玄同等章太炎弟子中成为"新文化运动"主力的则多出生于 1880 年间。与他们相比，1877 年出生的王国维显得有些尴尬：夹在章太炎、梁启超和鲁迅、胡适这两代文化革新力量之间，两头都难融入，或者两头都看不上。而自视甚高的王国维也的确闯出了自己的一条文化革新之路，甚至成为与章太炎、梁启超同样重要的另一位现代中国文化开拓者。那么，王国维又是受驱于什么样的文化变革之志呢？他怎么可能突破章太炎、梁启超等人主导的激进政治改革格局，开拓一种另类但同样具有现代意义（甚至具有永恒意义）的文化革新与文化认同重建进路？

1897 年，当梁启超、严复、黄遵宪、汪康年等各路改革派纷纷办学、办报以宣传"变法"时，王国维才 20 岁，尚在杭州参加"乡试"，结果又一次遭遇落第。这一年 12 月，康有为第五次上书光绪帝，直言列强瓜分近在咫尺，若不变法必将亡国。王国维借到《时务报》四十五、六册"，从此"非常关心时事，倾向新学"。和当初章太炎的情形一样，"关心时事、倾向新学"的王国维也选择了去"改良派"那里寻求新路。第二年 2 月，22 岁的王国维在同学许家惺的帮助下来到上海，在汪康年主办，梁启超、章太炎等人主笔的《时务报》社担任书记。①不久，康、梁终于赢得光绪帝的支持，开始实施"维新改革"。

可以说，王国维一开始其实也有强烈的政治改革意志。只不过，相比于康、梁等先锋人物早就能以办学、办报、上书等惹眼方式释放政治改革意志，王国维作为一名边缘青年学子，无论其有多么强烈的政治改革意志，都只能将它落实为一般意义的"关心时事，倾向新学"，而且这些一般意义的行动还得要有前辈改革先锋提携才可能做出来。来上海之前，他曾想在家乡海宁办一师范学堂，以成"莫大之功德"，所请说之人也"颇以为然"，但却"未肯竭力设法"。②可见，对于放弃科举、试图成就"大功德"的边缘青年王国维而言，前辈是否提携很重要。

来上海后，他所接触到的前辈人物便是汪康年。1860 年出生的汪康年比

---

① 袁光英等《王国维年谱长编》，天津：天津人民出版社，1996 年，第 12—13 页。
② 袁光英等《王国维年谱长编》，天津：天津人民出版社，1996 年，第 14 页。

王国维大十七岁，与康有为同辈。虽然其新、旧学术造诣在当时都算不上一流，但却拥有相当雄厚的政治背景。早在 1890 年他便在张之洞手下担任幕僚，得以在全国官员士人中拓展关系。六年后，他来到上海，与黄遵宪、梁启超等创办《时务报》。对于汪康年，张之洞曾认为他"不甚明白，亦有不定处，然讲经济，办事有力"。① 前半句或许有欠公允，后半句倒是如实点出了汪康年的过人之处。交际办事能力极高的汪康年可以在张之洞集团和康、梁"改良派"之间来往穿梭自如，尽管关系复杂，压力不断，却仍能嫁接各方势力，把《时务报》办成声势浩大的"变法"宣传阵地。对此，见势不妙的张之洞也只能公开批评，暗中拉拢，却无法完全操纵汪康年的"变法"意志与行动。②

到王国维加入时，《时务报》已成为"戊戌变法期间最重要的刊物"。③ 如果王国维能被汪康年看中，便极有可能跻身当时激进变革运动的前沿地带。而王国维也大有机会接近汪康年，因为除了承担"书记兼校对"等工作外，王国维还要替汪康年"写信、作文、翻译"。然而本来就与汪康年无甚关系的王国维如何能赢得汪康年的重视？

来报社一个月后，王国维想去罗振玉创办的东文学社（位于《时务报》报社隔壁）学习"新学"，于是向顶头上司汪康年提出申请。后者虽然同意了，却不提供任何支持。王国维非得忙完报社繁重事务，才能赶到东文学社学习日文，课后又无时间自习，以至学业很难有进步。④

他写信给同学许家惺，诉苦之余，还"指斥馆方蓄意给他刁难"。情况是否如此，这里不得而知。不过，王国维倒是赢得了东文学社创办人罗振玉的极力欣赏。后者派人到汪康年那说情，要报社安排一更有利于王国维学习的职位（翻译日文报纸文电供《时务报》采用）。汪康年依旧只是口头答应，之后不仅没有兑现，反而给王国维多加派了"校书"任务，而且薪水

---

① 梁鼎芬《梁鼎芬致汪康年·七十二》，见上海图书馆编《汪康年师友书札》（二），上海：上海古籍出版社，1986 年，第 1914 页。
② 汤志钧《论洋务派对〈时务报〉的操纵》，《康有为与戊戌变法》，北京：中华书局，1984 年，第 206—207 页。
③ 茅海建《张之洞与〈时务报〉、〈昌言报〉》，《中华文史论丛》2011 年第 2 期，第 1 页。
④ 王国维《自序（一）》，见姚淦铭，王燕编《王国维文集第 3 卷》，北京：中国文史出版社，1997 年，第 470 页。

不变。① 罗振玉出面也无济于事，这更说明王国维实在难以赢得汪康年的重视与支持。

如张之洞所提醒的那样，汪康年是个"讲经济"的活动家。王国维向往"新学"对汪康年而言没有何显著"经济"利益。王国维提出申请时，汪康年正和另一主办人黄遵宪以及"爆得大名"的主笔梁启超为争夺《时务报》的控制权而忙得不可开交。而汪康年一向认为"必须吃花酒乃能广通声气，故每日常有半日在应酬中，一面吃酒，一面办事。"② 这场"内讧"背后还有康有为以及张之洞、陈宝箴等地方大员在发挥牵引作用，籍籍无名的边缘青年王国维怎么可能成为汪康年的"座上宾"。另一位"主笔"章太炎倒是汪康年器重之人，但也无法阻止梁启超改变报社初衷，频繁宣传康有为的政治主张，气得章太炎只能大骂其为"病狂语"。③ "为康党所闻"后，"康党"前来与章太炎"斗辩"，"至挥拳"。④

章太炎与康、梁一系"挥拳"相斗发生于1897年4月。之后，性格刚烈的章太炎便"愤而离开《时务报》，另在杭州编辑《经世报》"。⑤ 1898年2月王国维加入《时务报》时，几派之间的"内讧"比章太炎辞职时还要厉害。入社不久王国维曾有机会"谒见康有为"，⑥ 但无论康有为一系，还是汪康年一系，王国维都无缘成为其中重要人物。而他又不像章太炎能以激烈方式表达不满与冷遇，然后一走了之。晚到且经济贫乏、又无背景关系的王国维只能暗自忍受来自报社的一切，吃力地往返于报社与东文学社之间，向理解帮助他的自身处境也很难的同学许家惺倾诉失意与痛苦。

寂寞支撑了5个月后，即1898年7月，王国维因为严重"脚疾"无法正常工作和求学，只得回到家乡海宁修养。之前，他再次写信给许家惺，其中说道：

> 数月以来，馆中之事，事变百出，此事甚长，非将来面谈不能罄。大抵

---

① 陈鸿祥《王国维与"戊戌变法"》，《学海》1998年第5期，84—89页。
② 马勇《近代中国知识分子的悲剧——试论〈时务报〉内讧》，《安徽史学》2006年第1期，第15—24页。
③ 汤志钧《章太炎年谱长编》，北京：中华书局，1979年，第42页。
④ 孙宝瑄《忘山庐日记》，上海：上海古籍出版社，1983年，第89页。
⑤ 汤志钧《章太炎年谱长编》，北京：中华书局，1979年，第43页。
⑥ 袁英光等《王国维年谱长编》，天津：天津人民出版社，1996年，第14页。

近世士大夫不乏魁垒奇特之才，而于学术异同之际意见极深，稍有不合，即成水火，日日言合群而终不能合群，私见之难泯，盖如此也。

　　……大抵"合群"二字，为天下第一难事。其所以难合，实因民质未进之故，斯宾塞尔之言深足味也。①

　　入社之初，"政府"犹如列强"宰割"的"圈牢羊豕"便让"关心时事"的王国维悲愤不已，②几个月下来，又亲身看到，整日叫嚣"变法"救世的"近世士大夫"自身"民质"都"未进"，都是从"私见"出发，以至水火不容，这更是让王国维感到绝望，所谓"虽有智者，亦无以善其后"，但看到朝廷有变法征兆，他又升起"振厉之意"。③

　　不仅如此，无缘跻身政治变革中心地带的王国维甚至还在另外开辟途径。这一途径便是"教育"。前文便已提过，王国维来上海前，曾想在家乡海宁创办师范学校，只是所托之人并未出力。《时务报》工作期间，他仍未放弃。为此，他还曾托汪康年给更高一级的地方官即杭州太守林迪臣带去求助信，希望这位曾创办求是书院的地方高官能帮他在家乡创办师范学堂。不知林迪臣看了求助信后有何反应，但直到即将离开报社，王国维也未收到回复，让王国维直叹此事"谅不能成"。④这可以说是王国维"乡试"不成后最初的"教育转向"，只不过它始终只是个想法，实际王国维未能拿出多少实在的"教育转向"行动。

　　回家治病的几个月里，"长女殇"、"戊戌变法"突然夭折、"六君子被斩"等事件的发生，让本就寂寞失意的王国维更感悲苦。等到12月脚疾治愈重回上海时，《时务报》已解散，王国维再度面临身心不安的窘境。多亏罗振玉及时伸出援手，王国维才得以在东文学社安下身来，继续追求"新学"。其时，梁启超已远走日本，在横滨创办《清议报》，以延续其政治事

---

① 王国维《致许家惺（1898年6月4日、6月18日）》，见谢维扬等编《王国维全集　第15卷》，杭州：浙江教育出版社，2010年，第10—12页。
② 王国维《致许家惺（1898年2月27日）》，见谢维扬等编《王国维全集　第15卷》，杭州：浙江教育出版社，2009年，第2页。
③ 王国维《致许家惺（1898年6月18日）》，见谢维扬等编《王国维全集　第15卷》，杭州：浙江教育出版社，2009年，第12—13页。
④ 王国维《致许家惺（1898年6月4日）》，见谢维扬等编《王国维全集　第15卷》，杭州：浙江教育出版社，2009年，第10页。

业。章太炎则转赴台湾，并在那里寻找政治变革新路。留在大陆的汪康年也未改变政治变革之志，更加活跃地与各派势力保持密切交往，他"甚至将目光投向民间的秘密社会"，试图组建新的"相爱"的政治群体来解决时局问题。①

走投无路的王国维只能接受罗振玉的帮助，委身于东文学社。相比于声势不断高涨的梁启超、章太炎、汪康年，王国维的这一处境使其显得更加边缘化，但王国维也因此摆脱了《时务报》以来的激进政治变革运动影响以及为争夺变革领导权而爆发的复杂人事纠纷，从而可以相对安静地追求"新学"。这一点对王国维的个人成长来说十分重要，对重建现代中国教育的文化认同而言，同样值得重视。因为当章太炎、梁启超、汪康年等清末最杰出的人才在世纪转折之际仍号召教育界把激进政治改革作为首要关注时，王国维离开《时务报》之后的选择却将会为长期被激进政治文化支配的中国教育改革贡献一份不同凡响的学术文化努力，虽然边缘处境决定了他的学术文化创造不可能抑制激进政治文化在教育界的强大影响，更不可能使学术文化创造成为教育界主流的文化认同重建方式。

直至蔡元培及胡适等新一代文化革新力量出场主持教育界，学术文化创造才取代政治文化实践，成为教育界主流的文化认同重建方式。不过，王国维正是这一重要文化转向的先驱行动者。问题就在于，王国维离开《时务报》的激进政治文化实践之后，究竟为教育界贡献了什么样的学术文化创造，他如何解决"中学"被认为"无用"之后的文化认同危机？当然，本文还在这里如此发问，只是为了重申本书核心议题。实际上，22岁的王国维离开《时务报》时，自身尚无任何"新学"文化基础来应对当时的文化认同危机与文化重建问题。即使之后他开始研读康德哲学，也是"苦其不可解"，②自然谈不上能为中国教育贡献什么现代文化。不过，在接下来的几年里，王国维通过潜心攻读"新学"，解决了自身的现代学术文化基础欠缺问题，他的教育转向也因此由当初仅仅是个想法，变成了一系列实实在在的现代学术文化实践——他没能成为海宁师范学校的创办者，但却成了当时教育界难得

---

① 廖梅《汪康年与中国近代化思潮的特征》，《复旦学报》1996年第6期，第91—96页。
② 王国维《〈静庵文集〉自序》，见姚淦铭编《王国维文集 第3卷》，北京：中国文史出版社，1997年，第469页。

的一位真正以学术文化再造为本的现代学者。

说王国维难得,是以梁启超作参照。梁启超可谓王国维成长道路上必须跨越的一座大山,即使离开《时务报》,转向教育领域寻求革新,梁启超仍是这一领域的先行革新者。早在1896年,因主笔《时务报》爆得大名的梁启超便开始大举涉足教育领域,并迅速成为教育改革的舆论领袖。他甚至想左右官方的教育改革走向,因此给当时官方教育改革领袖张之洞写信,此即著名的《上南皮张尚书书》。梁启超的确是意气风发,他完全不管张之洞作为"朝廷"教育改革领袖看了之后有何感想,不仅表扬其师康有为是西学、中学造诣最深之人,还直言"中国向于西学,仅袭皮毛,震其技艺之片长,忽其政本之大法"。

梁启超希望张之洞能明白:

> 启超窃惟西国学校,种类非一,条理极繁,而惟政治学院一门,于中国为最可行,而于今日为最有用。其为学也,以公理(人与人相处所用谓之公理)、公法(国与国相交所用谓之公法,实亦公理也)为经,以古希腊、罗马史为纬,以近政近事为用。①

所谓"西国学校"中的"政治学院"制度"于中国最可行""最有用",以及关于西方"政治学院"之课程结构的一段阐发,显然都是缺乏充分事实研究的即兴演说,只是为了引出梁启超自己的教育改革观点:"为今之计,莫若用政治学院之意以倡天下。"为此,他还举例说,日本之所以能强大,就是因为"日本变法以学校为最先,而日本学校以政治为最重"②。这一段同样没有事实依据,而只是因为梁启超自己最看重"政治学院"。"戊戌变法"失败后,梁启超又迅速推出一套"新民"教育学话语,其宗旨仍是政治改革(对此,前文已做过描述)。面对梁启超影响甚大的教育言论,王国维该如何寻求突破?

值得一提的是,王国维1898年曾向杭州太守林迪臣求助办一师范学校,而在1897年,梁启超也曾给林迪臣去信,内容又是提醒林迪臣注意:"泰西

---

① 梁启超《上南皮张尚书书》,《饮冰室合集》,北京:中华书局,1989年,第105页。
② 梁启超《上南皮张尚书书》,《饮冰室合集》,北京:中华书局,1989年,第105—106页。

诸国首重政治学院。其为学也，以公理公法为经，以希腊罗马古史为纬，以近政近事为用，其学成者授之以政，此为立国基第一义。"① 言外之意，"今日之学校，当以政学为主义，以艺学为附庸。"② 林迪臣看了信后有何反应，这里不得而知，但梁启超固执己见且强人就己，却让他爆得大名之后在政治上变得越来越孤立，连本来器重他的张之洞都不得不采取遏制行动，梁启超及康有为发起的"戊戌变法"即因政府中无人支持而一败涂地。流亡日本后，梁启超仍不明白，其实并不只是慈禧及所谓"守旧派"在扼杀他们的"维新"计划，而是他们的固执、傲慢与野心把赞成改革的政界、学界要人也几乎都得罪光了。③

现代中国教育改革也因为不断出现各种相互冲突的"群体"而总是被"你死我活"的派系政治争斗和人事纠纷打断。而王国维的难得之处正集中体现为：虽然他转向教育领域寻求革新，未能超越梁启超的活动领域，但22岁的他却能突破梁启超的激进"政治学院"范式，致力于以扎实的现代学术文化实践，来一点一滴地改造中国教育。那么，王国维最初是以什么样的现代学术文化实践来展开其教育转向的呢？

首先值得关注的是王国维的"教育学"实践。如前所述，1898年6月王国维便想另外创办师范学校。之后在老家养病期间，王国维又给汪康年去信，说今后自己只想在教育领域做点事，所谓"维谓就教育一事，其他皆后着"。④ 然而汪康年并不会把王国维的教育转向视为值得赞助的事，王国维所能依赖的只有罗振玉。而即使是尽力帮他的罗振玉（解决他食宿、工作，后又安排他去日本短期留学等）也无法为他提供创办师范学堂的平台。直到1901年5月，罗振玉办出中国第一份教育期刊，王国维才得到一方平台，从而有机会在"教育学"领域展开一番革新实践。

这份期刊便是《教育世界》，它的创立得益于罗振玉的一番努力。汪康年当初联合康、梁在创办《时务报》时，曾动员罗振玉加入。对于梁启超

---

① 梁启超《与林迪臣太守书》，《饮冰室合集》，北京：中华书局，1989年，第3页。
② 梁启超《与林迪臣太守书》，《饮冰室合集》，北京：中华书局，1989年，第2页。
③ 茅海建《张之洞与〈时务报〉、〈昌言报〉》，《中华文史论丛》2011年第2期，第1—71页。
④ 王国维《致汪康年》，见谢维扬等编《王国维全集 第15卷》，杭州：浙江教育出版社，2009年，第27页。

在《时务报》上"日以瓜分之说激厉人心",罗振玉表示"留心时事者不可不读",但私下却觉得"当时号称志士者率浮华少实,异日为祸为福,未可逆知",因此罗振玉"黯然独立,不轻与竞逐"。罗振玉认为"农为邦本",由此理念出发,罗振玉决定发展现代"农学"教育,以救国难。① 此后数年,罗振玉为发展"农学"付出了一系列努力,包括组建"农学社"、编《农学报》传播现代农学、办东文学社培养日语及英语翻译人才。这些"农学"教育努力及其务实精神陆续赢得了刘坤一、张之洞等地方总督的重视,罗振玉也因此于1900年秋突然收到张之洞电报,要其立即离开上海,前往武汉。

张之洞来电,是让罗振玉担任湖北农务局总理及农校监督。王国维随之被罗振玉招来农校任职。第二年,农校诸事"甚简",罗振玉及王国维皆"多暇",于是"移译东西教育规制学说",办成《教育世界》。② 这份教育专业期刊一直延续到1908年1月。关于罗振玉与《教育世界》,教育学及史学界已从"学制改革"和教育学发展史等角度做过不少探讨,③ 相对忽视的乃是王国维在办理《教育世界》期间的"教育学"表现,④ 只看到资深教育学者瞿葆奎曾呼吁学界莫忘王国维在中国教育学史上的"两个第一"地位。⑤ 依靠《教育世界》提供的平台,王国维的确成了"教育学"的开拓者,不过这里更看重的还不是王国维在教育学史上的地位,而是他具体有些什么样的"教育学"实践。

首先值得关注的是,王国维最初并不能按照自家兴趣来建构"教育学",而只能顺着罗振玉的设计及满足张之洞与当时官方教育制度改革的需要。到

---

① 甘孺《永丰乡人行年录(罗振玉年谱)》,南京:江苏人民出版社,1980年,第16页。
② 甘孺《永丰乡人行年录(罗振玉年谱)》,南京:江苏人民出版社,1980年,第17页。
③ 参见刘正伟等《略论清末罗振玉的教育活动和教育主张》,《杭州大学学报(社会科学版)》1997年10月(增刊),第125—130页;谢长法等《〈教育世界〉与晚清实业教育》,《职教论坛》2009年4月(上),第62—64页;杨建华《〈教育世界〉与清末学制建设》,《宁波大学学报》(教育科学版)2010年第4期,第16—19页;钱曼倩等《中国近代学制比较研究》,广州:广东教育出版社,1996年,第84—88页;关晓红《晚清学部研究》,广州:广东教育出版社,2000年,第61页。
④ 近期,教育学界有学者在尝试研究王国维在整个"中国教育学术史"上的"历史性贡献",参见胡德海《王国维与中国教育学术》,《教育研究》2012年第12期,第110—114页。
⑤ 瞿葆奎《两个第一:王国维译、编的〈教育学〉——编辑后记》,《教育学报》2008年第2期。第3—9页。

1904 年,《教育世界》共出 68 期,一直只设"文编"和"译篇"两个专栏。前者篇幅本来就少,包括岑春煊、端方等地方总督的"奏折",夏偕复等教育行政要人的教育论说,再有就是罗振玉的教育考察报告与教育改革论说。王国维的"教育学"表现空间主要是在"译文"部分,内容是翻译、介绍日本、欧美的教育制度和"教育学"理论。①

即使翻译算不上真正独立的教育学研究,也不应忽视其学术意义。和当时梁启超四处宣扬西方教育最看重"政治学院"相比,王国维的翻译实践无疑能为认识西方教育制度的实像,乃至发展"比较教育学"② 提供诸多一手文献,而且在翻译过程中,王国维对于"西方教育学"的认识也达到了当时世界一流水平——至少和 19 世纪中后期及 20 世纪初期美国主流教育学界的判断一样,③ 王国维也认为,学术水平最高的教育学乃是"德国教育学"。当然,无论学术意义有多可观,翻译时顺便做点发挥,或创立"比较教育学",其实都不是王国维期望的"教育学"实践。

从 1904 年 2 月(第 69 期)实际担任主编起,王国维对《教育世界》做了改造,他终于可以公布自己期望的"教育学"实践。在《本报改章广告》中,王国维明确表示:"若夫浅薄之政论,一家之私言,与一切无关教育者概弗录"。④ 如此刻意措辞,不知是否是在向当时也来《教育世界》议论教育改革的梁启超发起挑战,但王国维之后确实拿出了不一样的"教育学"实践,

---

① 佛雏《〈王国维哲学美学论文辑佚〉序言》,《王国维哲学美学论文辑佚》,上海:华东师范大学出版社,1993 年,第 3 页;商丽浩《王国维与近代西方教育学说的传播》,《杭州大学学报》(哲学社会科学版)1993 年第 1 期,第 127—133 页。商丽浩或许是教育学界最早关注王国维在教育学史上的贡献的学者,但其笼统地认为《教育世界》自一开始便由王国维主编,这一判断还需进一步考证。这里采纳的是谭佛雏先生的观点:王国维实际开始担任主编是在 1904 年。
② 史学界有位青年学者曾提请"比较教育学"界注意,"我国的比较教育研究开始于 1901 年王国维主编的《教育世界》,王国维是我国比较教育的奠基人",参见严奇岩《王国维与中国的比较教育研究》,《纪念〈教育史研究〉创刊二十周年论文集(2)》,北京:《教育史研究》创刊二十周年暨中国教育史研究六十年学术研讨会,2009 年 9 月,第 2421—2424 页。前一判断有误,后一判断则言之有据。可惜,"比较教育学"界至今也未重视王国维留下的"比较教育学"遗产。
③ Barnard, H. *German Schools and Pedagogy: Organization and Instruction of Common Schools in Germany,* New York: F.C.Brownell, 1861. Geitz, H. et al. eds. *German Influences on Education in the United States to 1917,* New York: Press Syndicate of the University of Cambridge, 1995.
④ 谭佛雏认为,未署名的《本报改章广告》"或即出王氏之手",参见王国维著、佛雏校辑《王国维哲学美学论文辑佚》,上海:华东师范大学出版社,1993 年,第 3 页。但事实是否如此,还需方家指教,这里暂认为是王国维亲作。

它既不是"译篇"里的日本、西方教育制度与教育学说的介绍，也不是罗振玉"农学"框架下的教育学说或以日本教育为模版的教育改革"私议"，而是依靠自己的德国哲学基础建构起来的一种与当时教育改革毫无直接关联的另类"教育学"。

由此也引出了王国维转向教育领域后的第二类现代学术文化实践，即在德国哲学启发下形成的一系列"哲学"实践。1899年秋，王国维还在东文学社半工半读时，便喜欢上了康德和叔本华的哲学。到1904年实际接手主编《教育世界》时，王国维对康德、叔本华的哲学已有相当深刻的理解。当时的王国维不过二十六七岁，仍十分年轻，但他对自身哲学功底非常自信。就任主编后，他立即在《教育世界》新辟"肖像"、"论说"、"学理"等栏目。虽然"人微言轻"的王国维拉不到多少作者，可能依靠的只有"本社"寥寥几位"社员"，但这一格局调整也能把学术创造注入《教育世界》，使之不再只是翻译他国材料，或发布官家呈文。

所登第一幅"肖像"便是王国维本人，所附介绍词则是"哲学专攻者社员王国维"，[①] 可见王国维甚至认为，自身哲学功底足以使他在整个教育界都称得上是一位专业的哲学家。更值得一提的是，王国维很清楚，张之洞、梁启超等朝野教育改革领袖均不需要"哲学"，他们不仅不看重从"哲学"的角度思考教育，反而认为"哲学"思想毫无用处。这意味着，选择哲学将会使王国维的个人处境变得更加孤独，然而王国维仍执意要在教育界建起一座"哲学"文化高楼。

不仅如此，他还迎难而上，试图让教育改革的主导人物理解其"哲学"文化认同。实际担任主编之前（1903年7月），王国维便在《教育世界》发文，认为张之洞主持学制改革时把"哲学"砍掉实在是个错误（《教育世界》是在张之洞的赞助下才得以创办，但张仍被批判）。在王国维看来，张之洞及其附和者之所以容易将"哲学"视为"有害之学"、"无益之学"，都是因为"不知哲学之性质"。王国维的立场非常坚定：他"非欲使人人成为哲学家，……但

---

① 王国维《〈王国维哲学美学论文辑佚〉序言》，见王国维著、佛雏校辑《王国维哲学美学论文辑佚》，上海：华东师范大学出版社，1993年，第3页。

专门教育中，哲学一科必与诸学科并立，而欲养成教育家，则此科尤为要。"①

担任主编后（1904年2月），王国维又发表《孔子之美育主义》。其中，王国维不仅将孔子的核心教育精神界定为"始于美育，终于美育"，而且希望教育界能够超越各类世俗功利观念，从"哲学"层面思考教育问题，使教育改革不再局限于追求政治功利目标，而是积极应对比政治变革更为"根本"的国人"审美趣味"缺失问题：

"呜呼！我中国非美术之国也！一切学业，以利用之大宗旨贯注之。治一学，必质其有用与否……以我国人审美之趣味之缺乏如此，则其朝夕营营，逐一己之利害而不知返者，安足怪哉！安足怪哉！"②

王国维推崇"哲学"，热诚希望教育界多一些"哲学"的"审美趣味"，还把孔子描述成中国"审美教育"的原典，这些学术表达——相比于翻译别国教育制度与教育学说——才真正是王国维期望的"教育学"实践，即创造一种以德国古典哲学为基础的"教育学"。这种"教育学"显然也可以称为"哲学"，一种以"审美教育"为宗旨的"哲学"。但说它是教育学也好，哲学也好，它都是当时教育界所没有的新文化。而王国维之所以能有此文化贡献，正是因为他深刻理解了康德和叔本华的哲学。

按王国维的理解，康德、叔本华等人的哲学皆是纯粹的哲学家，其哲学不含任何功利目的，只是为了认识、安顿人的理性、情感与意志，进而能提升人的精神境界。至于康德、叔本华各自的哲学大义，王国维的理解同样深刻。他认为康德使叔本华明白了，"吾人所知之物，决非物之自身，……吾人之观念而已"，所以叔本华提出"世界者，吾人之观念也。"但叔本华又能超越康德，使哲学不再被康德预设的"概念"束缚，重新回到"我之自身"，即"我"的"直观"、"经验"与"意志"。③

今天来看王国维1903年以来逐渐成形的上述德国哲学理解，我们或许

---

① 王国维《哲学辩惑》，见王国维著、佛雏校译《王国维哲学美学论文辑佚》，上海：华东师范大学出版社，1993年，第6页。
② 王国维《孔子之美育主义》，见王国维著、佛雏校译《王国维哲学美学论文辑佚》，上海：华东师范大学出版社，1993年，第257页。
③ 王国维《叔本华之哲学及其教育学说》，见谢维扬编《王国维全集 第1卷》，杭州：浙江教育出版社，2010年，第34—53页。

会觉得这都是常识，不至于有多出彩，但蔡元培1923年的一番梳理很值得参考。蔡先生从严复开始考察"中国人"接触西方哲学的历史，然后指出，在"德国哲学"这一块，"介绍"者是"海宁王国维"，并认为王国维的介绍"很能扼要"，同时"他对于哲学的观察，也不是同人所能及"。①蔡先生的评论可谓公允，只可惜来得太迟。王国维醉心于康德尤其是叔本华哲学的那几年里，几乎未得到任何来自外界的理解，甚至"本社"其他寥寥几位同人也未响应，只看到他一个人不断在《教育世界》撰文，展示他对哲学非"同人所能及"的领悟。

他还于1905年批评严复虽有译介之功，但其哲学"兴味"却"不存于纯粹哲学"，"所以不能感动吾国的思想界"；至于"蒙西洋学说"的康有为，则把"学问上之事业"和"其政治上之企图同归于失败"；其后跟上的各"杂志"创办者"本不知学问为何物，但有政治上之目的"，"虽时有学术上议论，不但剽窃灭裂而已"。②这些评论已显得悲愤不已，因为对教育界影响大的恰恰是严复、康有为等人制造的"哲学"。接着，王国维再次抗议张之洞将"哲学"从课程表中清除出去。③抗议之余，王国维还尝试用康德等人的哲学框架来梳理中国传统思想，看看中国过去到底有何"哲学"，④但这些后续努力同样是多年以后才有人理解——即使后人认可再多，也不能改变王国维当时的孤独与无告。

颇为巧合的是，1903年以来，在教育领域奔走忙碌的罗振玉也一度陷入"灰颓"境地：但见"人情事态和官场习气如此"，"想到子职已尽"（先后推动"农学"和"师范"教育），罗振玉觉得"不如为退隐计"。⑤出道以来一直追随罗振玉寻求发展的王国维自然会受影响，并能理解罗振玉后来为何逐渐转向搜集、整理古代文物。而研究古代文物也是王国维自身学术文化实践

---

① 蔡元培《五十年来中国之哲学》，见蔡元培著《蔡元培学术论著》，杭州：浙江人民出版社，1998年，第260、265页。
② 王国维《论近年之学术界》，见谢维扬编《王国维全集 第1卷》，杭州：浙江教育出版社，2009年，第122—123页。
③ 王国维《奏定经学科大学文学科大学章程书后》，《王国维论学集 第1卷》，北京：中国社会科学出版社，1997年，第376—382页。
④ 王国维《论性》《释理》《国朝汉学派戴阮两家之哲学说》等，见谢维扬编《王国维全集 第1卷》，杭州：浙江教育出版社，2009年，第4—33页、第96—104页。
⑤ 罗继祖《蜉寄留痕》，上海：上海古籍出版社，1999年，第38页。

的最后归宿（可见罗振玉对他的巨大影响）。但这是辛亥革命之后才发生的转变，此前数年王国维还要坚持，乃是因为王国维致力于向教育界传播其教育学和哲学的同时，还有另一种学术转向与尝试。如若不然，王国维大有可能提前与罗振玉一起转入考古领域，教育界后辈也将缺失一份重要的现代文化遗产。

这另一种转向与尝试便是文学。就学术基础而言，这一转向同样是在康德哲学尤其是叔本华哲学的影响下产生的。事实上，王国维在实际主编《教育世界》之前，就想创造叔本华式的中国文学。虽然其学术文化实践的重心乃是解读，传播康德、叔本华的德国哲学，并以它为基础，建构一种超世俗的直面"根本"问题的"教育学"（即"美育"理论），但他始终不忘保留文学关切与探寻。1904年担任主编后，王国维在《教育世界》发表了系列文章，公布了自己的探寻结果，表明他找到了叔本华式的中国文学。此系列文章便是后来被视为"红学"开山之作的《红楼梦评论》。

撰写《红楼梦评论》期间，王国维的心思仍被"哲学"纠缠。他试图在中国古典文化中找到康德、叔本华式的"哲学"，如果能找到的话，他便可以在其基础上建构现代"中国哲学"，但这一找寻过程却失败了。他越是深入孔子以来的中国思想世界，就越觉得中国人无法创造康德、叔本华式的哲学，"所谓理论哲学之不适合于吾国人之性质"。① 这一认识是否准确，这里无从判断，但它却给王国维带来了"最大烦闷"。到1906年，渐入"而立之年"的王国维终于决定彻底告别"哲学"，"移于文学"。②

相比于教育学或哲学，还是从文学入手更为合适，更有可能在中国文化陷入危机的时候，成功开辟一条中国文化认同重建之路，进而创造出一种堪与德国哲学相媲美的现代中国文化，这就是王国维出道以来的一系列学术文化实践留下的基本心得。此后五、六年间，考察中国历史上的各类文学成了王国维最紧系于心的学术文化实践。现在的问题是，王国维文学转向的内在动力是什么？仅仅只是为了应对外界客观存在的历史难题——为在西方文化

---

① 王国维《国朝汉学派戴阮两家之哲学说》，见谢维扬编《王国维全集 第1卷》，杭州：浙江教育出版社，2009年，第104页。
② 王国维《自序（二）》，见姚淦铭编《王国维文集》，北京：中国文史出版社，1997年，第473页。

面前抬不起头的中国教育重新确立一种文化认同？

正如王国维当初之所以选择"哲学"，不仅是为了以它来重建中国文化，还因为他自己"体素羸弱，性复忧郁，人生之问题，日往复于吾前"，① 他的文学转向也有深刻的内在原因，且仍与"性复忧郁"有关，或如他本人所言，是因为"感情苦多，而知力苦寡"。② 可以说，"感情苦多"就是王国维学术文化实践挥之不去的内在动力，本节也因此将王国维描述成"'感情苦多'的边缘青年学者"。只不过，王国维所"苦"的不是自身功利毫无着落，或其他任何一时一事造成的大小烦恼，而是叔本华意义上的整个人类在现代历史进程中无所皈依。立足这一哲学或普遍意义的"感情苦多"，才可以进一步考察王国维的文学实践，以及他的一番文学实践最终贡献了什么样的文学课程。

3. 悲剧文学认同与现代中国文学课程范式的诞生

前文已指出，依靠苦读康德、叔本华哲学积累起来的"哲学"功底，王国维转入教育领域后，必然可以超越梁启超的一系列"政治学"教育改革言论和当时一般的"教育学"实践——翻译日本或西方各国的有关教育制度与教育的理论，率先建构起一种"美育主义"的"教育学"。王国维的这些学术文化实践其实已为教育界贡献了两类宗旨一致的现代文化——叔本华式的"哲学"和"（美育）教育学"，二者都是为了认识、安顿"人生"问题尤其是"情感"问题。从他批判张之洞主持的学制改革来看，王国维无疑非常希望，他心目中的"哲学"和"教育学"能在教育改革中占得尊位。如果张之洞接受王国维的抗议，中国教育便至少可以在意识形态层面确立一种现代文化认同。

事实上，王国维所要求的还不只是意识形态层面，而是要使整个"文科"教学实践体系都以"哲学"、"教育学"为中心，各"文科"教学都把

---

① 王国维《自序（一）》，见姚淦铭编《王国维文集》，北京：中国文史出版社，1997年，第471页。
② 王国维《自序（二）》，见姚淦铭编《王国维文集》，北京：中国文史出版社，1997年，第473页。

"哲学"、"教育学"列为基本课程。① 遗憾的是,这里不知道张之洞是否看到王国维在《教育世界》发表的这套以"哲学"、"教育学"为中心的"文科"课程改革方案。不过即使看到了,也不会重视和采纳。而在民间,《教育世界》也因为"发行量不大,所以给社会的影响也不深","一般头脑冬烘的先生们"更是"对《教育世界》这四个字都不理解",② 又怎么可能理解王国维所说的"哲学"、"美育",改变对于"哲学"的误解和对"美育"的无知状况。

可以说,王国维转入教育领域后,凭借其不凡学术天资,即使可以迅速拿出两类新文化,也无法让它们赢得教育界官方领导和一般"冬烘"教师的认可。当时反倒是梁启超、章太炎等人发表的以激进政治改革为本的系列言论能在教育界凝聚许多"改良"或"革命"群体。然而王国维并未因为缺乏回应而放弃自己的学术文化实践,抗议未果之后,他仍在继续钻研叔本华"哲学"和"美育",而且是在中国历史文化中展开自己的哲学与美育探索。与此同时,得益于罗振玉的提携,王国维在当时正在兴起的新教育体系中也获得了不少教学实践空间,从而有可能按自己的学术文化,来做一些课程改革实践。

1902年春,南通民间教育改革者及工商界领袖张謇邀请罗振玉一起向两江总督刘坤一奏请创办"师范中小学"。刘坤一开始表示十分支持,但"藩司"、"巡道"、"盐道"等重要官员皆不同意,说什么"中国他事不如人,何至读书亦向他人求法",并传言这都是"张季直(之洞)过信罗叔蕴(振玉),叔蕴过信东人(日本人)之过也"。刘坤一不想为此事得罪手下,回复说"此事难办",还"叹息不已"。张謇被此难有作为的官场习气刺激之后,决定"自立师范学校",就以自己的纱厂利润作为基金,"不用之公费"。③ 第二年4月,通州师范学校开学,是为中国"第一所师范学校"。④

由于罗振玉大力推荐,王国维得以来到通州师范。据晚期弟子赵万里

---

① 王国维《奏定经学科大学文学科大学章程书后》,见王国维著《王国维论学集》,北京:中国社会科学出版社,1997年,第381—382页。
② 罗继祖《蜉寄留痕》,上海:上海古籍出版社,1999年,第26页。
③ 张謇研究中心、南通市图书馆编《张謇全集第六卷日记》,南京:江苏古籍出版社,1994年,第466页。
④ 陈乃林《张謇与通州师范》,《扬州大学学报(人文社会科学版)》1980年第4期,第72—77页。

说，王国维担任的是"心理学"、"论理学"（一说为"伦理学"）教员。① 不过实际情况如何，尚有不同说法。佛雏便提出，王国维可能还教"教育学"、"国文"。② 课程制度既可能左右王国维的学术文化实践动向，也可以为王国维提供学术文化革新空间，可惜至今学界也无法确定王国维在通州师范学校所教课程。不过，有一点似乎比较可靠，通州师范所招学生多为"贡生"、"监生"等高级"举人"生员，连一般"举人"都不在录取之列，③ 在这群特殊的"士绅"学生面前，王国维"既无显赫出身"（只有"秀才"功名），又年仅20多岁，而学生以举、贡、生、监资格入学，"其中不少还年长于他"，所以"王国维的教学效果并不好"。④

遭此教学困境，面对一群留恋功名的学生，早就对"科举"深感厌恶的王国维把精力放在研究康德、叔本华哲学及孔子"美育"实践上，也就更加情有可原了，只是他无法将自己的哲学与"美育"研究注入教学实践，更不可能在当时学生中开展一场哲学与"美育"运动。在通州师范学校任教期间，王国维还开始创作"古体诗"，一年下来，大致有十余首，亦大都是在表达叔本华式的心无所系的忧郁之情。如《登狼山支云塔》中所吟："……蓬莱自合今时浅，哀乐偏于我辈深。局促百年何足道，沧桑回首亦骎骎。"再如，《来日两首》中的"耳目不足凭，何况胸所思。人生一大梦，未审觉何时。"等语便都是明证。⑤

任职通州师范学校前，王国维便呼吁教育界重视"哲学"，尤其"欲养成教育家"，"哲学"一科极为重要（即1903年发表的《哲学辩惑》）。相比于校方布置的"心理学"、"论理学"等课程，"哲学"才是王国维真正心仪的课程，但从现有材料看，王国维并不能在通州师范学校落实自己的"哲学"课

---

① 赵万里《民国王静安先生国维年谱》，台北：台湾商务印书馆，1978年，第6页。
② 佛雏《王国维与江苏两所"师范学堂"》，《扬州师院学报（社会科学版）》1990年第1期，第94—98页。
③ 章开沅《开拓者的足迹——张謇传稿》，北京：中华书局，1986年，第143页。
④ 房鑫亮《王国维的教育实践与教育思想》，《历史教学问题》2008年第5期，第8—11页。陈鸿祥也认为，王国维在通州师范期间，"很不被那些有了'举人'功名的学生看重，加上王先生主讲的伦理课，多用外国教材，讲课时夹带了英文，因而更难被学生听懂和接受。"见陈鸿祥《王国维传》，北京：人民出版社，2004年，第137页。
⑤ 王国维《来日两首》《登狼山支云塔》，见姚淦铭、王燕主编《王国维文集》，北京：中国文史出版社，1997年，第252—253页。

程理想。①当然，王国维本人也只是刚有强烈的"哲学"课程理想，即使校方允许其开设"哲学"课，他也没有足够的"哲学"积累来支撑这门课，他还得继续积累。

似乎早就预感王国维不会在通州师范学校久待，罗振玉只让王国维与通州师范学校签订一年合同。第二年，罗振玉调往位于苏州的官立江苏师范学堂担任监督，王国维随后也来到苏州。一般认为，王国维在江苏师范"主讲心理、论理、社会诸学"。②对此，陈鸿祥曾予以纠正，说"王国维讲授的，同在通州师范时一样，仅限于伦理学"。③然而谭佛雏认为，王国维是在初级师范"简易科"（速成科）任教，据《奏定初级师范学堂章程》，简易科课程包括"修身、教育、中国文学、历史、地理、算学、格致"等，并无"心理论理"等。接着，谭佛雏又依据该校首届优级师范生蒋息岑的回忆，提出王国维实际讲授的课程是"修身、中国文学、中国历史等"，而且王国维讲课"能沟通不同之中外礼俗，时创新说，……而为学生心悦诚服"，王国维也因此"后成为中学方面的总教习。"④

蒋息岑的回忆是目前所见唯一最直接的、有关王国维所教课程的材料，对认识王国维在江苏师范学堂的两年教学岁月十分重要。在这份材料提到的课程中，最值得注意的无疑是"中国文学"，以及王国维后来因教学效果良好而成为"中学总教习"。如果不是在"中国文学"领域下了深功夫，王国维如何能教好这门课，以至优级师范生都印象深刻，而且这一颇为成功的"中国文学"教学经历也和王国维1904年以来的学术文化实践重心逐渐转向"文学"极为吻合。言外之意，王国维或许也教过"心理论理"等科课程，但蒋息岑的深刻印象恐怕也不是妄言，只是仍不清楚"中国文学"课程制度对王国维的文学转向具体产生了什么样的强化作用，以及王国维曾否以及如何在

---

① 四川大学古籍所教授彭华认为，王国维任教通州师范学校期间，除"心理学、论理学"外，还教过"哲学"课，见氏作《王国维之生平、学行与文化精神》，《儒藏论坛》2009年第2期，第45—70页。此说易让人联想，在官方章程尚未颁布的情况下，难道是通州校方自行为王国维量身定做了"哲学"课。可惜彭教授未给出文献依据，因此无法进一步了解真实情况。
② 赵万里《民国王静安先生国维年谱》，台北：台湾商务印书馆，1978年，第7页。
③ 陈鸿祥《王国维传》，北京：人民出版社，2004年，第227页。
④ 佛雏《王国维与江苏两所"师范学堂"》，《扬州师院学报（社会科学版）》1990年第1期，第97页。

课堂上展示其"时创新说"的"中国文学"研究。

何况师范教育一直都是王国维青年时期的一大情结,他也十分了解官方师范教育课程改革动向,焉能不知其中设置了"中国文学",而王国维开始重视文学与"中国文学"研究也恰好是在《奏定初级师范学堂章程》颁布之后。① 从这一点来看,或许还可以将王国维 1904 年以来日益重视文学,看成是对当时师范教育课程改革的积极回应。而所谓正式的课堂教学只是其改革"中国文学"课程的一个渠道,即便江苏师范学堂没按官定章程开设"中国文学"课程,或者即使开设了,也未安排王国维来讲授,王国维仍可以依靠自己的学术研究来积极回应当时的师范课程章程,展开自己的"中国文学"课程改革行动。

事实上,王国维 1904 年以来,的确有许多学术文化实践是针对当时师范课程章程而发。王国维虽然更可能是在初级师范层次担任教师,但从他在《教育世界》发表的学术文章来看,他对优级师范层次的课程设置,同样十分关注,因为其系列学术文章的主题就是取自优级师范课程中规定的课程名目。1904 年 1 月颁布的《奏定优级师范学堂章程》把"学科分为四类",其中"第一类系以中国文学、外国语为主",王国维所关注的正是第一类中的"中国文学"课。再看"中国文学"课之"第一年"的具体课程名目,依次有"人伦道德,摘讲宋元明国朝诸儒学案";"周秦诸子学,择其有独见而不悖于圣道者参考之",等等。②

优级师范章程颁布半年后,即 1904 年 7 月,王国维在《教育世界》发表《国朝汉学派戴、阮之哲学说》,一年后,即 1905 年 7 月,又在《教育世界》发表《周秦诸子之名学》,③ 两篇文章的主题正好对应优级师范"中国文学"课程中的"摘讲宋元明国朝诸儒学案"和"周秦诸子学"。由此是否可以大胆推断,王国维任职江苏师范学堂期间(1904—1906 年),除在初级师范"简易科"任课外,可能还教过优级师范的"中国文学"课(这刚好也可

---

① 光绪二十九年十一月十六日,清廷正式颁布实施《奏定初级师范学堂章程》,时为 1904 年 1 月 13 日,见朱有瓛主编《中国近代学制史料　第 2 辑　下》,上海:华东师范大学出版社,1989 年,第 222 页。

② 朱有瓛主编《中国近代学制史料　第 2 辑　下》,上海:华东师范大学出版社,1989 年,第 248—249 页。

③ 袁光英等《王国维年谱长编》,天津:天津人民出版社,1996 年,第 33—34 页。

以对上第一届优级师范生蒋息岑的深刻印象)。这一点虽然还需考证,但却可以看出,1904年以来王国维之所以日益重视文学,的确曾受到官方课程制度的影响,从某种程度上甚至可以说,王国维是在官方课程体系中展开自己的文学研究实践,进行文学研究也是王国维积极参与官方课程改革的主要方式。

只不过,王国维以自己的"国朝"大儒、"周秦诸子"研究参与优级师范课程改革,不是为了实施清廷期望的"人伦道德"教育,或推广"圣道",而是为了表达、传播他自己认可的现代文化。然而恰恰这样,才可以说王国维是在以自己的哲学与文学研究,来切实改革当时官方建构的"中国文学"课程。王国维实在不愿看到课程内容仍被传统伦理左右,而是坚决主张必须引入现代文化。连一直提携他的罗振玉都曾认为王国维"贱仁义、薄谦逊、非节制,欲创新文化以代旧文化"。[1] 当然,以"哲学"、"名学"等现代思想来研究"国朝"大儒和"周秦诸子"还不足以代表王国维的"中国文学"课程改革实践,他的改革实践更表现为要对整个"中国文学"的本质与内容给出现代意义的界定,从而推出一套现代"中国文学"课程。

进而言之,王国维1904年以来日益明显的文学转向及其一系列的文学研究努力到底有何意义,也因此可以得到解释:从政治变革激流退出转入教育领域之后,王国维虽然办不成师范学校,但一直以自己的学术文化实践来改革中国教育,而"中国文学"课程则是王国维转向文学后重点的改革领域。然而,现有关于王国维文学实践的考察几乎都忽视了从当时课程制度及课程改革的角度切入。这一视野缺失显然是因为关注者没有关注王国维任教师范学校以来所处的课程体制环境,以及王国维本人的课程应对行动与课程革新贡献。在"哲学"不被当时师范课程体制接纳的情况下,仍要在师范学校执教数年的王国维还算幸运,因为他还可以在"中国文学"领域,通过研究"中国文学"来发挥自己的"哲学"才华,尽管仍不确定他是否曾在课堂上讲授他的"中国文学",不过他的一系列文学研究实践也足以将其期望的"中国文学"课的基本轮廓勾勒出来。

---

[1] 罗振玉《海宁王忠悫公传》,载陈平原、王枫编《追忆王国维》,北京:中国广播电视出版社,1997年,第8页。

清廷颁布的初级师范课程章程中,"中国文学"被分解为三部分:一是"文义",强调要"本乎古,亦不骇乎今";二是"文法",以"御选《古文渊鉴》最为善本……并为讲解其义法";三是"作文",要求"惟当以清真雅正为主"。① 看过之后,不知道"中国文学"是什么,也不知道有何成体系的内容,只是一堆传统道德教化碎片,而且多数内涵都十分模糊。而王国维 1904 年以来的一系列文学研究实践正好可以解决这些关键的"中国文学"课程理论与实践问题:王国维不仅给出了清晰的"中国文学"界定和"中国文学"典范,其"中国文学"课程内容也十分具体,且自成一相对完整的体系。

先来看王国维如何界定"中国文学"以及确立"中国文学"典范。发表《国朝汉学派戴、阮之哲学说》时,即 1904 年 7 月,王国维还完成了后来被视为经典之作的《红楼梦评论》。② 前一篇文章中,王国维是在继续实验从中国思想文化遗产中提炼"哲学",但他失败了,他觉得本土古人缺乏康德式的纯粹形而上学兴趣和抽象思辨能力,再去强求岂非"缘木求鱼"。③ 何止中国古人无法满足王国维的"哲学"探求愿望,当时西方哲学进展同样令王国维失望,他认为在台上活跃的都是斯宾塞尔式的"二流之作者"。④ 与此"烦恼"体会不同,同期推出的另一篇大作《红楼梦评论》则让王国维非常兴奋——他在中国历史文化遗产中找到了堪与西方一流文学相媲美的"中国文学"。

同期完成的两篇文章清楚表明了王国维的学术文化转向,不过,更值得关注的乃是王国维为何将《红楼梦》列为"中国文学"典范。关于这一点,学界已有诸多研究可作参考,⑤ 而王国维本人的解释也十分清楚,他之所以特

---

① 朱有瓛主编《中国近代学制史料 第 2 辑 下》,上海:华东师范大学出版社,1989 年,第 226 页。
② 袁光英等《王国维年谱长编》,天津:天津人民出版社,1996 年,第 33 页。
③ 1905 年夏,王国维在《教育世界》发表《论哲学家和美术家之天职》,再次强调:"我国无纯粹之哲学,其最完备者,唯道德哲学与政治哲学耳。"参见谢维扬主编《王国维全集 第 1 卷》,杭州:浙江教育出版社,2009 年,第 132 页。
④ 王国维《自序(二)》,见姚淦铭主编《王国维文集》,北京:中国文史出版社,1997 年,第 473 页。
⑤ 饶芃子《中国文艺批评王见代转型的起点——论王国维的〈红楼梦评论〉及其它》,《文艺研究》1996 年第 1 期,第 59—61 页;高小康《领悟悲剧——王国维〈红楼梦评论〉研究》,《文艺理论研究》1996 年第 5 期,第 28—35 页;陈鸿祥《王国维传》,北京:人民出版社,2004 年,第 145—174 页;曹顺庆等《王国维〈红楼梦评论〉之得与失》,《文史哲》2011 年第 2 期,第 76—81 页。

别想让教育界重视《红楼梦》,将其视为"中国文学"最杰出的代表作——可与"欧洲近世文学"中的"第一者"(即歌德的《浮士德》)相媲美,[1]就是因为它是"彻头彻尾的悲剧"。[2]为了论证这一点,确立《红楼梦》的悲剧文学典范地位,王国维先是依据叔本华哲学,将人生本质界定为"欲"与"苦痛",而真正一流的"美术"(包括诗歌、戏曲与小说)就是以思索、揭示这一悲剧人生真相为本。接着王国维便按此哲学与美学"标准",提出在中国文学遗产中,唯有《红楼梦》不仅以思索悲剧人生真相为本,而且将其揭示得淋漓尽致,其美学境界达到了王国维最看中的悲壮之美("壮美"),《红楼梦》因此堪称"悲剧中之悲剧"。[3]

对于上述一番论证,今天有不少学者曾提出质疑。有的认为,王国维用叔本华哲学来解释《红楼梦》的思想内涵,容易"有牵强附会之嫌"或"不免有立论牵强之处"。[4]而在分析中国文学时,王国维也"存在着严重错误的观点",如他认为中华民族及中国文学历来缺乏悲剧精神,《红楼梦》是唯一具有悲剧精神的伟大文学作品,便是一大逻辑矛盾且与史实不符的错误认识。[5]乃至《红楼梦评论》的整个结构都是来自"乱点鸳鸯谱"式的强行嫁接。[6]仅从理论角度看,这些质疑的确可以成立,但就王国维本人的文化与教育改革实践而言,更值得关注的一点毋宁说是:通过公布《红楼梦评论》,他便可以向教育界推出自己的悲剧文学认同和"中国文学"典范。

就这一点来说,王国维显然取得了成功。与此同时,也正因为这次文学实验取得了令其满意的结果,从"中国哲学"领域淡出的他才得以转入"中

---

[1] 王国维《红楼梦评论》,见谢维扬主编《王国维全集 第1卷》,杭州:浙江教育出版社,2009年,第64页。
[2] 王国维《红楼梦评论》,见谢维扬主编《王国维全集 第1卷》,杭州:浙江教育出版社,2009年,第66页。
[3] 王国维《红楼梦评论》,见谢维扬主编《王国维全集 第1卷》,杭州:浙江教育出版社,2009年,第69页。
[4] 高小康《领悟悲剧——王国维〈红楼梦评论〉研究》,《文艺理论研究》1996年第5期,第31页;叶嘉莹《王国维及其文学批评》,石家庄:河北教育出版社,1997年,第159页。
[5] 曹顺庆等《王国维〈红楼梦评论〉之得与失》,《文史哲》2011年第2期,第76—81页。
[6] 夏中义《西学与中国文学的百年错位及反正——以王国维从〈红楼梦评论〉到〈人间词话〉的发展变化为中心》,《河北学刊》2011年第6期,第92—100页。

国文学"领域,延续其学术文化与教育改革实践,并最终勾勒一套全新的"中国文学"课程。如果对于《红楼梦》的一番"哲学"评论也以失败收场——发现中国拿不出美学上堪与《浮士德》媲美的"文学",王国维大可不必再花费数年时间潜心耕耘"中国文学"。

推出《红楼梦评论》之后才一个月,即1904年8月,王国维便在《教育世界》发表《教育偶感四则》的"后二则"。在其中,王国维除了批判张之洞删除哲学课程外,还正式公布了自己的文学教育宣言,明确提出:"生百政治家,不如生一大文学家",并希望教育界能正视中国在"国民精神"及"文学"认同方面的严重缺失问题:

法之诚是也,然回顾我国民之精神界则奚若?试问我国之大文学家,有足以代表全国民之精神,如希腊之谔谟尔(荷马)、英之狭斯丕尔(莎士比亚)、德之格代(歌德)者乎?吾人所不能答也。……由前之说,则我国之文学不如泰西;由后之说,则我国之重文学不如泰西。……我国人对文学之趣味如此,则于何处得其精神之慰籍乎?①

为使教育界重视文学认同的缺失与精神的无处安顿等文学教育问题,王国维还提出,如果能让国人养成文学趣味,知道从文学中寻找精神慰藉,那国人便不至于除了"饮食男女"外,就只有"嗜鸦片"和"赌博"了。可见,王国维多么希望张之洞及教育界能把文学教育列为教育改革的优先议题。

偶感临近收尾时,也许因为很清楚自己的文学教育兴致与忧思不会得到张之洞及其他教育改革者的回应,王国维又一次流露些许失意与悲愤,所谓"言教育者不为之谋,此又愚所大惑不解者也。"②然而正如1905年6月所发表的后续文章所示,教育界对于文学的漠视并不能遏止王国维既已展开的文学教育探索,反而让他激起更加强烈的文学"天职"感,他坚信若能把"宇宙人生之真理"或"胸中惝恍不可捉摸之意境,一旦表诸文字、绘画、雕刻

---

① 王国维《教育偶感四则》,见谢维扬主编《王国维全集 第1卷》,杭州:浙江教育出版社,2009年,第139页。
② 王国维《教育偶感四则》,见谢维扬主编《王国维全集 第1卷》,杭州:浙江教育出版社,2009年,第139页。

之上",则"此时之快乐,绝非南面王之所能易者也"。①

认为文学教育比出相拜将还要"快乐",将之视为"天职"之后,王国维已无退路,而必然要在教育界拿出一套文学教育方案。的确如此,到1907年1月,王国维终于可以向教育界公布其继《红楼梦评论》之后的另一大文学教育探索进展,它便是发表于《教育世界》的《文学小言》。此前王国维很希望教育界多涌现这样的教育家,能把"宇宙人生之真理"或"胸中惝恍不可捉摸之意境……表诸文字、绘画、雕刻之上",并将此文学实践定为最"快乐"的教育事业和"天职"。那王国维自己是否具备把"宇宙人生之真理"或"胸中惝恍不可捉摸之意境……表诸文字、绘画、雕刻之上"的理想文学能力呢(像歌德、曹雪芹那样)?

如果王国维具备这种文学能力,便可以直接依靠自己的文学创作,向教育界贡献他心中满意的文学课程。可惜的是,王国维虽然自1903年任职通州师范学校起,便在尝试写"古体诗",但他终究不具备歌德、曹雪芹式的悲剧文学创造能力。事实上,在推出《红楼梦评论》之前,王国维就很清楚自己成不了拥有一流文学创作能力的"诗人"教育家。②在此文学创作天赋不足情况下,王国维只能以"中国文学"研究来建构自己的文学课程,从而推进其文学教育事业。而《文学小言》正是其文学课程大纲,从中可以看出,文学创作能力不足的王国维将会以什么样的"中国文学"课程方案,来进一步展开其在"教育偶感"和"教育小言"反复呼唤的"壮美"文学教育。

和此前一系列文章一样,《文学小言》一开始也是从"纯粹性"入手,强调文学教育必须选择"真文学",而不是"为名"、"为利"的"文绣的文学与铺缀的文学"。接着王国维又界定了"真文学"的两大本质内涵,认为"文学中有二原质焉:曰景,曰情。前者以描写自然及人生之事实为主,后者则吾人对此种事实之精神的态度也"。言外之意,在王国维看来,文学其实是"自然及人生之事实"(即"知识")与"感情交代之结果","苟无敏锐之

---

① 王国维《论哲学家和美术家之天职》,见谢维扬主编《王国维全集 第1卷》,杭州:浙江教育出版社,2009年,第133页。
② 王国维《自序(二)》,见姚淦铭主编《王国维文集》,北京:中国文史出版社,1997年,第473—474页。

知识与深邃之感情者，不足与于文学之事"。也因此，文学乃是"天才游戏之事业"。①

上述文学标准与文学内涵显然与《红楼梦评论》中的文学认同如出一辙。前后比照一下，便可以看出，王国维其实是将曹雪芹式的天才文学家的文学作品作为文学教育的基本材料，或者说他的文学教育是以研究天才文学家的文学作品为基本课程内容。交代完文学课程内容标准，王国维接着提出，要想理解天才文学作品，成就所谓"大事业大学问"，必须经过三个阶段的考验，即所谓"昨夜西风凋碧树，独上高楼，望尽天涯路"；"衣带渐宽终不悔，为伊消得人憔悴"；"众里寻他千百度，回头蓦见，那人正在灯火阑珊处。"②

然后王国维提出，在中国文学史上，屈原、陶渊明、杜甫和苏轼既有"文学之天才"，又有"高尚伟大之人格"，能创造"真正之大文学"，是"旷世而不一遇"的"大文学"家。③这意味着，在王国维的文学课程大纲中，研究他们的作品应成为核心内容。继而王国维从屈原开始，经由陶渊明、苏轼，概述历代文学演变，进一步凸显此四人能达到"真文学"的标准，所谓"感情真"，"观物亦真"，"能感自己之感，言自己之言"，等等。④确立了四大符合标准的文学人物后，王国维又提出以上所考察的都是"抒情文学"，此外，还有《桃花扇》以来的"叙事文学"同样有值得入选的文学作品，包括"戏曲小说"等"题目"。⑤

最后，王国维说"今铺缀的文学之途，盖已开矣"，但他"宁闻征夫思妇之声，而不屑使此等文学嚣然污吾耳也。"⑥在批判现实文学教育异化的同时，再次强调他的文学教育是以认识、表达"人间"真情实感的"真文学"

---

① 王国维《文学小言》，见姚淦铭主编《王国维文集 第1卷》，北京：中国文史出版社，1997年，第24—26页。
②③ 王国维《文学小言》，见姚淦铭主编《王国维文集 第1卷》，北京：中国文史出版社，1997年，第26页。
④ 王国维《文学小言》，见姚淦铭主编《王国维文集 第1卷》，北京：中国文史出版社，1997年，第27—28页。
⑤ 王国维《文学小言》，见姚淦铭主编《王国维文集 第1卷》，北京：中国文史出版社，1997年，第28—29页。
⑥ 王国维《文学小言》，见姚淦铭主编《王国维文集 第1卷》，北京：中国文史出版社，1997年，第29页。

作为基本课程内容。对于王国维在《文学小言》中的一番文学阐述,文学界有学者将之视为"王氏的文学总论",①这一阐述也堪称王国维文学理论走向"颇为成熟"的重要标志,"影响到此后若干著述如《人间词话》境界说及其范畴体系的形成"。②这些是从纯文学视角的分析,如果从"文学课程"的角度看,显然也可以将《文学小言》视为王国维心目中的文学课程大纲。

甚至还可以说,《文学小言》也是王国维积极参与当时文学课程改革的重要标志,并为当时尚未成型的"中国文学"课程贡献了一种现代范式。以《文学小言》为框架,便可以建构一套现代"中国文学"课程,其中既有超越了传统文学观的现代文学标准,又有与标准相对应的文学教学内容(抒情和叙事文学)与方法。至于每一部分内容的细节设计,《文学小言》也有提示,这里只想强调王国维"中国文学"课程的重点内容乃是"抒情文学",屈原至苏轼等"大文学"家的诗词作品更是重中之重。宋以后的"叙事文学",即元代以来的杂剧、戏曲等,虽然形态不同于"抒情文学",但王国维将"叙事文学"也作为文学课程内容,依旧重视研究其中的情感美学内涵,因此他非常推崇关汉卿,觉得关氏"言曲尽人情",且"字字本色",堪称"元人第一"。③

落实上述"中国文学"课程大纲,首先无疑需要一一展开其中所列的抒情文学研究。在这方面,王国维亦是十分努力。在发表《文学小言》的同时,王国维便在研究屈原诗歌,示范如何揭示"屈子文学之精神",欣赏屈原如何思索、表达自己的"特别之境遇"与"深邃之感情"。④1906年起,他又开始陆续发表诗词创作试验作品。两年后,其诗词研究作品也开始对外发布,其最著名的"中国文学"研究范本《人间词话》由此得以形成。王国维的"中国文学"研究随之由当初机械套用叔本华的哲学理论而达到了成熟的自主

---

① 张子奇《王国维〈文学小言〉论析》,《渤海学刊》1991年第Z1期,第46—52页。
② 彭玉平《王国维〈文学小言〉研究》,《河南师范大学学报(哲学社会科学版)》2011年第1期,第160—165页。
③ 王国维《王国维戏曲论文集》,北京:中国戏剧出版社,1957年,第111页。
④ 王国维《屈子文学之精神》,见王国维著、傅杰编校《王国维论学集》,北京:中国社会科学出版社,1997年,第316页。

创造。① 随着《人间词话》的推出，王国维不仅从内容上深化了此前以中国抒情文学为主的"中国文学"课程，而且依靠自创的"境界"理论，将"中国文学"课程目标升华为潜心感受中国抒情文学中由"真景物真感情"构成的优美"境界"。②

遗憾的是，和王国维此前在《教育世界》发表的一系列革新方案一样，《红楼梦评论》《文学小言》以及他的"中国文学"课程框架在当时也没能引起多大反响，王国维仍和此前一样寂寞，得不到教育界的理解与认同。《文学小言》发表时，王国维已离开江苏师范学堂，随罗振玉一起来到新成立的学部，负责编译和教科书审定。对于学部，王国维曾报以希望，认为非得由它"统筹全局"，"各地方教育"才可以定下"根本"。③ 但当置身学部后，王国维便发现并没有谁关心他所谓的包括以文学拯救人心在内的一系列"根本"问题，告别"教育学"已有一年多的他也因此被迫又在《教育世界》发表了一系列的"教育小言"。如其所言：

> 以中国之大、当事及学者之众、教育之事之亟，而无一人深究教育学理及教育行政者，是可异已。以余之不知教育且不好之也，乃不得不作教育上之论文及教育上之批评，其可悲为如何矣！④

教育界实际是否"真无一人深究教育学理及教育行政"，这里无从知晓，只知道王国维自1906年重拾"教育学"起，批来判去，始终觉得周围都是以学术"致用"或"得利禄"之人。批判到1907年夏，他竟然把半年前去世的最后一位经学大师与著之勤师俞樾抬了出来，说俞先生"于学问，固非有所心得，然其为学之敏，与著书之学，至耄而不衰，固今日学者之好模范也。"现在本土这位难得的文化典范人物也离开人世了，"社会上"竟"无铺

---

① 夏中义《西学与中国文学的百年错位及反正——以王国维从〈红楼梦评论〉到〈人间词话〉的发展变化为中心》，《河北学刊》2011年第6期，第92—100页。
② 王国维《人间词话》，上海：上海古籍出版社，1998年。
③ 袁光英等《王国维年谱长编》，天津：天津人民出版社，1996年，第42页。
④ 王国维《教育小言十二则》，见姚淦铭主编《王国维文集》，北京：中国文史出版社，1997年，第80页。

张之者，亦无致哀悼之词者"。①

说俞樾学问上没"心得"，只承认他为学"至耄而不衰"，又认为人心冷漠到无一"哀悼之词"，显然皆是情绪之语，目的是为了敦促"学术之绝久矣"的教育界自我反思，形成纯粹且坚毅的现代学术文化意志。但敦促到最后，王国维仍只能追问"然教育家中，其有强毅之意志者有几？"②这一连串的追问与敦促背后，是王国维自己的太多无奈与悲哀。其实，当时的"教育家"中，有许多"强毅之意志者"，只是其方向与王国维不一致而已。王国维构思、公布其"中国文学"课程大纲期间，意志无比"强毅"的梁启超也曾完成一本著作《中国之武士道》（1905 年），说是"为学校教科发扬武德"，实际却是"为保皇派的暗杀活动寻找合理依据"，③堪称"恐怖的课程计划"。之后，他又忙于书信联络同志，"商组党事"，将"保皇会"改名为"帝国宪政会"。④

教育界另一位新一代革新领袖章太炎比梁启超还要"强毅"，他正忙于和"孙中山、黄兴等制订同盟会《革命方略》"。⑤教育界两大最有影响的革新领袖都无意把王国维辛苦勾勒的文学和文学教育当作"大事业大学问"，学术教育不过是激进政治的发动工具，由此可见王国维的孤寂处境及与历史主流方向的背离。1908 年 1 月《教育世界》关门封刊，王国维更是连仅有的影响不大的发表空间都失去了，直到 1911 年罗振玉新办《国学丛刊》，王国维的发表空间才得以重建。但那时王国维已转向考古学，1898 年底离开《时务报》以来为改革中国教育在"教育学"、"哲学"和"文学"等领域付出的寂寞学术文化革新努力都已化为记忆。

不过，显然不能因为反响不大而否认王国维系列文学实践的重要意义，且不说当代学术界早已把王国维视为和梁启超、章太炎一样重要的现代中国学术文化开创者，单从课程改革这一十分微观的角度来看其《文学小言》《红

---

① 王国维《教育小言十则》，见王国维著、傅杰编校《王国维论学集》，北京：中国社会科学出版社，1997 年，第 384 页。
② 王国维《教育小言十则》，见王国维著、傅杰编校《王国维论学集》，北京：中国社会科学出版社，1997 年，第 385 页。
③ 桑兵《清末新知识界的社团与活动》，北京：三联书店，1995 年，第 130 页。
④ 丁文江、赵丰田《梁启超年谱长编》，上海：上海人民出版社，1983 年，第 376 页。
⑤ 汤志钧《章太炎年谱长编》，北京：中华书局，1979 年，第 227 页。

楼梦评论》等文学文本，便可以认为，哪怕它们在当时教育界一点影响也未产生，抑或王国维无法公开发表它们，也不能否认，这些作品本身始终是当时教育界难得的、极具现代意义的新课程与新教育。关于它们堪称当时教育界的新课程，此前在通过分析官方课程章程中的"中国文学"课时，便已做过论述。这里需要强调的是王国维文学课程的现代教育意义，即认识、安顿"人"在尘世间彷徨无依的精神与情感。

众所周知，传统文学教育强调传播孔孟之道，由此形成所谓"文以载道"的文学教育古典范式，张之洞等人即是在这一传统范式下设计了官方"中国文学"课程。但在政治、社会与文化皆已紊乱的现代历史变局中，这一传统文学课程范式显然已失去存在的合理意义。甚至整个传统纲常伦理教育体系都陷入了危机，所以梁启超、章太炎、罗振玉、张謇等先后从政治、农业、实业等领域出发，试图建立可以应对紊乱时局的新课程与新教育体系。

相比于那些紧盯某一现实领域的紊乱局面、影响更大的教育革新，王国维竟从超现实的哲学与文学视角出发，认为巨变时代最根本的教育挑战乃是以现代意义的文学（美学），来发展"人间情感"教育，使个体在世俗人间能够认识、安顿好自己的"情感"生命。王国维的教育选择可谓远离时局与主流，但也并非没有意义。他选择从形而上的哲学和文学角度改革教育，反倒可以创造意义更大的新教育。对此，王国维转向哲学、文学之前，便有清醒认识——其所谓的"感情苦多"，不光针对自己，也针对整个人类。推出《文学小言》后，王国维的思考更自觉、成熟。

最明显的标志便是，1906年起，王国维开始突破康德、叔本华的哲学束缚，改以"人间"这一既有现代西方哲学视野，又与本土文学关怀相契的"新概念"，来重新界定自家文学创作与研究实践的内容与意义。对此"人间"文学尝试，王国维本人自视甚高，认为自己的文学水平即使放在南宋以来的文学史上也只有"一二人"能比肩。如此高调，自然会遭来质疑。[①]不过，这里看重的是，由其文学创作与研究组成的"中国文学"课程可以被界定为

---

① 吴蓓《无可奈何花落去——以文本为基点论王国维〈人间词〉》，《浙江学刊》1999年第3期，第129—136页。

是在实验一场意义重大的"人间情感"教育,这种教育是为了从其一贯坚持的悲剧"美学"高度,认识个体所处的被各种功利意志和势力争斗支配的世俗"人间"世界,同时通过"中国文学"创作与研究,为个体开辟心灵的世俗超越之路,实现康德、叔本华等现代西方哲人也在追求的高尚、美好、永恒的精神与情感生活。

谭佛雏也曾提示,王国维后来之所以用"人间"一词统领自己的文学创作实践,是为了揭示世俗世界是"一个'只似风前絮'的人间,是无数'精卫'充塞其中的人间,是'浑如梦'而必须努力挣一个'遽然觉'的人间。"① 这也从另一侧面揭示了王国维的"人间情感"教育诉求。只是立足于如此通透苍凉的人间情感,必然会使王国维远离当时各路新"精卫"制造的种种现代历史潮流,他的一系列文学实践与"人间情感"教育也因此不被时人理解、接纳。然而各路新"精卫"能够否定、消除王国维所关注的"人间"世相与体验?如果到最后还是逃不掉,又该如何面对?

毫无疑问,兴于西方、并在"人间"广泛推行的"现代性"工程至今也未消除王国维当年看到的悲情"人间"世相:"道德堕落,本业衰微,货币低降,物价腾涌,工资之争斗日烈,危险之思想甚多。"② 在"现代性"中沉浮的人类情感生命也仍处于王国维"人间"文学中所描绘的"无凭"状态。面对"现代性"的悲剧结构及其造成的情感无以安顿的局面,西方自叔本华起,建构起了一种文学或艺术的应对方式。今天,仍有胡塞尔、海德格尔、伽达默尔等一流哲学家在梳理与重建叔本华的文学或艺术教育传统,文学、艺术依然被视为安顿情感生命的上佳途径。③ 王国维也来自这一文学安顿传统,但却以自己的"中国文学"实践和真实优美的"中国文学",比海德格尔等人还早重构了叔本华的"人间"终极关怀和文学(美学)教育传统。

兜了一圈,从"人间词"到"现代性",再到海德格尔,都是为了表明,王国维的文学实践与"中国文学"课程可以构成一种意义重要的现代教

---

① 佛雏《王国维诗学研究》,北京:北京大学出版社,1987年,第131页。
② 罗继祖《王国维之死》,广州:广东教育出版社,1999年,第9—10页。
③ 周勇《文学、电影与人生教育学——论教育学的现象学转向及其优化路径》,《全球教育展望》2013年第8期,51—58页。

育——"人间情感"教育。① 就意义而言，这一教育或许比梁启超、章太炎、罗振玉等人的政治经济教育还要重要，是一种具有永恒意义的教育。当然，这些意义分析并未考虑清末教育界如何界定王国维的教育建构。不过，即使王国维的教育建构不被当时理解，恐怕也不能否定王国维的一番另类教育建构在清末教育界所具有的特殊且实在的革新意义。

罗岗便看到，清末以来，正是王国维不仅率先从理论层面确立了"审美"问题，使之从梁启超、章太炎等人关注的其他现实问题中独立出来，而且自觉将"审美"问题引入教育改革，从而使"美育"成为现代中国教育与文化重建必不可少的驱动机制。② 这一敏锐历史发现并未专门从"人间情感"的角度探讨王国维文学实践的独特教育意义，却深刻揭示了王国维文学与文学教育建构实践在现代中国教育改革与文化认同重建中的重要意义。

探讨完王国维文学实践与"中国文学"课程的教育意义，该归纳一下王国维十年青春岁月（1899年至推出《人间词话》）期间的努力对于重建中国教育的文化认同有何意义。20世纪80年代以来，王国维开始被学界视为现代中国文化史上可与梁启超、章太炎并列的开山大师，③ 如今又被各界视为"国学大师"。但在本章考察的历史时空中，梁启超、章太炎的确一直走在中国历史变革的前沿与中心地带，而王国维则只是一个"感情苦多"的边缘青年学者。然而三个人中，正是这位"感情苦多"的边缘青年学子曾在当时尚未成型的"新学堂"体系中任职，并为清末中国教育贡献了一系列实实在在的学术文化与教育实践。

清末十年，两大骄子一直忙于筹划政治"改良"或"革命"，虽然也会涉足教育，但主要是在《新民丛报》《时务报》等"论坛"上发表教育改革意见，并且目的仍是为了政治变革，也因此向教育界传播了一系列难以把握的激进政治文化，其所造成的剧烈震荡直到今天时人也未认清。而籍籍无名

---

① 周勇《中国文学与人间情感教育——王国维的文学课程革新实验》，《全球教育展望》2013年第4期，第10—16页。
② 罗岗《王国维：审美现代性的危中之机》，载其著《危机时刻的文化想象——文学、文学史与文学教育》，南昌：江西教育出版社，2005年，第157—184页。
③ 周传儒《史学大师王国维》，《历史研究》1981年第6期，第108—125页；刘梦溪《"文化托命"与现代中国学术传统》，《中国文化》1992年第1期，第107—116页。

的王国维则在抓紧一切时间苦读西方哲学与中国文学：最初的五六年里，除却"为生活故"，读书"日少则二三时，多或三四时"，只恨自己"非能终日治学问"。①到三十岁时，王国维已在教育学、哲学、文学等领域贡献诸多具有开创性的作品、讲义和课程，但他仍自责自问："苟积毕生之力，安知于哲学上不有所得，而于文学上不终有成功之一日乎？"②

刻意关注王国维在学术、教育领域耕耘的日常状态，是为了更生动地呈现清末教育界的诸路革新活动：其中既有此前介绍过的梁启超、章太炎等人进行的最惹眼的政治变革，也有本章没有考察、但学界早有详述的诸多"思想"文化革新论战，如"惟泰西是尊""欧化论""国无学不立"等"思想"纷争，③还有就是王国维扎扎实实的学术文化与课程改革实践，以及由此而产生的一系列学术文化作品、讲义和课程等现代文化成果。如果认为教师、学者的本业乃是耕耘学术文化与教育，而不是发起政治变革或展开思想论战，同时又相信，学术文化和教育实践才是重建文化认同的本位方式，那显然应该看重王国维的选择。

同样，也非得从上述本业与方式界定出发，才可能切实理解王国维对于清末教育界重建文化认同的特殊意义。进而言之，王国维1898年以来的寂寞出场及其此后十年常显孤独的学术文化革新与教育改革实践，让清末中国教育在被多路激进政治变革行动和政治文化宣传主宰的同时，也收获了一系列难得的哲学文学作品、讲义与课程。对于这些难得的"新文化"成果，当代学者自然可以批评其中的许多不足，但在当时（如王国维本人多次所言）急缺"真正的现代学者"的情况下，还有什么可以替代王国维的一系列哲学、文学与教育改革实践，并成为教育界重建文化认同的上佳方式呢？

当然，肯定王国维的特殊意义，并不意味着只要拿出世界认可的哲学、文学便可以为现代中国教育重新确立文化认同。肯定王国维仍是为了强调这

---

① 王国维《自序（一）》，见姚淦铭主编《王国维文集》，北京：中国文史出版社，1997年，第472页。

② 王国维《自序（二）》，见姚淦铭主编《王国维文集》，北京：中国文史出版社，1997年，第474页。

③ 参见赵立彬《晚清至民国时期西化思想的发生与发展述论》，《中山大学学报论丛（社会科学版）》2000年第3期，第139—149页；罗志田《国家与学术：清末民初关于"国学"的思想论争》，北京：三联书店，2003年；郑大华《晚清思想史》，长沙：湖南师范大学出版社，2006年。

一点：相比于发起政治变革和政治文化宣传，投身学术文化与教育实践才是重建文化认同的本位方式，这一点也正是王国维留给教育界后辈的最基本的经验启示。至此顺便还值得一提的是，1911年1月，转入史学的王国维曾在《国学丛刊》公布自己的文化重建思考，其中他再次批判那些着急就文化问题给出新答案的人，视之为根本不懂文化（"未尝知学"）的"不学之徒"。[①] 这一批判依旧夹杂了王国维一贯的怒其不争情绪，但它仍可以为考察民国教育界新一代革新后辈有何文化表现提供一条有趣线索——希望教育界新一代后辈能多出真正的好学有学之人。

---

① 王国维《观堂集林》，石家庄：河北教育出版社，2003年，第700—703页。

第三章 "文艺复兴"一代的文化重建与课程改革努力

自同文馆建立以来的现代中国教育史至"辛亥革命"时期又将翻开新的一页。所谓新一页,并不是说"辛亥革命"前各类旨趣不同、对中国教育影响也不一的文化革新力量都不存在了,而是指中国教育将迎来新一代文化革新力量。在新一页里,张之洞、俞樾等传统"中学"文化的捍卫者均已过世,但康有为、蔡元培、梁启超、章太炎、王国维等积累多年的势力仍健在,仍能发挥文化作用。不过,中国教育会出现何种文化转向与课程改革实践,以及什么样的革新实践将成为新时期教育界重建文化认同的主流方式,显然将主要由新起一代决定。新起一代的表现因此至关重要,尤其是在传统体制崩溃、人心更为离乱的历史境遇中,新起一代能拿出什么样的文化再造表现,对几无现代文化可言、同时传统"中学"认同又已丧失的中国教育来说,意义更是重大。

新起一代意识到了自身的文化革新责任。尽管他们会因为文化经历、思想性格上存在差异而呈现出明显分流,彼此之间的文化乃至势力较量也很激烈,但在革新志向上,新起一代还是自觉达成了某种与以往不同的一致性:相比前辈主流革新人物常常将激进政治变革视为本业,在新起一代中,无论中心人物,还是边缘人物,都可以找到以学术文化与教育作为本业的杰出代表。甚至可以说,在中国发起一场"文艺复兴"运动来重建中国文化,也许是章太炎、梁启超那辈人就已提出的理想,① 但新起一代才真正是自觉以"文艺复兴"为本业的一代。本章即以胡适、钱穆为中心,考察"文艺复兴"一代的学术文化与课程革新实践,揭示在时局更为离乱的历史进程中,新起一代又发起了哪些文化重建与课程改革运动,其文化重建与课程改革行动又试图使中国教育转向什么样的现代文化。

1. 现代学术职业主义的兴起与学科课程体制的建立

鉴于是以"文艺复兴"来描绘新起一代的努力,就得从 1919 年发生的一件事情讲起。这件事看起来很小,但其历史意义却十分重要——对几无现代文化可言、同时传统"中学"认同又已丧失的中国教育而言。这一年元旦,傅斯年、罗家伦、徐彦之、顾颉刚、康白情等北京大学学生经过一年多的筹备,终于办成北大历史上第一份学生期刊。期刊的名字是由徐彦之刻意选定,叫"The Renaissance",在外语系就读的罗家伦斟酌之后,将它翻译为"新潮"。②

罗家伦做过一番考证,他了解到"Ronaissanco 是欧洲十五世纪一个时代。其时正当黑暗时代之后。教权盛行,人民没有思想自由的余地。……有一班希腊学者从 Byzantiue 逃到意大利小城里来讲希腊自由思想的学问",最初历史学家将十五世纪的这一自由学术运动称作"The Revival of Learning","中国人就从'The Revival of Learning'的字面上,将他译作'文艺复兴'。罗家伦觉得,英文叫法与中文译词都'不很妥当',认为英文还是称作 Renaissance 好,中文译词则是'新潮'好,因为这两个词都很能凸显十五世纪的那班学者所讲的学问思想并不是同从前希腊的学问思想一个样子",而是用希腊的学问思想做门径,从最新的方面走"。③

傅斯年是这群北大学子的领袖,他以及"新潮社"同学所憧憬的事业也是"从最新的方面走",他们想像欧洲十五世纪的一班学者一样,在中国造

---

① 朱维铮《音调未定的传统》,杭州:浙江大学出版社,2011 年,第 373—382 页;梁启超《梁启超自述》,郑州:河南人民出版社,2004 年,第 131 页。
② 傅斯年《〈新潮〉之回顾与前瞻》,《新潮》1919 年第 2 卷第 1 号,第 200 页。
③ 罗家伦《今日之世界新潮》,《新潮》1919 年第 1 卷第 1 号,第 24 页。

成一场"学问思想"革新运动。但本章仍习惯性地称他们为"文艺复兴"一代，则是因为"新潮"一词有些过于笼统，显不出到底是在政治领域，还是在文化领域从事革新实验。他们的"顾问"胡适也喜欢用"文艺复兴"来界定他自己和傅斯年等人的文化转向与文化革新事业。言外之意，这里没将他们称为"新潮"一代，是因为他们本意是要在文化教育领域成就一番新事业，重振早已凋敝的中国文化，并使之跻身世界文化的前沿地带，而不是将政治变革或其他变革作为目的。

尽管五个月后，傅斯年及"新潮社"同学因为"巴黎和约"的强烈刺激走到了大游行队伍的最前列，但这仅是一时高涨的政治激情，随后他们又自觉回到了文化领域。在《新潮》发刊词中，傅斯年说得甚为清楚，他们很想十年之后，"今日之大学"能成为"来日中国一切新学术之策源地"。虽然当时他们"学业浅陋"，但至少可以努力做两件事："一则以吾校真精神喻于国人，二则为将来之真学者鼓动兴趣"。为此，又必须先让"国人"思考以下"四事"：

第一，今日世界文化至于若何阶级？第二，现代思潮本何趣向而行？第三，中国情状去现代思潮辽阔之度如何？第四，以何方术纳中国思潮界之轨？持此四者刻刻在心，然后可云对于本国学术之地位有自觉心，然后可以渐渐导引此"块然独存"之中国同欲于世界文化之流也。此本志之第一责任也。①

再回看一下 1902 年 2 月，梁启超独立门户创办《新民丛报》时，向教育界推介了什么样的"第一责任"。对此，前一章已做过描述，梁启超推出了一套"新民"政治教育学，首要目的是动员教育界理解、支持其政治改革大业。即使梁启超提倡新小说、新史学等"新学术"，亦是为了"然后有新道德新政治，……然后有新国"。②二十年后，梁启超才反劝自己"若能永远绝意政治，……，专精于一两点，则于将来思想界尚更有所贡献"。③而正如前一章所述，梁启超到最后也未能脱离政治，在自己开辟的诸多学术领域

---

① 傅斯年《新潮发刊旨趣书》，《新潮》1919 年第 1 卷第 1 期，第 1—2 页。
② 梁启超《近世文明初祖二大家之学说》，《新民丛报》第 1 号，1902 年 2 月，第 11 页。
③ 梁启超《清代学术概论》，上海：上海古籍出版社，1998 年，第 90 页。

"专精一两点"。当然，这里不是要厚此薄彼，若没有梁氏一番政治教育学动员，中国的"现代国家建构"进程或许就会少掉一股重要动力。这里的对比只是为了表明，到傅斯年及其老师胡适一代登台时，建构现代文化开始成为教育界的首要变革议题。

此即本章所谓"现代学术职业主义"在教育界的兴起，其基本内涵正是指从傅斯年、胡适这一代人（1890年代出生）开始，出现许多以学术文化和教育事业为本业的革新团体，而不再像梁启超、章太炎那样将政治作为本业。以傅斯年为例，虽然他在快毕业时，突然成为"五四"学生运动的领袖人物，但事后他便立即转向事前就已确立的学术教育理想，并代表"新潮社"对外宣称："就我们的脾气上着想，我们将来的生活，总离不了教育界和出版界。"① 之后，他便前往欧洲，学习"世界文化之流"。抵达欧洲后，他还不忘叮嘱"新潮社"二十几位同仁恪守以下几点："1. 切实的求学；2. 毕业后再到国外读书去；3. 非到三十岁不在社会服务"。②

那时傅斯年23岁。大约四年前，即1915年7月29日，一位年仅17岁、名叫叶企孙的清华学子在上海家中接到同学刘树慵的来信，内容是讨论在清华同级学子中发起成立"科学社"。两天后，叶企孙回信说道：

> 沪上酷热之后，继以风灾，房屋船货损伤甚钜，环观邻省，如两广、如湘赣，屡有水患，岂天祸华夏、而使民生日困；抑国政不纲、而致阴阳乖谬。实则二说皆非也。水患濒仍，由于森林不讲，疏通乏术。森林不讲，则河岸不固，而水道易迁；疏通乏术，则治水适以增水势。然欲讲求森林、疏通二端，非资科学不为功。③

不要说"天祸"一类的传统教条，连近人所谓"国政"都不如"科学"重要，正是这一想法让叶企孙、刘树慵商定，凡入社清华学子都必须同意并自觉遵守以下六条"训言"，分别为："1. 不谈宗教；2. 不谈政治；3. 宗旨忌远；4. 议论忌高；5. 切实求学；6. 切实做事"。至于"本会研究之范围"则包括"1. 算学；2. 物理；3. 化学；4. 生理；5. 生物学；6. 地文；7. 应用工业；8. 科

---

① 傅斯年《新潮之回顾与前瞻》，《新潮》1919年第2卷第1号，第199页。
② 傅斯年《新潮之回顾与前瞻》，《新潮》1919年第2卷第1号，第205页。
③ 叶企孙《日记》，见叶铭翰等编《叶企孙文存》，北京：首都师范大学出版社，2013年，第358页。

学史。"①

八年后，叶企孙在哈佛大学获得物理学博士学位，此后他如何在清华发展现代科学，以及他在物理、天文、应用光学等领域作出的"大师"级科学教育贡献与人才培养成绩（"两弹一星"功勋奖获得者多是其弟子），②都不是本书主题。这里提及他早期的一些活动，只是为了进一步说明，从叶企孙、傅斯年及胡适等1890年代出生的这一代登台起，中国教育界兴起了非常明显的"现代学术职业主义"转向。尽管各种激进的政治社会变革诉求依旧猛烈，并且势力还在加强，但在乱局中，这一显著的现代学术意志也在壮大，中国教育界即因此可以收获诸多史无前例的现代文化与教育成就。

需要指出的是，这里之所以用"现代学术职业主义"来概括胡适、傅斯年及叶企孙等新起一代的事业倾向或理想，除了他们确实一登场就比章、梁等前辈更能自觉区分学术教育与政治，还得益于"新文化社会史"研究提供的理论启示，其中首先需要提起的便是艾尔曼（Benjamin A. Elman）。作为清代学术文化史领域公认的西方权威学者之一，早在1984年，艾尔曼便开始尝试用社会学界的"职业化（professionalization）"概念来考察清代考据学，认为彼时考据学家已组成不再依靠体制、专以学术为业的职业团体。③之后，艾尔曼又考察了晚清"常州今文学派"如何依靠自己的社会政治关系网络，来不断推进学术事业发展和扩大影响。④

艾尔曼前后，亦有许多学者考察在近现代中国经济、社会及政治领域活

---

① 叶企孙《日记》，见叶铭瀚等编《叶企孙文存》，北京：首都师范大学出版社，2013年，第359—360页。
② 关于这些问题，可参看田彩凤《叶企孙先生年谱》，《清华大学学报（社会科学版）》1998年第3期，第32—39页；钱伟长、虞昊编《一代师表叶企孙》，上海：上海科学技术出版社，1995年；虞昊、黄延复《中国科技的基石——叶企孙和科学大师们》，上海：复旦大学出版社，2000年；邢军纪《最后的大师：叶企孙和他的时代》，北京：十月文艺出版社，2010年；虞昊《叶企孙》，北京：金城出版社，2011年。
③ Elman, B.A. *From Philosophy to Philology: Intellectual and Social Aspects of Change in Late Imperial China*. Cambridge: Harvard University Press, 1984. p.99—100.
④ Elman, B.A. *Classicism, Politics, and Kinship: The Ch'ang-chou School of New Text Confucianism in Late Imperial China*. Berkeley: University of California Press.1990.

动的各类正式或非正式的职业团体，如商会、工会、律师、教授等。① 这些研究同样有助于从理论上提醒相关学者不要忽视从职业或职业团体的角度考察现代中国教育与文化转型。然而，这里只用"职业主义"一词，则是考虑到胡适、傅斯年这一代虽然形成了十分强烈的以现代学术和教育为本业的追求或信仰，但事实上却不可能发展成西方社会学定义的"独立"或"自由职业"团体。② 不过，即使只是一种追求或信仰，也大不同于此前以政治变革为本的革新意志与行动。"五四"以来中国教育界的显著文化转向与课程改革努力就来源于这种坚定的现代学术追求。

由此也不能忘却 1898 年以来陆续登场的诸多前辈打下的基础。且不说梁启超、章太炎等风云人物虽是以政治为本业，但在传播激进政治文化之余，他们也曾为新起一代开辟诸多"新学术"领域，即使相对孤独落寞的王国维，也能以自己的学术教育实践，让新一代学人对哲学、文学和考古等新学术产生兴趣，并为新一代提供了诸多新学研究的典范框架。傅斯年在北大求学时，就曾特别留意王国维的戏曲史研究，还在《新潮》创刊号上撰写评论，认为"近年坊间刊刻各种文学史及文学评议之书，独王静厂（应为安）《宋元戏曲史》最有价值"。③

当然，就为新起一代的学术文化与教育事业打下基础而言，贡献最大的前辈或许还不是以上三人，而更可能是 1868 年出生的蔡元培（比章太炎大一岁，比梁启超大五岁）。其实，如方家所提示，何止对胡适、傅斯年等

---

① Chesneaux, J. *Popular Movements and Secret Society in China, 1840—1950*. Stanford: Stanford University Press, 1972. 白吉尔著、张富强等译，《中国资产阶级的黄金时代》，上海：上海人民出版社，1994年；裴宜理著、刘平译，《上海罢工：中国工人政治研究》，南京：江苏人民出版社，2001年；徐小群《民国时期的国家与社会：自由职业团体在上海的兴起》，北京：新星出版社，2007年；朱英《近代中国商会选举制度之再考察——以清末民初的上海商会为例》，《中国社会科学》2007年第1期，第192—204页。

② 也有学者将胡适一代的知识分子称为"自由职业者"，甚至认为，"20 世纪初"以来，"中国传统意义的知识分子（士阶层）逐渐分化"，"致使知识分子变成了'自由职业者'"，然后"他们的活动范围很少在政治社会，而更多地在公共社会……成为公共社会的不可小视的变革力量。"参见薛涌《政治与文化》，《读书》1986年第8期；沈卫威《自由守望——胡适派文人引论》，上海：上海文艺出版社，1997年，第5—6页。但这些界定似乎过于依靠西方"公共社会（领域）"和"自由知识分子"理论。其实，这些理论是否适合中国历史，也有异议，见梁齐姿《施善与教化》，河北教育出版社，2001年，第319页。从历史本身来看，或许还是认为胡适这一代知识分子具有强烈的以现代学术和教育为业的愿望比较可靠。

③ 孟真（傅斯年，字孟真）《出版界评》，《新潮》1919年第1卷第1期，第131页。

新起一代,甚至对整个现代中国教育史,蔡先生都堪称"贡献最大、影响最深远"的人。①因此必须对其为新起一代具体做了什么贡献做些揭示。前文在考察章太炎时,曾提到1903年他在中国教育会赞助主办的爱国学社任教。事实上,蔡元培比章太炎更早成为"革命派"的领袖人物。在当时的革命人物中,蔡元培的旧功名也最高。1892年,蔡元培殿试中二甲进士,与张元济、屠敬山等一起被授为翰林院庶吉士,②可谓集深厚新旧资格于一身。

戊戌变法时,蔡元培也曾被康、梁"改良派"动员,但蔡元培拒绝了。在蔡先生看来,"中国这么大,积弊这么深","要想靠下几道上谕,来从事改革,把这全部腐败的局面扭转过来,是不可能的","他们的态度也未免太轻率,……不足以当大事"。蔡元培认为必须"在根本上从培育人才入手",因此他决定"还是回家乡办学堂"。③1898年底,蔡元培受绍兴知府邀请,主持中西学堂。在蔡元培主持下,中西学堂除教"国文、经书、历史"等"我国旧学"外,还设英文、法文、日文、哲学、算学、物理等"新学"课程,④绍兴中西学堂堪称晚清最早一批进行现代教育与课程改革实验的地方学校。教员杜亚泉、马水臣、马湄莼、胡道南等"可谓极一时之选",学生则有蒋梦麟、王烈君、沈光烈等可寄厚望的后辈英才。⑤

蒋梦麟记得,他接触"西方知识",即是从中西学堂开始。他还以当事人身份肯定蔡元培开设"西洋学科","在中国教育史上还是新尝试"。⑥努力发展"新学"教育正是蔡元培办学本意,他甚至还想把中西学堂改名为"养新精舍",近乎只高举"新学",但绍兴当局未同意。不久,康、梁"戊戌变法"失败,清廷下令在全国范围内打击"维新"势力,结果连校名原有的"西"字都被拿掉,改为"绍兴府学堂"。⑦清廷之方寸大乱且严禁民间进步

---

① 陶英惠《蔡元培年谱 上》,台北:"中央研究院"近代史研究所专刊(36),1977年,第1页。
② 高平叔《蔡元培年谱长编 第1卷》,北京:人民教育出版社,1999年,第57页。
③ 罗家伦《逝者如斯夫》,台北:台湾传记文学出版社,1967年,第80—81页。
④ 蒋梦麟《西潮·新潮》,长沙:岳麓书社,2000年,第47—48页。
⑤ 蔡元培《自写年谱·我在教育界的经验》,见高平叔编《蔡元培全集 第7卷》,北京:中华书局,1989年,第233—234页。
⑥ 蒋梦麟《西潮·新潮》,长沙:岳麓书社,2000年,第47页。
⑦ 高平叔《蔡元培年谱长编 第1卷》,北京:人民教育出版社,1999年,第160—171页。

革新诉求，由此可见一斑。蔡元培及诸多跟随趋新的绍兴教员与学子，则被清廷一系列逆民意的"上谕"逐渐逼上"革命"之路，清末历史进程也因此被上下相煎、你死我活的激烈斗争所左右。

绍兴府学堂同样存在激烈的新旧对立现象。眼见习俗闭塞难成大事，蔡元培于1901年转赴上海，开始其"革命"教育岁月。1902年起，蔡元培先后创办中国教育会、爱国学社、爱国女校等"革命性质"的团体，并于1904年被推举为光复会会长（该会系留日革命学生发起成立）。期间，他除了忙于会社事务，还随马相伯学拉丁语，又到青岛随传教士学德语。三十五岁还能如此用功学习西方文化，可见其"新学"之志。

1903年5月，《苏报》改由章士钊主编后，突然"大事推介'邹容著的《革命军》'"，一时震惊上海租界内外。蔡元培、章太炎、吴稚晖乃是《苏报》三大"论说"主笔，此前他们一直未署真名。到这月，章太炎不想再忍，不仅署真名为邹容作序，还另外署真名写了一篇《驳康有为〈论革命书〉》，招致慈禧下令"严密查拿，随时惩办"，是为著名的"苏报案"。[①] 事后，中国教育会和爱国学社虽未遭封，但成员纷纷暂避别处谋求复仇与革命。其时，蔡元培正在青岛学德语，未曾现场经历，但此后清廷制造的一连串不义屠杀事件却让蔡元培感到极度愤怒。回到上海重组爱国学社时，蔡元培便加紧实施"革命"教育，理化课以研制炸弹为主题，女校则训练暗杀，他自己也加入了留日革命派发起的"暗杀团"。[②]

爱国女学则成为留日暗杀团联络处，蔡元培还把俞子夷等爱国女学教员吸收入团，刘师培、章士钊、陈独秀等随之也加入。[③]1904年秋，"暗杀团"派苏凤初来上海，教新入盟员研制炸弹。蔡元培租房为其安顿，第一次教学情形如下：

> 苏君到后，约我等愿习者开会，以一纸书皇帝神位等字，供于上方，杀

---

① 高平叔《蔡元培年谱长编 第1卷》，北京：人民教育出版社，1999年，第271页。
② 蔡元培《爱国女学三十五年来之发展》，《蔡元培全集 第7卷》，北京：中华书局，1989年，第147—149页；高平叔《蔡元培年谱长编第1卷》，北京：人民教育出版社，1999年，第284—288页。
③ 高平叔《蔡元培年谱长编 第1卷》，北京：人民教育出版社，1999年，第288—289页。

一鸡，滴血于酒中，我等都跪而宣誓，并饮鸡血酒，苏君乃开始教授。①

很明显，"苏报案"之后，蔡元培及周围许多人都对清廷感到绝望，进而坚信不推翻之，中国便无任何希望。也因此，蔡元培会接受光复会会长。那时章太炎尚在狱中，他必须出面组织力量，推动革命，浙沪"革命志士"也十分认可蔡元培的威望。与此同时，蔡元培也颇了解浙沪一带的"革命志士"。例如黄兴与蔡元培商定起义后，蔡元培立即告知在浙江活动的"革命志士"陶成章，要其组织所识当地各路会党，以构成策应之势。②光复会成立后不久，前往东京活动的陶成章途径上海与蔡元培联络，蔡元培立即邀其入光复会，"成章素重元培德行。……不能却其意，遂入其会"。"绍兴商学两界"得知此事，"亦遂群入共会"，徐锡麟更是赶到上海，"见元培于爱国女学校，入光复会为会员也"。③

陶成章入会后，便到日本组建光复会东京分会。时在日本的秋瑾闻讯即来联络曾为其留学"筹措数百金"的陶成章。在陶的书信引荐下，1905年4月，秋瑾便来上海见蔡元培，不久秋瑾即由徐锡麟介绍正式入会。④这些"志士"聚到一起，不仅从一个侧面说明"苏报案"以来"革命"力量迅速壮大的趋势，还能反映蔡元培的人格威望与"革命"贡献。秋瑾入会之际，蔡元培再度被选为中国教育会会长。到秋天，蔡元培加入同盟会，并被公推为同盟会上海分会会长。通过个人师生或友人关系，蔡元培动员了二十几位后辈英才加入同盟会，包括黄炎培、沈定一、邓恢宇等。

黄炎培清楚记得，当年7月：

蔡元培师招我到他家里，时在深夜，蔡师很诚恳而庄严地指出国家大局前途和我的报国趋向，说："只有集合同志，组织起来，共同奋斗，现在爱国

---

① 此为蔡元培本人的回忆，见高平叔《蔡元培年谱长编》，北京：人民教育出版社，1999年，第289页。还可参考另一位知情者的相近描述，黄世晖《蔡孑民传略》，载《蔡孑民先生言行录》，桂林：广西师范大学出版社，2005年，第8页。
② 陶成章《浙案纪略》，中国史学会编《中国近代史资料丛刊 辛亥革命3》，上海：上海人民出版社，1957年，第24页。
③ 陶成章《浙案纪略》，中国史学会编《中国近代史资料丛刊 辛亥革命3》，上海：上海人民出版社，1957年，第17页。
④ 林逸《清鉴湖女侠秋瑾年谱》，台北：台湾商务印书馆，1985年，50—69页；郑云山等《秋瑾评传》，郑州：河南教育出版社，1986年，第215—218页。

志士集中于中国革命同盟会。……你愿不愿加入？"我说："刀下余生，只求于国有益，一切惟师命。"嘱我明夜此时再去。再去，师给我宣誓书，主要四句："驱除鞑虏，恢复中华，建立民国，平均地权。"师生襟坐，我立桌右报庄严地举手宣读一遍，师和我握手，从此我正式成为中国革命同盟会会员了。①

苟师有命，何敢不从，其中虽是传统师生伦理在起情感纽带作用，但更要有蔡元培毫无私心、真诚为国的伟岸人格来维系，如此才有可能开创现代意义的进步政治事业。

看一下同期十分活跃的康有为在干什么：他和一班弟子正打着"保救大清皇帝公司""中国商务公司"等旗号，在海外华侨中筹款，并"惯用高压手段对付'不听话'的华侨，只要没经过（保皇）党的认可，任何人回国投资就成了叛逆，而不给保皇党上贡就会被当作'入寇'"。康有为自己则"过着骄奢淫逸的生活"。②结果师徒因争夺巨额股权而起内讧，又卷入广西道员谋杀案，"双方互相丑诋，大兴诉讼，在海外华侨中影响极劣"。③

不知"苏报案"以来，这股"影响极劣"的"保皇党"力量是否犹能在国内教育领域四处从事"改革"？想来直觉得恐怖，体制尚未成形、现代文化认同更不知在哪里的中国教育怎能经得起这种力量的撕扯。不过，此刻关心的仍是蔡元培的行动。陶成章、徐锡麟、秋瑾等接过"革命"事业之后，已近不惑之年的蔡元培作为精神领袖维持大局便可，所以他可以将重心移向意义更长远、个人也更喜欢的学术教育事业。恰巧1906年清廷传来消息，说要派遣翰林出国留学。蔡元培决定前往德国留学，以了却自己多年的"新学"心愿。

清廷体制运作的事虽然节奏缓慢，也不稳定，但在新任"出使德国大臣"孙宝琦、商务印书馆馆长张元济等各方友人的赞助下，蔡元培还是顺利地于1907年7月抵达柏林。为学习德语和其他事情忙碌一年多后，蔡元培正式开始在莱比锡大学哲学系就读，以下是其1911年11月回国前所选修之课程：

---

① 黄炎培《八十年来》，北京：中国文史出版社，1982年，第49—50页。
② 雪珥《无毒不"圣人"》，载氏著《国运1909》，西安：陕西师范大学出版社，2010年，第194—200页。
③ 高平叔《蔡元培年谱长编 第1卷》，北京：人民教育出版社，1999年，第356页。

第一学期(1908年冬至1909年初):自康德至现代之新哲学的历史,心理学概论,德国文学之最新发展,语言心理学,叔本华,歌德:哲学家及自然科学家。

第二学期(1909年夏季):心理学,近代及现代德国文化史,现代自然科学之主要成就,儿童心理学及实验心理学。

第三学期(1909年冬至1910年初):哲学入门,新哲学之历史及早期心理学概论,十八世纪德国文学史,歌德之戏剧,自古代至现代之德国文学概论,远古及中古时代德国文化史,近代德国文化史:世界观及学术。

第四学期(1910年夏季):康德之后的哲学史,伦理学之基本问题,心理学方法,心理学实验室,德国戏剧及演艺艺术史章节选读并附研究资料,关于史学方法及历史艺术,宗教改革及文艺复兴时代之德国文化史。

第五学期(1910年冬至1911年初):心理学实验室,希腊哲学史,美学,新高地德语(即现在的德国国语)文法:心理学基础,绝对论时代德国文化史,文化之启始与原始形态。

第六学期(1911年夏):康德哲学,民族心理学,心理学实验室,哥德《浮士德》注解:第二部分,十五世纪至二十世纪之舞台发展,古典主义时代德国文化史,古代希腊雕刻艺术选读,罗马时代之建筑及雕刻,莱兴之Laokoon:艺术对美学的贡献,[①] 古代荷兰名画。[②]

前后整整三年,蔡元培一共选修了40门课程。对于这段留学经历,方家评论是:"其所听课甚多,但以哲学为主。他具有中国读书人博学的传统,兴趣非常广泛,……三年的留学生活,并未使先生成为一个专家,但由于寝馈哲理,融贯新知,使其气度乃愈雍容博大。此与其后回国主持教育行政、

[①] 即德国近代文学先锋莱辛的著名文艺理论著作《拉奥孔》,进一步了解可参见朱光潜译《拉奥孔》,北京:人民文学出版社,1979年;钱钟书《读〈拉奥孔〉》,《文学评论》1962年第5期。有关《拉奥孔》在中国的接受与流传,则可参考罗杰鹦《鸟瞰他山之石——莱辛〈拉奥孔〉在中国的接受与研究历程》,《新美术》2007年第5期,第27页。
[②] 以上课程名目来源于高平叔《蔡元培年谱长编》,北京:人民教育出版社,1999年,第343—380页,亦可参考陶英慧《蔡元培年谱 上》,台北:"中央研究院"近代史研究所专刊,1976年,第191—208页。

领导学术研究机构时，所实行的种种措施，有着莫大的关系。"①

所论的确中肯，与"专家"比，蔡元培真挚且广阔的学术文化兴趣与体会，更能养成"雍容博大"的"气度"，进而在做起教育与学术领袖时，也更能理解、支持各路学术文化创造。当然，这里更关注的乃是蔡元培深厚的哲学、艺术、美学及文化史兴趣与基础。如果这些兴趣与基础流入教育改革领域，会使教育界出现什么样的新文化运动？结合"保皇党"的所作所为，更会期望蔡元培能出来引领教育界的文化革新。由此也想起1911年初，王国维在《〈国学丛刊〉序》中批判国内议论文化革新者皆"不学之徒"。如果王国维与蔡元培能形成学术链接，进而获得适宜的学术创造环境，很难想象民初教育界会多出什么样的文化革新情形。

历史未让他们在一些关键的变革点上走到一起。等蔡元培带着深厚哲学、美学、艺术背景回来主持教育界大局时，王国维却告别了曾无比热爱的哲学、美学和艺术，再次与历史变革擦肩而过，其经历让人唏嘘不已。和王国维一样，蔡元培也非常希望国人能接受新的道德、精神与情感教育。即使身在国外，也是如此。就像刚到德国那会儿，他便向教育界建议将"新伦理学"注入"中学修身教科书"，"勿徒以四书、五经……扰我学子之思想"。这一建议被仍在主持教育大局的张之洞斥为"谬妄"。②王国维昔日的哲学文学建议亦是如此。但三年后情况就变了，张之洞退场，蔡元培出来主持教育大局。

1911年12月1日，蔡元培返国抵沪。一个月后，中华民国成立。原本提名章太炎任首任教育部总长，但"遭代表会否定"，后改提蔡元培，"投票同意，一致通过"。蔡元培不愿出任，但在孙中山等劝说下，"不得已而允之"。接着还准备在报纸登信，以表并无任何离间之心，登前还给章太炎"订正"。章门弟子"亦劝其师勿固执"，但章太炎仍拒绝蔡元培，回复"不愿发表"。③可见当时做事之难。同样被历史赋予重任的张謇也在日记里写道：

---

① 陶英慧《蔡元培年谱　上》，台北："中央研究院"近代史研究所专刊，1976年，第208—209页。
② 汪家熔《蔡元培和商务印书馆》，见蔡元培《商务印书馆九十年　我和商务印书馆　1897—1987》，北京：商务印书馆，1987年，第480—482页。
③ 高平叔《蔡元培年谱长编　第1卷》，北京：人民教育出版社，1999年，第396页。

"被推为实业部总长。时局未定,秩序未复,无从言实业也。"①被推举的蔡元培倒是极愿尽快为国做事,但麻烦还不只是人情难以沟通,还有无处办公之苦。南京旧衙都被陆军、海军及外交等其他八部抢先占去,对此大总统孙中山也没有办法,只让蔡元培自己去找。找了两天后,路上偶遇新任江苏都督府内务司司长马相伯,才从内务司公署借到三间空房。②

就是在此简陋不堪的场所,蔡元培和教育部开始筹划新一轮的现代中国教育体系建设。熟悉国内教育界情形的蒋维乔及商务印书馆《教育杂志》主编陆费逵被蔡元培选为助手。二人协助蔡元培制定了第一项教育新法案,即"普通教育暂行办法十四条",它"与清末旧制最大不同在于:(一)改学堂为学校;(二)初小男女同校;(三)小学废止读经;(四)中学废止文实分科;(五)中学及初级师范修业年限由五年改为四年;(六)废止学校出身奖励"。③

蒋维乔、陆费逵确为教育界的通人,蔡元培留学德国期间虽与张元济一直保持关系,多少知道国内教育界动向,但蒋、陆二人却是变局中的亲历者,更可以充分把握当时人心。1911年7月,但见各地教育会已成风起云涌之势,离垮台只有半年的清廷终于准奏让1905年便已成立的学部召开"中央教育会",以对各地教育会加以控制。如陆费逵所示,之后,各地教育界纷纷猜测清廷意思:有的认为,对于"各省状况与夫民间之经验",学部此前皆"不尽知",会后"吾国教育之进步,殆可一泻千里";有的则完全不看好,并担心清廷会借机否定各地教育会广为认可的重要议程,包括颁定国语课程和军国民教育、小学经费由国库提供、试行义务教育。④

学部此前未重视民意,自然不知顺势改革。现在"中央教育会"开了,民意也在几天之内激烈爆发了,但终究为时已晚,清廷早已失去人心。连被任命为"中央教育会"会长的张謇都"于会务不甚关心",为期四十天的会议,只答应来半月,且因忙于纱厂及它务并未兑现,独剩副会长张元济

---

① 张謇研究中心、南通市图书馆编《张謇全集第六卷日记》,南京:江苏古籍出版社,1994年,第662页。
② 陶英惠《蔡元培年谱 上》,台北:"中央研究院"近代史研究所专刊,1976年,第224—226页。
③ 陶英惠《蔡元培年谱 上》,台北:"中央研究院"近代史研究所专刊,1976年,第227页。
④ 陆费逵《论中央教育会》,《教育杂志》第3年第8期,1911年10月1日。

留下勉力主持。① 早已辞去"学部右侍郎"之职的严修作为旁观者虽肯定此次会议有"切实研究",但也不抱希望,只"欲待后来毕业之人才,挽今日垂危之世运"。② 其实,1904 年严修便遇到一位年轻的"后来毕业之人才"张伯苓,就像现代中国教育 1912 年迎来资历最高的一位"后来毕业之才人"蔡元培。

上任才十六天,即 1912 年 1 月 19 日,蔡元培领导的教育部便正式颁布了顺民意的"普通教育"改革方案。2 月 8 日至 10 日,蔡元培又在《民立报》《教育杂志》《东方杂志》发表《对于新教育之意见》。对于这篇现代中国教育变革史上的重要文章,学界自 1980 年代以来已有诸多研究,从思想内涵、来源及历史影响等角度对其中的"五育并举"思想做了充分探讨。③本书同样重视蔡元培文中提出的五育,包括军国民主义教育、实利主义教育、道德或公民道德教育、世界观教育和美育,但在分析其历史革新意义时,却更侧重从文化转向和课程改革的角度展开,因此特别强调其中蕴含的几点新意。

第一,蔡元培显示了其对革新民意的一贯尊重与支持,首先发展广为时人认可的三大教育。在此基础上,蔡元培又从自己的哲学美学及艺术背景出发,呼吁国人同时还能理解、接受意义更高的新教育,包括世界观和美学教育;军国民主义教育和实利主义教育属于"政治家"从事的教育,还未到"超轶政治"的真正"教育家"的境界。④ 第二,蔡元培试图优化教育界既有的文化思考方式,除了知道从"军国民主义、实利主义、道德主义"等角度展开革新思考外,还应重视"世界观和美育主义"视角,使中国教育界也能不断创造现代"哲学""美术"等现代文化。第三,蔡元培还特别思考了如何从

---

① 汪家熔《大变动时代的建设者——张元济传》,成都:四川人民出版社,1985 年,第 116 页。在《张謇日记》里,也仅看到他在 1911 年 9 月 23、24 日轻描淡写地记下:"开组织临时会议于教育总会","第二次开会",参见张謇研究中心、南通市图书馆编《张謇全集第六卷日记》,南京:江苏古籍出版社,1994 年,第 660 页。
② 严修自订、高凌雯补、严仁曾增编《严修年谱》,济南:齐鲁书社,1990 年,第 261 页。
③ 田正平《蔡元培教育思想的历史进步性》,《杭州大学学报》1980 年第 1 期,第 98—104 页;潘懋元《蔡元培教育思想》,《辽宁高等教育研究》1982 年第 1 期,第 57—76 页;金林祥《蔡元培教育思想研究》,沈阳:辽宁教育出版社,1994 年。
④ 蔡元培《对于新教育之意见》,见高平叔编《蔡元培全集 第 2 卷》,北京:中华书局,1984 年,第 133 页。

"五育"出发展开新一轮（继张之洞之后）课程改革，并以他熟悉的国文课[①]为例阐述了基本原则，具体如下：

> 本此五主义而分配于各教科，则视各教科性质之不同，而各主义所占之分数亦随之而异。国语国文之形式，其依准文法者属于实利，而依准美词学者，则属于美感。其内容则军国民主义当占百分之十，实利主义当占其四十，德育当占其二十，美育当占其二十五，而世界观则当占其五。[②]

作为首任教育总长，蔡元培显然想让教育界焕然一新，多多创造有益于推动国家政治和文化进步的现代教育，这固然要向西方尤其是向德国学习（他认为美国杜威仅是个"纯实利主义者也"），但在《对于新教育之意见》收尾处，蔡元培还未忘记提醒教育界注意，中国古代曾有丰富的"五育"遗产，早在夏商周，中国便重视"美育"。[③] 他也因此更希望教育界能创造出现代"美术"，进而重写悠久的美育传统。这些文化教育革新主张均让人再次想起此前独自一人苦苦推动文学、美学和美育的王国维，二人的文化情结与教育理想实在太相似，对于本国文化教育遗产的态度也是极其一致。

再次提到王国维，除了想说明在民初教育改革领域，仍可以看到一股纯粹优美的美学情感力量，更是为了揭示这一点：王国维昔日被张之洞晾在一边的文化与教育革新理想终于在蔡元培这位首任教育总长这里获得了认可，现代中国教育体制也因此可能创造出此前未曾有过的现代哲学与艺术，进而才有可能确立现代文化认同。当然，所说这些都只是可能而已，因为正如张謇估计的那样，时局不稳，人心离乱，一时其实很难做成什么新事业。

后续进展的确如此，各地教育界代表只知道"军国民""实利"等，以其有限的新文化基础，还不能理解蔡元培提倡的现代哲学、美术或美育。蔡

[①] 蔡元培出国前及出国期间，一直在为商务印书馆编国文、修身方面的新教科书，汪家熔《蔡元培和商务印书馆》，见蔡元培《商务印书馆九十年 我和商务印书馆 1897—1987》，北京：商务印书馆，1987年；高平叔《蔡元培年谱长编 第1卷》，北京：人民教育出版社，1999年。

[②] 蔡元培《对于新教育之意见》，见高平叔编《蔡元培全集 第2卷》，北京：中华书局，1984年，第133页。

[③] 蔡元培《对于新教育之意见》，见高平叔编《蔡元培全集 第2卷》，北京：中华书局，1984年，第135页。

元培不可谓不努力:为改变教育界的文化基础欠缺状况,他以"暑期讲习会"的方式,聘请中外学者先在部分教师中做现代文化启蒙,内容涉及政治、经济、文学、艺术、佛教等二十几种科目。美术这一块是鲁迅来讲。鲁迅开讲期间,恰逢教育部召开全国临时教育会议,审议蔡元培提出的"五育"宗旨,结果各地参会议员只通过了三育。得知"临时教育会议竟删美育",鲁迅直叹"此种豚犬,可怜可怜"。①

讲完课,鲁迅便约许寿裳一起"饮于广和居,甚醉"。蔡元培的反应更是激烈,他辞职不做了。来听鲁迅讲美术的教师开始有二十位,听到美育被取消,蔡总长辞职,跑了一半。②鲁迅的一番文化普及只是换得了车马费10元。多亏教育界尚有不少有识之士,其中尤其值得一提的是清末学部右侍郎严修。当初"忠君尊孔"的学堂教育宗旨便是他参与制定的,但严修后来审时度势,主动转向现代文化与教育。得知"会议竟将四、五两条(即世界观和美育)取消",严修也直叹"大奇大奇",并立即赶往南开中学找张伯苓,"劝伯苓力争之"。③

各方力争到9月20日,终于促成教育部颁布如下新教育宗旨:"注重道德教育,以实利教育、军国民教育辅之,更以美感教育完成之。"④蔡元培在"普通教育"领域的现代学科课程建构努力几乎全都获得了体制认可。本节所谓"现代学科课程体制的建立",也是非要等到新宗旨确立,才算走完程序,而不是停留于废除在课程体制中居于主导地位的"经学"。这一课程体制建构历程可以追溯到王国维的学术文化与课程革新实践,但更来自蔡元培本人1898年主持绍兴中西学堂以来的现代课程革新实践。到1912年初,这些个人及地方学校的新实验又因蔡元培担任教育总长而上升为中国"普通教育"的典范。

现在新的教育宗旨也颁布了。总之,在蔡元培的推动下,现代文理科课程体制在"普通教育"领域得以确立,实现了王国维无法实现的课程革新理想,也为新起一代在基层学校通过课程改革展开文化革新提供了广阔空间。至于其在"高等教育"领域的体制改革,即蔡元培"手订的《大学令》",在

---

①② 鲁迅《鲁迅日记》,《鲁迅全集 第6卷》,北京:人民文学出版社,1973年,第11页。
③ 严修自订、高凌霨补、严仁曾增编《严修年谱》,济南:齐鲁书社,1990年,第279页。
④ 高平叔《蔡元培年谱长编 第1卷》,北京:人民教育出版社,1999年,第489页。

全国教育会议上倒是顺利通过。《大学令》同样把"经学科"废除了,将其分流至哲学、文学、史学等现代文史学科,以建构以"文理科"为重心的多学科大学课程体系。新起一代由此可以在上下贯通的现代文理科课程体制里求学,并在其中展开文化探索与再造。

辞去教育部总长后,蔡元培"生活很苦",且一时也没去处。听到消息说教育部空出一个留学名额,他便写信给教育部,要求派他去补缺。蒋维乔等部中手下认为,"先生是前任教育总长,怎好当作留学生",便另外设法为其募款。于是1912年11月,蔡元培得以重返莱比锡大学,继续选修巴洛克时代之艺术、艺术美学等课程。①然后又过了三年,蔡元培才回到国内。这次回国后,蔡元培又为现代中国教育做了一大贡献,它便是1917年1月重新出山改造北京大学,他也因此和陈独秀以及胡适、傅斯年等新起一代形成携手之势,并在教育界掀起新一轮文化再造与课程改革运动。

2. 蔡元培再度出山与北大成为教育界的"新文化"中心

北京大学的前身是1898年戊戌变法时期建立的京师大学堂,其办学及课程方案最初由康有为和御史王鹏运提出,但具体内容却是由梁启超设计,包括前两年先学习"经学、理学、中外掌故学、诸子学、初级算学"等十类"溥通学"和英语、法语、俄语、德语、日语任选一种,然后从"高等算学、高等格致学、高等政治学、高等地理学、农学、矿学、工程学、商学、兵学"等十类"专门学"中择一专业。②

倘若这份新课程方案能实施,倒也可能在教育界开展一场文化革新运动。而为了激励学子刻苦求学,梁启超等也制定了颇为诱人的考试评价制度(成绩位列一等者,每月赏20两白银),且毕业将赐"进士"科名。但实际办起来后,却只能开出"诗、书、易、礼四堂,春秋二堂,凡共六堂课士。每堂不过十余人,春秋堂多或二十人,兢兢以圣学理学诏学者,日悬《近思录》《朱子小学》二书以为的。"到第二年,"士子虽稍习科学,然大都手制

---

① 高平叔《蔡元培年谱长编 第1卷》,北京:人民教育出版社,1999,第486—487页。
② 陈学恂主编《中国近代教育教学参考资料史 中册》,北京:人民出版社,1986年,第438页。

艺一编，占哗咿唔，求获科第而已"。①

　　京师大学堂以经学、理学教义为中心，以功名讨好学生的"课程景观"能有什么现代文化创造？恐怕还不如蔡元培同期在绍兴主持的中西学堂。这当中的原因，除学生只知道背教科书，以求赏银和科第外，更与当时教育界缺乏合适师资有关。当时师资，至多只能办成传统书院。1902年，被"八国联军"入侵冲断的京师大学堂重新开办，在管学大臣张百熙的主持下，学制课程做了诸多切合实际的调整，即以仕学馆和师范馆为体制基础，先办"预备科"和"速成科"，三年后再办"本科"，预科或速成科毕业授予"举人"，本科毕业授予"进士"，留京做官。此番切实调整，是想再办成一所"五洲万国所共瞻"之大学。②

　　张百熙请到了一批传统文化造诣不错的老师，吴汝纶、张鹤龄、姚永概及林纾等，吴汝纶门生严复也在其列，再有就是范源濂、张宗祥、陆宗舆等刚从日本留学回来的青年才俊，以及服部宇之吉等几位日本教习。吴汝纶、张鹤龄担任总教习，他们与姚永概、林纾等皆属安徽"桐城古文派"，其他年轻后辈则多是"革新派"。提及这一点是为了说明，张百熙一番改革促成了"桐城派"古文在京师大学堂的崛起，但范源濂等年轻一代也会设法把京师大学堂引向不同的文化方向。

　　由此可见，京师大学堂仍不可能以现代学术文化为本。不过，与开办之初的情形比，它在文化方面还是有了显著改变。首先是"桐城派"教师在延续传统学术文化上成绩相当可观，如当时学子俞同奎所记："那时候的学生对于科学，自不敢说有精深研究。不过国学有桐城派大师吴挚甫先生主持，讲学之风，盛极一时。"③其次，留日归国青年教师的文化革新行动同样十分醒目，乃至直接卷入当时历史进程。如《大公报》记者所述，范源濂为动员学生抵抗俄国企图占领东北而发表的政治演说，便让"全班（学生）鼓掌，有

---

① 喻长霖《京师大学堂沿革略》，载陈学恂主编《中国近代教育史教学参考资料　上》，北京：人民出版社，1986年，第459页，亦可参考冯友兰《三松堂自序》，北京：三联书店，1984年，第25页。
② 张百熙《张百熙奏筹办京师大学堂情形疏》，见王宇珍、郭建荣主编《北京大学史料　第1卷》，北京：北京大学出版社，1993年，第52—55页。
③ 俞同奎《四十六年前我考进母校的经验》，陈学恂主编《中国近代教育史教学参考资料　上》，北京：人民出版社，1986年，第463页。

太息者，有流涕者"；接着学生决定立即向"各省在京官绅""各省学堂"等通电，要其"电致各省督抚，请各督抚电奏力争"，最后还要求"大学堂全班学生上禀管学（即张百熙）代奏力争"。①

所有学生中，"惟有河南进士、现在仕学馆学生靳某独不到堂会议。盖彼尚在寄宿舍习演殿试策子，以便今年补行殿试"。对此学生，记者感叹道"真可谓至死不悟。"②可见当时人心所向之复杂多面：一面是"桐城派"的传统文化传承，一面是"革新派"的激烈政治革新行动，当然还有"靳某"式的留恋旧式功名。1903年以来京师大学堂这副"风马牛不相及"的混乱文化景观，一直延续到民国建立。

民国建立后，如何处理京师大学堂十几年留下的摊子的任务，自然落到了身为教育总长的蔡元培身上。他提出将校名改为"北京大学校"，并建议请严复担任"校长"。③此前，夺走民国政权的袁世凯也已颁令由严复执掌京师大学堂，严复随之走马上任。早在1905年，严复便主持过复旦公学、安徽高等学堂，但均以失败告终，且都是由于无法解决经费短缺和派系争斗造成的种种麻烦。④这次严复已年近六旬，何苦仍要出山，而且还"非常看重这一任命"。⑤

严复再度出山，处境和昔日一样艰难，但他还想坚持，其理由纯粹是为了学术文化，即如其本人所谓"保存一切高尚之学术，以崇国家之文化"。⑥半年下来，严复取得了不少学术成绩。"英国教育会议宣布承认北京大学及其附

---

① 佚名《京师大学堂学生拒俄纪实》，《大公报》1903年5月3日，另可参考谷钟秀拟稿《京师夫学堂师范、仕学两馆学生上书管学大臣请代奏拒俄书》，《大公报》1903年5月7日；佚名《京师大学堂师范馆全班学生请政务处代奏书》，《大公报》1903年5月；佚名《京师大学堂学生公致鄂垣各学堂书》，《苏报》1903年5月20日。四份文献皆收于杨天石主编《中华民国史资料丛稿拒俄运动》，北京：中国社会科学出版社，1979年，第45—55页。
② 佚名《京师大学堂学生拒俄纪实》，《大公报》1903年5月3日，见杨天石等编《中华民国史资料丛稿拒俄运动》，北京：中国社会科学出版社，1979年，第45页。
③ 蔡元培《为北京大学堂改称并推荐严复任校长呈》，见高平叔编《蔡元培全集 第2卷》，北京：中华书局，1984年，第162页。
④ 皮后锋《严复的教育生涯》，《史学月刊》2000年第1期，第54—62页；张仲民《严复与复旦公学》，《历史研究》2009年第2期，第133—146页。
⑤ 陈平原《迟到了十四年的任命——严复与北京大学》，《开放时代》1998年第5—6期，第44页。
⑥ 严复《论北京大学校不可停办说帖》，见孙启祥、皮后锋编《〈严复集〉补编》，福州：福建人民出版社，2004年，第117页。

设的译学馆均为大学,伦敦大学也宣布承认北京大学"。①但对只想登基的袁世凯及财政部而言,这些国际学术认可没有任何意义,严复即使想尽办法维持北京大学(包括贷款、裁员节流,甚至在个人陷入经济危机时还自动减薪),也无法解决办学经费危机。此外,对他而言复杂的内外派系利益争斗更难驾驭。坚持到第八个月,严复辞职了——在蔡元培辞去教育总长之后。

章士钊接任,但也是不久便辞职。第二任教育总长(昔日京师大学堂青年教员)范源濂眼见找不到继任者,北大就要关门,竟把72岁的马良请出山。马先生在就职演讲中对全体学生坦言,他身边"所有的人……都强调要改善这里的氛围……",希望学生不要搞"抗议运动",同时也"不应该计较寝室的大小,集体中谁资格最高,你们的教授挣多少钱,而相反地应关心道德和博大精深的学识"。②他还请梁启超来演讲,劝学生"改革我国之学风"。但在"革命"高涨的时代,两人都早已"没有多大影响力"。③

两个月后,马良因难以忍受学生领袖的言论攻击愤而辞职。之后何燏时、胡仁源先后上任,二人同样无法扭转学风。1913年考入北大的顾颉刚便发现,那时学校"流行一种坏风气,就是'结十兄弟'。何谓'结十兄弟'?就是十个气味相投的学生结拜作为兄弟,毕业后大家钻营作官,谁的官大,其他九人就到他手下当科长,当秘书,捞个一官半职,……这样的学校哪能出人才,只能培养出一批贪官污吏!"④当时顾颉刚本人也只是刚刚放弃激烈"革命"行动。⑤

没人可以否认顾颉刚及马良周围"所有的人"对于北大学风的看法,北大甚至被认为是"著名腐败"之地,⑥甚至和"参议院"、"众议院"并列为"八大胡同"(红灯区)最著名的常客。⑦但民初那几年"最高学府"除了激进政

---

① 张寄谦《严复与北京大学》,《近代史研究》1993年第5期,第163页。
② 马良《马良就北京大学校校长职》,《国立北京大学志》第3卷,转引自魏定熙《北京大学与中国政治文化》,北京:北京大学出版社,1998年,第65—66页。
③ 魏定熙《北京大学与中国政治文化》,北京:北京大学出版社,1998年,第68—69页。
④ 顾颉刚《蔡元培先生与五四运动》,见钟叔河、朱纯编《过去的学校》,长沙:湖南教育出版社,1982年,第32页。
⑤ 顾潮《历劫终教志不灰——我的父亲顾颉刚》,上海:华东师范大学出版社,1997年,第26—28页。
⑥ 蔡元培《我在教育界的经验》,《蔡元培全集 第7集》,北京:中华书局,1987年,第198页。
⑦ 陈明远《文化人的经济生活》,上海:文汇出版社,2005年,第35页。

治文化和世俗功利诉求外,还是有一些不错的学术文化力量的。仅就学生而言,便有如傅斯年、毛子水、顾颉刚等好学学子从各地聚集而来。所以袁世凯时期的北大并非毫无学术文化与教育新希望,就看是否有能服众望的人站出来做一番整顿。

北大 1913 年以来新进了一批浙江籍教师,他们希望教育总长范源濂请蔡元培来。其实后者几年前就想请蔡元培出山,但蔡先生反对袁世凯,袁也担心蔡做校长后会培植反对势力,所以这一想法无法实施。1916 年 6 月,袁世凯驾崩。9 月,范源濂致电"敦请"蔡元培"早日回国,担任北京大学校长一席"。① 有人劝蔡元培别去,说"北大腐败极了,进去若不能整顿,反于自己的名声有碍"。

也有"少数"人认为,"既然知道腐败,更应进去整顿,就是失败,也是尽了心"。这正是蔡元培自己的意思,如其所谓"我不入地狱谁入地狱"。已近"知天命"之年的蔡元培"服从后说,进北京",② 准备为推动中国教育界的学术文化现代转型再大干一场。11 月 8 日,蔡元培抵达上海。之后,教育部不断催促其上任,报纸则纷纷报道蔡元培的行踪。返乡及诸多酬谢均结束,蔡元培于 12 月 22 日抵达北京的消息,更是轰动整个媒体界,其中《中华新报》竟动情写道:

> 蔡子民先生于二十二日抵北京,大风雪中,来此学界泰斗,如晦雾之时,忽睹一颗明星也。③

连蔡先生正在寓所看菜园,欣赏老房子,都清楚写出——"先生现寓观菜园陈宅"。可见当时舆论界对蔡元培是何等的期盼。

1917 年 1 月 7 日,蔡元培正式入主北大。对于他为北大勾勒了一幅什么样的学术文化重建蓝图,以及他具体怎样改革北大,其意义如何,学界已有许多

---

① 高平叔《蔡元培年谱长编 第 1 卷》,北京:人民教育出版社,1999 年,第 613 页。
② 蔡元培《整顿北京大学的经过》,《蔡元培全集 第 7 卷》,北京:中华书局,1989 年,第 20—21 页。
③ 高平叔《蔡元培年谱长编 第 1 卷》,北京:人民教育出版社,1999 年,第 629 页。

论述。① 这里只强调，蔡元培再度出山同样不能消除北大校园里的世俗功利志趣和1903年便已兴起的政治干预热情，但他从"文科"入手革新学术却有利于1913年以来进校的一批浙籍教授借势取得文化领导权，钱玄同、沈尹默等更是执意要取代包括"桐城古文派"在内的旧人，成为"新文化"兴起的重要力量。② 同时蔡元培为改革"学生的观念"，极力推动学生转向"研究高深学术"，③ 也为校内外新起一代进入"最高学府"展开文化革新实验提供了机会，从而形成更大的文化革新力量，尽管北大的文化革新结果出乎蔡元培的学术期望。

胡适、傅斯年等人则是新起一代中最先置身新北大的幸运儿。然而，蔡元培最初委以文科革新重任的还不是他们，而是校外一位大器晚成的新起之士，他便是陈独秀。如蔡元培所言，上任之前，他便通过京城教育界的同乡关系网络，商量文科学长人选，汤尔和推荐了陈独秀。④ 起初陈独秀并不答应，只想返回上海办《新青年》杂志，又说自身资历也不够。急需引入新人的蔡元培不仅让陈把《新青年》搬到北大来，还破例为他"编造了'日本东京大学'毕业的假学历"，以及"曾任'芜湖安徽公学教务长、安徽高等学堂学校校长'的假履历"。⑤ 陈独秀这才答应出任北大文科学长。

---

① 参见梁柱《蔡元培与北京大学》，《北京大学学报（哲学社会科学版）》1980年第2期，第9—16页；宋月红等《蔡元培与〈北京大学月刊〉——兼论蔡元培对北京大学的学术革新》，《北京大学学报（哲学社会科学版）》1997年第6期，第65—73页；董宝良《蔡元培整顿与改革北京大学的历史经验》，《青岛科技大学学报（社会科学版）》2005年第3期，第99—104页；陈平原《何为"大学"——阅读〈蔡孑民先生言行录〉》，《学术研究》2010年第4期，第11—21页；李春萍《"春风化雨"：蔡元培与中国现代大学制度》，《高等教育研究》2010年第2期，第83—92页；Duiker, W.J. *Ts'ai Yüan-p'ei: Educator of Modern China*, Pennsylvania State University Press, 1977. Hayhoe, R. *China's University, 1895—1995: A Century of Cultural Conflict.* New York: Garland Publishing, Inc.1996。

② 此即如沈尹默所说："太炎先生门下大批涌进壮大以后，对严复手下的军人则采取一致立场，认为那些老朽应当让位，大学堂的阵地应当由我们来占领。我当时也是如此想的。"沈尹默《我与北大》，转引自陈平原编的《北大旧事》，北京：北大出版社，2009年。

③ 蔡元培《就任北京大学校长之演说》，《蔡元培全集 第3卷》，北京：中华书局，1984年，第5—7页。

④ 蔡元培《我在北京大学的经历》，陈平原编《北大旧事》，北京：北京大学出版社，2009年，第30页；高平叔《蔡元培年谱长编 第1卷》，北京：人民教育出版社，1999年，第631页。但沈尹默说，陈独秀是他推荐的，参见沈尹默《我与北大》，转引自陈平原编《北大旧事》，北京：北京大学出版社，2009年，第137页。事实如何，得等方家指教。

⑤ 庄森《一份特别的履历书——陈独秀出任北大文科学长的前前后后》，《社会科学战线》2006年第1期，第134—141页。

汤尔和可谓暗中影响了北大的文化走向。不过沈尹默说,是他路上偶遇陈独秀后,向蔡元培推荐的。① 实际情况如何,已无法知晓。但其中的费劲周折除了显示蔡元培选人"不拘一格"外,也能说明陈独秀在当时的影响力颇为有限,甚至思想与处境都正深陷难局。

1879年出生的他比王国维小两岁,但与后者早在民国成立之前就已完成诸多现代哲学、文学作品不同,陈到了1913年还处于逃命到上海和"没有事"做的困顿状态。他打算"闭户读书,以编辑为生"。② 他与同乡汪孟邹一起办东亚图书馆,并想让汪助其出一本《青年》杂志,说"只要十年、八年的功夫,一定会发生很大的影响",但汪以"没有力量做"婉拒了。

后来汪孟邹将陈独秀介绍给另一家小出版社,即益群书社。后者"竟同意接受",陈独秀才得以于1915年办出杂志。③ 彼时业界行情是,"一切杂志皆有销数满两千部后",才可能有编辑费及稿费。大出版社的"基数",如商务印书馆,更是至少要有"六千部"才肯"预支版税"。④ 益群书社答应陈独秀印"一千本",⑤ 等于不赚钱帮他出份杂志。勉强支撑到1916年,又遭"基督教青基会"指控说《青年》杂志容易与他们办的杂志名称混同。陈独秀因此将之改名为《新青年》,并宣称新杂志已"得当代名流之助,如温宗尧、吴敬恒、张继、马君武、胡适、苏曼殊诸君"。⑥

吴敬恒(稚晖)、张继是与蔡元培来往的政界、学界名流,马君武是民国首任实业部次长。陈独秀如何能让他们为毫无名气的《新青年》杂志撰文,以及他们是否投文,均不清楚。苏曼殊是1884年出生的晚辈,曾随陈独秀学诗,也参与过章太炎、黄兴等人的革命活动,但早在1904年便心灰意冷,遁入佛门,且行踪几无人知,⑦ 此后其文学作品颇有影响,但仍谈不上是"当代名流"。至于尚在美国留学的更小后辈胡适也堪称是与蔡元培、吴稚晖、马

---

① 沈尹默《我与北大》,转引自陈平原编《北大旧事》,北京:北京大学出版社,2009年,第132—133页。
② 唐宝林等《陈独秀年谱》,上海:上海人民出版社,1988年,第59—60页。
③ 汪原放《亚东图书馆与陈独秀》,上海:学林出版社,2006年,第33页。
④ 胡适《胡适致高一涵》,《胡适往来书信选 上》,北京:中华书局,1979年,第259页。
⑤ 汪原放《亚东图书馆与陈独秀》,上海:学林出版社,2006年,第33页。
⑥ 陈独秀《通告一》,《新青年》第2卷第1号,1916年9月1日。
⑦ 柳无忌《苏曼殊传》,北京:三联书店,1992年,第31—32页。

君武、张继等并列的"当代名流",同样"显有虚张声势之嫌"。① 第三卷第一期起,又出现"大名家数十名执笔"的字眼,② 似乎只要在上面发文,便是"大名家",乃至作者之一吴虞(当时并非名家)见了,觉得非常意外,直叹:"《新青年》三卷一号将一、二卷目录特列一页,上署大名家数十名执笔,不意成都一布衣亦预海内大名家之列,惭愧之至。"③

能想到的办法,陈独秀几乎都用上了。那这几番努力经营贡献了什么样的"青年"文化呢?成绩似乎也不理想。如当代方家所言,创办《新青年》杂志,乃"缘生活的无奈选择",其中"并没有成熟的办刊思想",只是在"向青年提供国外的新思想、新思潮、新文艺,……鼓吹个性解放,宣扬个人主义,辅导青年'修身治国之道'"。④ 郑振铎作为"当时一个读者",亦觉得"青年杂志……只是无殊于一般杂志用文言写作的提倡'德智体'三育的青年读物"。⑤

鲁迅更曾透露:"《新青年》以不能广行,(益群)书肆拟中止",陈独秀与之交涉,才答应"续刊"。⑥ 可见陈独秀的确很想办成一份"影响大"的青年文化杂志,无奈时人并不看重他的努力以及他向"青年"传播新文化的热情。不过,处于极度困难之地、意志顽强的陈独秀却突然被急于物色新人的北大校长蔡元培看中了,实际已夭折的《新青年》也因此一夜之间跻身"最高学府",然后得以趾高气扬地拒绝外稿,作者清一色全是北大文科教授,并迅速成为最有影响的刊物,到1919年发行量竟高达惊人的一个月一万五六千份。⑦

陈独秀很难想象,原本以为十年八年才可能实现的办刊梦想,竟在一两年内实现了。仅在湖南"新民学会"(1918年4月由毛泽东、蔡和森等人发

---

① 王奇生《新文化运动是如何"运动"起来的》,《近代史研究》2007年第1期,第21—40页。
② 《新青年》第3卷第1号,1917年3月1日。
③ 吴虞《吴虞日记》上,成都:四川人民出版社,1984年,第310页。
④ 庄森《陈独秀和〈青年杂志〉》,《文艺理论研究》2004年第6期,第2—16页。
⑤ 郑振铎《导言》,赵家璧主编《中国新文学大系第2集 文学争论集影印本》,上海:上海文艺出版社,2003年,第1—2页。
⑥ 鲁迅《致许寿裳》(1918年1月4日),《鲁迅全集第11卷两地书 书信》,北京:人民文学出版社,2005年,第357页。
⑦ 汪原放《亚东图书馆与陈独秀》,上海:学林出版社,2006年,第33页。

起成立)下设的"文化书社",半年便售出《新青年》"二千本。"① 更令他无法想象的是,自己来到北大后,北大会在短期内连续掀起史无前例的被后人称作"五四运动""新文化运动"的文化新潮,《新青年》即因此得以在全国各地流传。② 然而在抵达人生第一个高峰后,他又返回上海,重新去奋力开拓一番影响更大的政治事业了,把崛起的"新文化"中心让给了留守的各位同仁及后起一代,真所谓"他永远是他自己"。③

仅从陈独秀被蔡元培选为文科学长这一条线索考察北大何以成为教育界的新文化中心,显然会忽视钱玄同、刘半农等北大其他"新文化猛将"的作用,单提两人为扩大《新青年》的影响而上演的那场"双簧"闹剧,便是《新青年》与"新文化运动"兴起的重要推力之一。此外,还有为《新青年》乃至整个教育界率先贡献了现代"白话"小说的鲁迅,更是功不可没,意义非凡——王国维依靠德国美学勾勒了现代中国文学理论,而鲁迅则率先拿出了现代中国文学作品。还有北大学子亦是主力。因此在分析北大成为"新文化中心"后到底为教育界贡献了什么"新文化"时,必须尽可能地将各路文化革新力量都考虑在内。

然而这样考虑马上又会陷入另一个难题,因为到今天也没有谁能说清楚《新青年》以及北大掀起的"新文化运动"贡献了什么"新文化"。一般认为"新文化运动"贡献了"民主"与"科学",稍具体的总体性描述则列举了数十种"新思想"和"新方法",如"人道主义""自然主义""浪漫主义""现实主义""功利主义""自由主义""个人主义""社会主义""达尔文主义",以及"实用论""怀疑论""打倒孔家店"等。④ 还有分学科的考察,如只关注其中有什么样的"文学"。⑤

但对于"新文化运动"到底让北大成为了什么样的"新文化"中心,答

---

① 张允侯等编《五四时期的社团》,北京:三联书店,1979年,第64页。
② 王奇生《新文化运动是如何"运动"起来的》,《近代史研究》2007年第1期,第21—40页。
③ 罗志田《他永远是他自己——陈独秀的人生与心路》,《四川大学学报(哲学社会科学版)》2010年第5期,第48—60页。
④ 周策纵《五四运动——现代中国的思想革命》,南京:江苏人民出版社,1999年,第273—316页。
⑤ 陈平原《思想史视野中的文学——〈新青年〉研究》,《中国现代文学研究丛刊》2002年第3期,第1—31页。

案的确因人而异。这些还只是今人研究，倘若考察当时在场者，则会发现，他们同样没有定论。1919年3月，署名"静观"的人在《申报》上说道：

> 国立北京大学自蔡孑民氏任校长后，气象为之一新，尤以文科为最有声色。文科长陈独秀，以新派首领自居，平昔主张新文学甚力，教育员中与陈氏沆瀣一气者，有胡适、钱玄同、刘半农、沈尹默等，学生闻风而起服膺师说者，张大其辞者，亦不乏人，其主张以文学需应世界思潮之形势，……寄语新文学诸君子，……，勿多树敌，且不宜将旧文学之价值一笔抹杀也。①

署名"静观"者显然有些厌恶北大发起的"新文化运动"，不过这一运动也为认识蔡元培掌校以来的北大改革与北大激烈文化转型，提供了一条清晰线索，而其中提到的"新文化"则是陈独秀等发起者推出的"文学革命"和"新文学"（当然只注意"主张"，未静下来看看有些什么"新文学"作品）。

大约同时，眼光一向通透犀利的鲁迅则发现：

> 中国社会上的状态，简直是将几十世纪缩在一时：自松油片以至电灯，自独轮车以至飞机，自镖枪以至机关炮，自不许"妄谈法理"以至护法，自"食肉寝皮"的吃人思想以至人道主义，自迎尸拜蛇以至美育代宗教，都摩肩挨背的存在。②

五花八门的"新文化""法理""人道主义""美育"等，乃至"洋务"以来的新东西——"电灯""机关炮"等，在鲁迅看来，只是让本已混乱的现实变得更加混乱而已。

看到此种文化乱象，不久前才开始"呐喊"大家起来"救救孩子"的鲁迅也迅速觉得"一切人便都在这矛盾中间，互相抱怨着过活，谁也没有好处"，甚至认为"彷徨的人种，是终竟寻不出位置的"。③而这种"现代主义"的终极失望与悲观本身亦是1919年以来流行的又一种"新文化"——其源头

---

① 静观《北京大学新旧之暗潮》，《申报》1919年3月6日，第6版。
② 鲁迅《随感五十四》（1919年3月15日发表于《新青年》），《热风》，北京：人民文学出版社，1973年，第46—47页。
③ 鲁迅《随感五十四》（1919年3月15日发表于《新青年》），《热风》，北京：人民文学出版社，1973年，第46—47页。

可以上溯到王国维的哲学或"人间"沉思。

文化瞬间竟多到让人仿佛陷入"无物之阵"！好不容易从以政治变革为本转向以学术文化革新为本了，民初以来几位前仆后继的北大校长也把风光的"新文化中心"舞台搭好了，难道这一切只是如鲁迅所说，是在"拼开饭店而已"，"即使竭力调和，……生意也自然不能兴旺，——店铺总要倒闭"。① 鲁迅此番评论等于认为什么"新文化"也建立不起来。那么，蔡元培校长如何看待自己改革北大以来兴起的今人难以概括、时人亦无从把握的"新文化运动"？

作为改革总设计师，蔡元培很清楚"新文化运动"是怎么一回事，这也成为他在"教育界"的难忘"经验"，改革北大有什么"新文化"成绩，亦在其中：

> 北大的整顿，自文科起。旧教员中如沈尹默、沈兼士、钱玄同诸君，本已启革新的端绪；自陈独秀君来任学长，胡适之、刘半农、周豫才、周启明诸君来任教员，而文学革命、思想自由的风气，遂大流行。

外界那位"静观"者的印象和蔡元培的"经验"颇为一致，都特别看重"文科"成绩以及陈独秀加入后掀起的"文学革命"。同时，"静观"者也注意到了"文学革命"其实是由新、旧两路人马推动而成，只不过"静观"者没有体谅蔡元培只能从"文科"入手改革北大的文化生产，营造新风气。"理科"方面，蔡元培只笼统地提了一点："自李仲揆、丁巽甫、王抚五、颜任光、李叔华诸君来任教授后，内容始渐充实"。②

李仲揆即李四光，1889年生，英国伯明翰大学地理学硕士，1920年入北大任地质学教授，第二年又与丁文江、章鸿钊等创建中国地质学会，系北大乃至中国地质学与地质学教育的缔造者。③ 丁巽甫即丁西林，1893年生，1920年入北大，后来成为国内物理学界的重要人物，并以"喜剧作家"扬名

---

① 鲁迅《随感五十四》（1919年3月15日发表于《新青年》），《热风》，北京：人民文学出版社，1973年，第46页。
② 蔡元培《我在教育界的经验》，见高平叔《蔡元培全集 第7卷》，北京：中华书局，1989年，第199页。
③ C. C. Yu. Professor Jonquei Ssu-Kuang Lee，《国立中央研究院地质研究所丛刊第八号李四光教授六旬寿辰纪念册》，地质研究所印行，1948年11月，第I—VII页。

于世。① 王抚五即王星拱，1888 年生，留英化学硕士，1918 年入北大任化学教授，1927 年起先后任安徽大学、武汉大学校长。② 颜任光，1888 年生，芝加哥大学物理学博士（1920 年），1921 年入北大，是北大物理实验教学的开拓者，1926 年后转任交通部电政司长，并创办物理仪器公司。③ 李书华，1889 年生，1922 年巴黎大学国家理学博士，同年入北大，与颜任光一起在政局动荡时期使北大物理系于 1927 年被中华文化教育基金董事会评为"全国名校之冠"。④

让北大理科"内容始渐充实"，其实远不能揭示以上五位"新人"对于北大及整个中国现代科学与科学教育的开拓性贡献。不过，除王星拱外，他们多是 1920 年以后才加入北大的，蔡元培 1917 年掌校时，北大在"理科"方面确实拿不出杰出的"新人"教授，"法科"方面亦是如此。此前北大"因本国尚无成文之公、私法，乃讲外国法"，对此，蔡元培"深不以为然"，认为只可讲一讲"比较法"，但当时只有王亮畴、罗钧任两位"止能任讲师，不能任教授"的师资（因主职皆在"司法部"），"直到（1920 年后）王雪艇（世杰）、周鲠生诸君来任教授后，才组建起正式的法科"。⑤ 三大"本科"师资及成绩盘点下来，蔡元培最初颇有"巧妇难为无米之炊"的感觉，因此只能拿"文科"教授发起的"文学革命"充数，而它又不是蔡先生期望的现代"高深学术"。

再看 1918 年提出的要在北大办"研究所"，这一块本应成为"高深学术"文化最主要的生产基地，蔡元培也确实定好准备办"自然科学"、"社会科学"、"国学"、"外国文学"这四大门类研究所。但以北大当时的师资，哪里可能办成。

---

① 李健吾《序》，见丁西林《丁西林剧作全集 上》，北京：中国戏剧出版社，1985 年，第 1—7 页。
② 李维武《武汉大学与 20 世纪 20 年代中国哲学——王星拱与〈科学概论〉》，《武汉大学学报（人文科学版）》，2008 年第 4 期，第 389—394 页。
③ 詹武《颜任光》，《新东方》2000 年第 9 期。
④ 王士平等《近代物理学史》，长沙：湖南教育出版社，2002 年，第 27—28 页；詹武《颜任光》，《新东方》2000 年第 9 期。
⑤ 蔡元培《我在教育界的经验》，见高平叔《蔡元培全集 第 7 卷》，北京：中华书局，1989 年，第 199 页。

三年后，即 1921 年，才办起了"国学门"研究所。① 现代"高深学术"实践活动在莱比锡大学、柏林大学那里可以找到许多，这一现代文化景观令蔡元培无限向往，但在北大，蔡元培实在很难找到现代"高深学术"，② 陈独秀、钱玄同等蔡元培器重的"文科"革新骨干对蔡元培的理想景观均无直接体验，何以拿出令后者满意的"高深"现代"文科"学术。

1918 年 1 月，他曾想把王国维请来担任"中国文学"教授，可谓知人善用，但早已放下文学的王国维却拒绝了北大的聘请。③ 第二年，"五四运动"与各种"新思想"在全国蔓延时，王国维更觉得"大乱将随之矣"，此后更难安心做学术。④ 蔡元培同样非常担心"五四运动"会破坏此前的学术建构努力，同时毁坏北大声誉，而且"外边（已）颇有谓北京大学学生专为政治运动，能动不能静"。蔡元培出来为学生和北大声誉做辩护，说这只是"一时的爱国热诚，为特别活动，（学生）一到有研究学问的机会，仍是非常镇静的。外边流言，实是误会"。⑤

蔡元培校长面对"五四"以来的乱局犹在维系北大文化声誉，外界对北大其实也并非皆以"专为政治运动"一类的"流言"相贬。《新申报》1920 年 3 月 20 日便鼓励说："国立北京大学里的教师与学生，首先晓得他们的职志在制造文化。于是一洗从前顽旧不堪的习惯，做出惊天动地的事业……要是像北京大学那样的学校，设满各省，那么文化运动的势力，足以改良社会而有余。"⑥ 其中主动为北大"职志在制造文化"做辩护，显然是在为北大营造有利氛围。此外，"五四运动"结束后，北大学子中也有颇多一部分人像已

---

① 蔡元培《十五年来我国大学教育之进步》，见高平叔《蔡元培全集　第 5 卷》，北京：中华书局，1988 年，第 88—90 页；陈平原《北大传统：另一种阐释——以蔡元培与研究所国学门的关系为中心》，《文史知识》1998 年第 5 期，第 28—35 页。
② （美）魏定熙著、金安平、张毅译《北京大学与中国政治文化》，北京：北京大学出版社，1998 年，第 165—169 页。
③ 袁英英等《王国维年谱长编》，天津：天津人民出版社，1996 年，第 245 页；沈卫威《王国维与北京大学关系考索》，《徐州师范大学学报（哲学社会科学版）》2003 年第 1 期，第 80—84 页。
④ 王国维《王国维致罗振玉》（1919 年 6 月 12 日），见长春市政协文史和学习委员会编《罗振玉王国维来往书信》，上海：东方出版社，2000 年，第 456—457 页。
⑤ 蔡元培《北大第二十二年开学式演说词》（1919 年 9 月 20 日），见高平叔《蔡元培全集　第 3 卷》，北京：中华书局，1984 年，第 343—344 页。
⑥ 黄艾仁《胡适与北京大学》，载耿云志、闻黎明编《现代学术史上的胡适》，北京：三联书店，1993 年，第 338—339 页。

去留学的傅斯年、罗家伦那样，自觉意识到了更应该做的乃是求学。到1922年，更是有一百多位学生署名，要求发起成立"北京大学学生会"，起因正是由于他们一致认为，"溯自'五四'而后，我们都觉悟到知识的恐慌，比社会服务的需要，还更重要些"。①

外界真诚的文化信任与学生深刻的学术觉悟不会从天而降，一定是蔡元培掌校改革以来，北大内部除了不断制造眼花缭乱、追求轰动影响的"新思想"和文化"革命"主张外，还有另一种不失历史变革意义但却更为踏实本分的现代学术文化力量在一点一点地成长。而正是这股学术力量，让外界在散布"流言"的同时，仍有人对北大保持文化信任，同时也让北大学子在投身政治社会运动的同时，还能有一道学术文化参照，进而多了一重学术文化选择。

说起来的确太不容易：在蔡元培的整顿下，北京大学迅速成为教育界的"新文化"中心，然而它为教育界贡献的现代文化似乎并未超越梁启超的水平。这当中固然与民初以来时局人心更加紊乱有关，但也因为北大"新文化"生产的主导方式一开始其实仍未突破梁启超的"办报议论"模式，其作用甚至比蔡元培辛苦搭建的现代"文理"科课程体系及"研究所"等学术生产机制还要显著。后者能否切实发挥文化生产作用，又牵涉到北大的师资阵容。但蔡元培如何能物色到一群中意的"新人"师资，让现代"文理"学术文化与教学实践，取代围绕《新青年》而展开的一系列思想生产和营销活动（甚至唱双簧、谩骂），从而成为北大"新文化"生产的主导方式！

对于北大向外推出的诸多非学术和非现代学术的文化运动，蔡元培都予以包容了；"即便那些'拥蔡'的知识分子也是派别林立，相互排斥，各自打着各自的主意"，②蔡元培同样包容了。但他仍有自己的现代文化理想，他希望到1922年，即北大二十五周年校庆之际，北大能以学术专著、教材、译著等实实在在的文化作品来展示自己的现代文化成果。③谁会在意这一理想，

---

① 倪汝明等《发起"北京大学学生会"的缘起》，《北京大学日刊》1922年11月7日，第2版。
② 马勇《现代中国知识分子的悲剧：以"挽留蔡元培"为中心》，《史林》2009年第6期，第110—119页。
③ 魏定熙《北京大学与中国政治文化》，北京：北京大学出版社，1998年，第165—169页。

谁又能以扎实的现代学术文化与教学实践来回应蔡元培,让北大取得比鼓吹"新文化运动"或高喊"文学革命"更好的现代文化成就,而不是频被外界"误会"成"专为政治运动"?视野即由此疑问转向胡适:胡适亦是蔡元培格外看重的"新人",且受过西方现代学术训练,他又能以什么样的现代学术文化与教学革新实践来回应蔡元培给予的破格欣赏与提携。

3. "科学"的中国现代文化建构实践与课程改革运动

1917年3月8日,即蔡元培入主北大两个月之后,26岁的胡适在日记里写道:"如今我们已回来,你们请看分晓吧",并强调这句话"可作吾辈留学生之先锋旗也"。① 当时胡适正准备结束长达7年的留美时光,很快他便要回国大干一场了。以这句话自勉自励,对志向极大的胡适来说再合适不过。这句话也可以看成是一个开端,从此,他这一代——"1890一代"——留学生群体中,将有许多人会陆续登上中国学术与教育的重要舞台。现代中国教育史上真正崭新的一页也因此得以翻开——"1890一代"的留学归国学子将登台领导中国教育界的文化革新,而1891年出生的胡适又是他们这一代人的领头羊。

1917年7月10日,胡适抵达上海。② 之后,他又说了一句让自己日后难以面对的狠话,即"打定二十年不谈政治的决心,要想在思想文艺上替中国政治建筑一个革新的基础。"③ 此即前文所谓"现代学术职业主义":胡适即将登台了,但他不像梁启超、章太炎等前一代革新精英那样,一登台便选择以激进政治变革实践为业,而是像傅斯年所说的那样,以在教育界从事学术文化与教育革新作为本业,并认为这样做更能将中国推上进步轨道。

而且胡适还比王国维幸运,王国维比胡适更早转向了学术文化与教育,但却无法在清末尚未成型的现代教育体制中获得一处合适的平台,而胡适自

---

① 胡适《胡适留学日记下》,合肥:安徽教育出版社,1999年,第478页。
② 胡适著、曹伯言整理《胡适日记全编2 1915—1917》,合肥:安徽教育出版社,2001年,第616页;胡颂平《胡适之先生年谱长编初稿 第1册》,台北:联经出版事业公司,1984年,第291页。
③ 胡适《我的歧路》,《胡适文存二集》,合肥:黄山书社,1996年,第330页。

一开始便十分幸运地在教育界的"最高学府"占得一显要位置。进入北大时，胡适年方 26 岁，博士论文答辩也未通过，①其中原因，据说与"以杜威为首的教授对其高调在美宣讲中国古典哲学思想的不满大有关联"（若干年后，看到胡适声名鹊起，杜威和哥伦比亚大学才补授学位）。②如此说来，胡适任职北大时并未拿到博士学位。

在年轻且学位资格有漏的情况下，胡适仍能够进入北大，且"哲学、文学教授"任其挑选。这首先得益于陈独秀向蔡元培大力推荐，其次便是多亏苦于无人的蔡元培毫不计较有没有学位，他"早已读过胡适《诸子不出于王官论》等考据文字，对胡的学术功力留下了深刻印象"，同时胡适在《新青年》发表的"文学改良"文章也颇引人瞩目，③更让蔡元培认为胡适可以为北大营造新的学术文化风气。胡适即因此成为北大教授。

第一年，胡适的主讲课程包括：哲学门（后改系）的"中国哲学史大纲、西洋哲学史大纲"两门；英国文学门的"英文学、英文修辞学、英诗、欧洲文学名著"等四门。此外，哲学门研究所的"中国名学"、"最近欧美哲学"，以及国文研究所的"小说"等讲座亦在其名下。④如此繁多的课程胡适并未都上，像"西洋哲学史"课，胡适也"开不出来"。⑤而"研究所"建制尚处于议程中，变化甚大——第二年，胡适在哲学门研究所的课程名目便改为"诸子之考订"。⑥不过，这些课程皆为蔡元培推崇的现代"文科"学术，划到胡适名下，倒可以表明蔡元培对胡适确实期望甚多，亦可证明当时北大文科实在缺人。这两点显然都有利于"新人"胡适迅速冒出来，成为北大文科学术革新领袖。

当然，这只是可能。实际上胡适刚开始时并无多少厚重的文化与社会关系"资本"，能让他在派系、势力林立的北大"场域"中站稳脚跟。院长

---

① 朱维铮先生称胡适是个"美国的假博士"，或是个"没有通过论文答辩的博士候选人"，参见朱维铮《音调未定的传统》，杭州：浙江大学出版社，第 159 页。
② 翟翔《寻觅胡适之》，《博览群书》2012 年第 11 期，第 119—122 页；王崇明《胡适为何晚十年获博士学位》，《博览群书》2013 年第 1 期，第 19—21 页。
③ 欧阳哲生《胡适与北京大学》，《北京大学学报（哲学社会科学版）》1997 年第 3 期，第 48—55 页。
④ 欧阳哲生《胡适与北京大学》，《北京大学学报（哲学社会科学版）》1997 年第 3 期，第 48 页。
⑤ 罗志田《再造文明之梦——胡适传》，成都：四川人民出版社，1995 年，第 208 页。
⑥ 佚名《哲学、国文学、英文学三门研究所启示》，《北京大学日刊》1918 年 10 月 9 日，第 2 版。

陈独秀大力推荐他，因为其自身也急需借力于"当代名流"，且无意在教育界追逐事业。蔡元培欣赏他，亦仅是期望，并不等于胡适立刻就能有很强实力。初到北大胡适所拥有的主要还是坚定的以学术教育为本的职业理想与文化革新意志。值得一提的是，胡适本来有机会踏上另一条道路，只是他没有选取。1916年6月，胡适曾在纽约接待昔日中国公学的老师马君武，后者正是陈独秀当初办《青年》杂志时试图借力的"当代名流"。当时胡适与老师分别九年，"相见甚欢"。马先生在纽约逗留了五天，师生"相谈之时甚多"。

民初马君武便曾位居实业部次长，1915年又在德国拿到工学博士学位，与胡适相见时，正好被推为"参议员"，堪称与蔡元培旗鼓相当的学界、政界名流。换成其他人，大有可能选择回国追随其左右。然而胡适到底另有打算，并且恃才自傲。几天相谈下来，胡适不仅没有追随马君武，私下反认为老师"通常之思想眼光，十年以来，似无甚进步。其于欧洲思想文学，似亦无所心得"。他甚至暗自替老师感到可惜，说"先生负国中重望，大有可为，顾十年之预备不过如此。吾不独为先生惜，亦为社会国家惜也。"①

工学不如思想文学重要，就是这一点执拗的主观认识让胡适没有追随本可仰仗的"当代名流"马君武，而是选择和朱经农、丁文江等尚待崛起的同学或同辈好友携手回答"预备要中国人十年后有什么样的思想"。②这一选择就发生在归国前期，而抵达上海后的一番沮丧见闻，又让胡适进一步坚定了以学术文化革新成就思想文化革新的事业选择。如其在《归国杂感》中所言：

> 我在上海住了十二天，在内地住了一个月，在北京住了两个月，在路上走了二十天，看了两件大进步的事：第一件是"三炮台"的纸烟，居然行到我们徽州去了；第二件是"扑克"牌居然比麻雀牌还要时髦了。"三炮台"纸烟还不算希奇，只有那"扑克"牌何以会这样风行呢？有许多老先生向来学A、B、C、D，是很不行的，如今打起"扑克"来，也会说"恩德"，"累死"，

---

① 胡适著、曹伯言整理《胡适日记全编2 1915—1917》，合肥：安徽教育出版社，2001年，第407—408页。
② 胡适著、曹伯言整理《胡适日记全编2 1915—1917》，合肥：安徽教育出版社，2001年，第536页。

"接客倭彭"了!这些怪不好记的名词,何以会这样容易上口呢?①

当然王国维也曾因为"国人"喜爱"麻将"、"赌博"和"鸦片",更觉得必须发展文学、美学。胡适的民情观察显然也起到了类似的学术激励作用。但真正刺激胡适的还不是民情,而是对上海"出版界"展开田野调查后看到的学术文化衰败景况:

> 我第一次走过四马路,就看见了三部教"扑克"的书。我心想"扑克"的书已有这许多了,那别种有用的书,自然更不少了,所以我就花了一天的工夫,专去调查上海的出版界。我是学哲学的,自然先寻哲学的书。不料这几年来,中国竟可以算得没有出过一部哲学书。找来找去,找到一部《中国哲学史》,内中王阳明占了四大页,《洪范》倒占了八页!还说了些"孔子既受天之命","与天地合德"的话。又看见一部《韩非子精华》,删去了《五蠹》和《显学》两篇,竟成了一部《韩非子》糟粕了。文学书内,只有一部王国维的《宋元戏曲史》是很好的。又看见一家书目上有翻译的萧士比亚剧本,找来一看,原来把会话体的戏剧,都改作了《聊斋志异》体的叙事古文!又看见一部《妇女文学史》,内中苏蕙的回文诗足足占了六十页!又看见《饮冰室丛著》内有《墨学微》一书,我是喜欢看看墨家的书的人,自然心中很高兴。不料抽出来一看,原来是任公先生十四年前的旧作,不曾改了一个字!②

上海出版界系当时国内文化生产的中心地带,但胡适调查下来,却发现"中文书籍……七年来没有两三部以上可看的书"。于是胡适"又去调查市上最流行的英文书籍",都是莎士比亚等"十七世纪、十八世纪的书。内中有几部十九世纪的书,也不过是欧文、迭更司、司各脱、麦考来几个人的书,都是和现在欧美的新思潮毫无关系的。"③胡适将原因怪罪到国内"教会学校英文教习"头上,他说:

> 这些英文教习,只会用他们先生教过的课本。他们的先生又只会用他们

---

① 胡适《归国杂感》,《胡适文存》,合肥:黄山书社,1996年,第450页。
② 胡适《归国杂感》,《胡适文存》,合肥:黄山书社,1996年,第450—451页。
③ 胡适《归国杂感》,《胡适文存》,合肥:黄山书社,1996年,第451页。

先生的先生教过的课本。所以现在中国学堂所用的英文书籍，大概都是教会先生的太老师或太太老师们教过的课本！怪不得和现在的思想潮流绝无关系了。①

很明显，这里之所以特别着重强调胡适归国后的"调查"与"杂感"，是因为其中其实已透露了胡适将要干什么。无疑，胡适大致想做两类事情：首先是改造国内"中国哲学史""文学"等领域长期没有新书、好书的文化衰败状况；其次便是课程改革，以蕴含"欧美新思潮"的新"课本"来取代教育界长期沿用的旧"课本"。而这两件事又是为了扫荡"孔子既受天之命"、"与天地合德"等在中国文化和国人脑海里盘旋长达千年之久的种种"糟粕"思想，让当时社会沉迷于"三炮台"香烟和"扑克"之余，还能接受"新思想"和"新文化"。一句话，胡适是想以自己的现代学术文化与课程改革实践，来再造中国思想文化，为中国教育乃至整个社会确立现代（思想）文化认同。

问题在于，这些事胡适能在派系、势力林立的北大做出来吗？

一般的学生仍多是"孔子既受天之命""与天地合德"等传统中国思想的信徒。"桐城古文派"最后一位大将林纾倒是早在1913年便已退出北大，算是少了一重直接需要面对的旧文化势力。不过，此后新崛起并逐渐掌控北大的一批浙籍"文科"教授，尤其是章太炎的弟子，最初只有异常激进的钱玄同大力支持。此外，还有急需发展壮大的理科、法科等，亦要竞争资源。可以说，年仅26岁的胡适在革新事业上固然可以"大胆假设"，但身处蔡元培、章门弟子、理科、法科以及学生组成的复杂权势格局中，胡适显然需要小心积累学术与关系资本，才可能在北大及教育界成就一番文化革新事业。

秋季开学，胡适先在北大哲学课堂展开自己的文化革新实践。然而第一把火烧下来，胡适竟差一点被学生赶出北大。胡适所教课程是中国哲学史，在他之前，这门课的主讲是陈汉章先生。不知道擅做准备的胡适事前是否研究过陈汉章，这位前辈先生也是北大一传奇人物。

陈汉章生于1864年，曾与章太炎一同在俞樾门下求学，此后陈汉章"尽

---

① 胡适《归国杂感》，《胡适文存》，合肥：黄山书社，1996年，第451页。

取汉唐以来到清的先儒说经,订史之书而毕读之"。①1909 年,陈汉章被京师大学堂聘为教习,但他看到学校藏书丰富,竟然放弃教师聘请,改做学生,并以"甲等第一名"毕业。民国成立后,已过"知天命"之年的他才答应担任北大教师。②

最反对"新文化运动"的章门大弟子黄侃认为,陈汉章学问之渊博,除刘师培外,"未有能如盛均之终席者也"。《学林散叶》则记载,陈汉章"在北大授课时,以笔代口,在黑板上写字,洋洋数百言,从不带抄本,俱出自记忆。学生下课查对原书,无一失误,人称'活书橱'"。③就是这位传奇旧式学者在胡适之前主讲中国哲学史课程。顾颉刚记得,陈汉章"是一个极博洽的学者,供给我们无数材料,使得我们眼光日益开拓,知道研究一种学问应该参考的书是多至不可计的。他从伏羲讲起;讲了一年,只到得商朝的'洪范'"。④

课换成胡适讲后,"许多同学都这样怀疑":"一个美国新回来的留学生,如何能到北京大学里来讲中国的东西?"接着,一班人又看到胡适"不管以前的课业,重编讲义,劈头一章是'中国哲学结胎的时代',用《诗经》作时代的说明,丢开唐、虞、夏、商,径从周宣王以后讲起。"顾颉刚说:"这一改把我们一班人充满三皇、五帝的脑筋骤然作一个重大的打击,骇得一堂中舌挢而不能下"。结果"许多同学都不以为然,只因班中没有激烈分子,还没有闹风潮。"⑤

顾颉刚也是听了好几堂课后,"听出一个道理来",于是对同学说:"他虽没有伯弢先生读书多,但在裁断上是足以自立的。"⑥后来,顾颉刚把胡适讲课的事告诉同宿舍、且"最敢放言高论"的北大学生领袖傅斯年(就读于国文系),并要后者来做进一步裁断。如顾颉刚所言,傅斯年听了之后,"也是满意"。从此他们二人"对于适之先生非常信服"。⑦

调查上海文化状况时,胡适对于国内一般人都迷信传统文化教条已有准

---

① 王笑龙《陈汉章》,《浙江档案》1987 年第 8 期,第 22 页。
② 卞孝萱《"魁儒"陈汉章》,《文史知识》2008 年第 2 期,109—113 页。
③ 盛巽昌、朱守芬《学林散叶》,上海:上海人民出版社,1997 年,第 16 页。
④ 顾颉刚《走在历史的路上——顾颉刚自述》,南京:江苏教育出版社,2005 年,第 39 页。
⑤ 顾颉刚《走在历史的路上——顾颉刚自述》,南京:江苏教育出版社,2005 年,第 39—40 页。
⑥⑦ 顾颉刚《走在历史的路上——顾颉刚自述》,南京:江苏教育出版社,2005 年,第 40 页。

确了解，但他仍敢于以自己的新思想来挑战、打破一般头脑里的传统文化教条，可见他确实在采取实际行动改造中国文化。只是胡适"过了十几年后"才知道，其实是傅斯年、顾颉刚等学生领袖在背后替他维系局面。尤其学生中最有影响力的傅斯年"暗地里"给予的"保护"，胡适更是十分感念。如其所追忆的那样：

> 那时北大哲学系的学生都感觉一个新的留学生叫作胡适之的居然大胆的想绞断中国哲学史，……他一来就把商朝以前割断，从西周晚年东周说起。这一班学生们都说这是思想造反：这样的人怎么配来讲授呢！那时候，孟真在校中已经是一个力量。那些学生就请他去听听我的课，看看是不是应该赶走。他听了几天之后，就告诉同学们说："这个人书虽然读得不多，但他走的这一条路是对的，你们不能闹"。①

傅斯年是北大学生中的"旧学第一权威"，②也是黄侃的高足。黄侃1914年入北大任教授，主讲"文字孳乳、词章学及中国文学史"等课程。③高足除傅斯年外，还有范文澜（1893—1969）、刘赜（1891—1978）、金毓黻（1888—1961）、曾缄（1892—1968）等，加上本人又是章太炎最得意的弟子，实乃北大颇有势力的一大旧学权威，甚至"不属文科的学徒"，也"震于高名，无不齐趋讲堂"。④傅斯年能放下门派之见，肯定胡适哲学教学的革新意义，在帮助"新人"胡适站稳北大讲台的同时，其实也为自己突破旧学范式、转向现代文化，进而成为教育界的文化革新领袖，找到了一条进路。

顾颉刚、傅斯年等可谓胡适在北大争取到的第一股新势力（还包括另一活跃分子罗家伦）。其实胡适多年后才知道是他们在暗地相助，他们未对他造成什么阻碍，是因为傅、顾等人听完几次课后，便决定离开黄侃的旧范式，转向胡适开辟的新路了。当然，胡适也并非完全没有知觉，相反他很清楚，北大学子旧学功底甚至在他之上，至于文科师资中势力最强的章门弟子，旧学功底更是远超于他。因为很清楚情况，所以胡适执教北大最初的岁

---

① 胡颂平《胡适之先生年谱长编初稿 第1册》，台北：联经出版事业公司，1984年，第296页。
② 罗志田《再造文明之梦——胡适传》，成都：四川人民出版社，1995年，第212页。
③ 司马朝军等《黄侃年谱》，武汉：湖北人民出版社，2005年，第90页。
④ 司马朝军等《黄侃年谱》，武汉：湖北人民出版社，2005年，第119页。

月里，常常加倍用功，以弥补教学及学术方面的诸多明显不足。

教学及学术方面的诸多不足中，除旧学功底外，还包括演讲能力。胡适留学时期已锻炼了演讲能力，但在北大仍不够用，还必须揣摩怎么把新思想与旧学结合得更吸引人，从而让满脑子旧学、想变革却不知如何变的学生听了之后，心悦诚服地跟着他的"新思想"走。在这方面，胡适调整得很成功，时常"引得哄堂大笑"的演讲也因此成为胡适扩大文化影响力不可或缺的基本机制。① 连他自己都不无矫情地说，"我也常常替找我演讲的机构、团体增加许多麻烦；不是打碎玻璃窗，便是挤破桌椅"。②

当然，胡适新入北大以来的刻苦用功主要还是用在增强旧学功底上。留学时期，胡适对《诗》《书》《周礼》及先秦诸子下过不少功夫，试图做出新解：如以西方"乌托邦"理论来解读《管子》《周礼》，以西方"历史观"解读柳宗元；他还不时依靠自家新解，批判梁启超、章太炎等人的墨子研究和语言学研究中有诸多食洋不化的"大谬"。③ 那篇未被导师杜威接受的博士论文则是以西方"逻辑"思想解读先秦诸子。然而这些旧学积累多属读书笔记，英文写的博士论文（*A Study of the Development of Logical Method in Ancient China*），④ 在国内教育界又不能直接派上用场。言外之意，入北大后，胡适得重新调整留学时期的旧学革新路径，而且必须尊重北大学术"场域"中的权威势力与规矩。

权威势力无疑是在留学时批判过的章太炎手里。到 1918 年，有十位章门弟子在北大文科担任教授，他们是：黄侃、钱玄同、朱希祖、沈兼士、马裕藻、周作人、朱宗莱、陈大齐、康宝忠、刘文典。⑤1919 年的北大招生简章还把章太炎的《国故论衡》列为国文考试指定参考书，而且"第一场（国文考试）若不及格，即不录取，毋庸再考第二场"。⑥ 面对"章太炎学派"，

---

① 盛巽昌、朱守芬《学林散叶》，上海：上海人民出版社，1997 年，第 10 页。
② 胡适《胡适讲演》，姚鹏等编，北京：中国广播电视出版社，1992 年，第 156 页。
③ 胡适《胡适留学日记 下》，合肥：安徽教育出版社，1999 年，第 281—282 页，第 250—251 页，第 297—299 页。
④ 毛子水《师友记》，台北：传记文学出版社，1967 年，第 26 页。
⑤ 陈以爱《中国现代学术研究机构的兴起——以北大研究所国学门为中心的探讨》，南昌：江西教育出版社，2002 年，第 48 页。
⑥ 佚名《北京大学招考简章》，《北京大学日刊》1919 年 4 月 24 日，第 3 版。

胡适显然不能批判，否则纵有再好的新式旧学，也顶多只能自我玩味。还好，胡适年轻时更多的是在日记里批判旧学权威缺乏新思想，而在公开场合，胡适则如罗志田所言，"很能发挥他善于对不同的人说不同的话这一特长。"①的确如此，胡适决定用功后，"下功夫最大的，就是当时风靡北大的太炎学说。"②

学生毛子水也知道胡适如何苦读《章氏丛书》："用新式标点符号，拿支笔来圈点一遍，把每句话都讲通了；深恐不合愿意，则询于钱玄同，玄同不懂时，则问太炎先生自己。"③诚心用功，虚心请问，且口碑甚好，显然只有这样，才可以在"章太炎学派"控制的文科"场域"中小心开拓空间。这一点与另一位重要"新人"陈独秀相比，反差实在太大。后者之所以离开，由此似乎也可以理解。

用功虚心研读《章氏丛书》，能与章门达成良好关系，构思、公布自己的旧学革新实践时，胡适同样需要考虑自己拿出的新式旧学能否被"章太炎学派"接受。对胡适有利的是，章太炎本人也是一位奋力重建中国传统学术的学术革新大将，并且其学术革新的核心思想能与胡适掌握的"新思想"达成诸多沟通。具体来说，章太炎打破以经学为中心的旧学体系，力主以考证训诂的实证之学研究历史上的各家各类文化，这也正是胡适欣赏的思想，就看胡适如何把它与自己的新思想联系起来。因此胡适在北大其实拥有非常充分的学术发挥空间，而不至于只给人留下硬攀高枝的"追星族"形象。

曾被陈独秀拉去充当"大名家"的边缘文化革新者吴虞就有点"追星族"的味道。闲居成都一隅时，只要一有章太炎新著，《诸子学略说》《国故论衡》，甚至《国粹学报》，吴虞皆买来"夜读"。《诸子学略说》更是一次买了"十本"，赠给友人分享。④早年狂热追逐章太炎学说，让吴虞到"五四"时期成为了"只手打倒孔家店的老英雄"。为其送去这份荣誉的正是晚辈"新人"

---

① 罗志田《再造文明之梦——胡适传》，成都：四川人民出版社，1995年，第103页。
② 罗志田《再造文明之梦——胡适传》，成都：四川人民出版社，1995年，第213页。
③ 罗志田《再造文明之梦——胡适传》，成都：四川人民出版社，1995年，第213页。
④ 吴虞《吴虞日记》，成都：四川人民出版社，1984年，第175页，第191页，第35页。

胡适,①但这里所关注的乃是章太炎的影响有多大,身在北大的胡适,和远离北大的成都基层学人吴虞,都无法绕过章太炎。只不过,吴虞一通读下来,似乎只是呐喊了几声"打倒孔家店",这对胡适而言显然不够。胡适虚心刻苦读一通章太炎,则是要把这位前辈巨人缔造的学术革新事业引向自己的方向,从而借力成就一番真正现代的文化伟业。

最关键的最初两年(1918 和 1919 年),胡适对外公布的一系列传统学术革新实践,从《中国哲学史大纲》,到《新思潮的意义》,再到《清代汉学家的科学方法》,都有他对章太炎学术的积极承接。柳诒徵、钱穆等北大外围时人均看到了这一点。毛子水甚至觉得,自己的老师仿佛变成了章太炎的学术传人,乃至"唯一的传人"。②诸如此类的议论,或许正是胡适想要的结果。否则他何苦要苦读章太炎的著作,并在自己埋头撰写的一系列新作中认可章太炎的学术开创贡献。这都是为了让自己在章太炎"国故学"主宰的北大文科"场域"中,辟出一条稳妥的旧学再造或文化革新道路:不仅不会与"章太炎学派"发生冲突,反而可以动员其中的力量,转向自己推出的现代文化。

能屈能伸的关键环节在于,胡适需要利用好自己掌握的西学资源,从中挑选一种最合适的现代文化,既可以用它来抬高章太炎缔造的新"国故学",又可以暗中将自己挑选的现代文化立为章太炎之后的"国故学"新范式。如胡适本人事后的一番得意回忆所明,他精心挑选的现代文化正是当时"在国内几乎做到了无上尊严的地位"的一个"名词":"无论懂与不懂的人,无论守旧和维新的人,都不敢公然对他表示轻视或戏侮的态度。那个名词就是'科学'。"③对于现代"科学",胡适也是一知半解,更无实践经验,然而他却琢磨出一套所谓"科学的方法",他即是以"科学的方法"来建构其能屈能伸的"国故学"革新实践。

事实证明,他的选择非常成功。先看 1919 年 2 月一经推出便立即被立为"文科"学术及课程新典范的《中国哲学史大纲》。胡适花了近一年的时间写这部半截子的著作,结果两个月便售罄再版。对"这种出乎意外的欢迎",

---

① 胡适《〈吴虞文录〉序》,见吴虞《吴虞文录》,合肥:黄山书社,2008 年,第 4 页。
② 李振声《作为新文学思想资源的章太炎》,《书屋》2001 年第 7 期,第 36—37 页。
③ 胡适《〈科学与人生观〉序》,《胡适文存二集》,合肥:黄山书社,1996 年,第 140 页。

胡适表示"不曾梦想到",很惊讶,也很"欢喜感谢",为"一部哲学的书,在这个时代,居然能于两个月内再版"。远在武汉做中学教师的恽代英都读过,还曾在日记里记下:"不堪蚊扰,起阅《中国哲学史》,颇服适之先生巨眼过人"。① 再版时,胡适列了几位要感谢的人,其中"对于近人",他"最感谢章太炎"。②

章太炎看后,回复胡适说"很有见解。但诸子学术,本不容易了解,总要看他宗旨所在,才得不错。如但看一句、两句好处,这都是断章取义的行为,……仍忘十尺竿头再进一步。"③ 到底是造诣更高之人,一眼便看穿胡适的能力不在把握"宗旨"上,而在于以"断章取义"的方式表达自己的思想。然而当时读者尤其是傅斯年、顾颉刚以及恽代英等年轻人迫切需要的恰恰是"断章取义"的方式。如余英时所言,傅斯年、顾颉刚等之所以听了几堂课后,认为胡适的路是"对的",就因为这些学生领袖"虽有丰富的旧学知识,却苦于找不到一个系统可以把这些(旧学)知识贯穿起来,以表现其现代的意义。"④

据此或许还可以说,章太炎虽有革新精神,但终归不够现代,其突破经学藩篱,扩大考据视野,以及重建精湛的考证功夫,其实仍是为了还原孔子及孔子以外各家的"宗旨"或"旧义",而这些"宗旨"或"旧义"对新起一代已失去吸引力,新起一代需要的是以新文化、新思想来重新建构"宗旨",表达自己的"新义",所以胡适的哲学史会更受欢迎。但胡适的确需要感谢章太炎,其中既有对前辈开拓者的由衷敬意,也有对自身所处"场域"的清醒认识。即使章太炎不接受,胡适仍得表示自己是在章太炎的引领下,才得以推出自己的第一部专著。

况且章太炎也发了话,"很有见解"。虽可能仅是客气之语,但也有利于胡适在北大乃至教育界拓展革新空间。当然,即便章太炎此时不愿客气对待,也难以阻止胡适的步伐,因为胡适入职北大以来的用功已争取到足够的势力支持,其中最有影响的还不是傅斯年等1890一代学生,也不是陈独秀或

---

① 恽代英《恽代英日记》,北京:中共中央党校出版社,1981年,第555页。
② 胡适《中国哲学史大纲》,上海:上海古籍出版社,1999年,第1页。
③ 章太炎《与胡适》,《章太炎书信集》,石家庄:河北人民出版社,2003年,第665页。
④ 罗志田《再造文明见章太炎之梦——胡适传》,成都:四川人民出版社,1995年,第215页。

章太炎弟子钱玄同等,而是北大校长蔡元培。蔡元培"细细读了一遍",并为《中国哲学史大纲》作序,蔡元培先是提出,要写一部系统的哲学史,中国"古人的著作没有可依傍的,不能不依傍西洋人的哲学史",因此非得像胡适这样的,既"研究过西洋哲学史",又出自"世传'汉学'"之家,才能做好中国哲学史。①

实际上,胡适留学时只是博览过不少西方哲学文艺政治书籍,并未专门"研究过西洋哲学史",更谈不上有造诣,所以连西洋哲学史的课也开不出来。至于说胡适出自"世传'汉学'"之家,同样十分勉强。以蔡元培的中西新旧文化功底,不可能不知道胡适有几两根基。但他也确实欣赏胡适的"心灵手巧",很会写新文章,来北大任教哲学才一年(蔡先生作序是在1918年8月3日),便拿出一部有几处"特长"的专著,包括:"证明的方法"(考察哲学家的生存时代、思想来源、辨其真伪);"扼要的手段"(将文献记载不可靠的远古年代砍掉,直接从文献中比较可靠的春秋时代及老子、孔子讲起,同时不是讲中国哲学发展史,而是讲老子以来中国哲学家的思想方式演变);"平等的眼光"(——解释老子以来各诸子思想的优缺点,不偏信任何一家);"系统的方法"(建立了一个清晰的框架,揭示各家思想的演变脉络)。②

就是因为觉得有这几点"特长",认为能"为后来的学者开无数法门",蔡元培把胡适推了出来。但或许也因为只想把胡适推出来,所以蔡元培还没有说出关键之处。因为从思想层面看,蔡元培提到的几点"特长",在章太炎的新"国故学"中大都提过。胡适对此也很清楚,并因此必须感谢章太炎。而胡适的聪明及过人之处在于,他为年轻人提供了一条比章太炎的"国故学"更为清楚易行的学术革新路径,即先按自己的思考界定什么是哲学和哲学史,然后通过辨别考证史料,"科学"地验证自己的思考与界定(简称"大胆的假设,小心的求证")。这样一来,新起一代就可以悬置、打破古人的"宗旨"或"旧义"束缚,使哲学史研究与写作变成能够自由表达"新思想"的现代学术实践。

---

① 蔡元培《序》,见胡适《中国哲学史大纲》,上海:上海古籍出版社,1999年,第1页。
② 蔡元培《序》,见胡适《中国哲学史大纲》,上海:上海古籍出版社,1999年,第2页。

即如当时学生毛子水所言，胡适"从美回国后，即努力著述以启发国内的学子，他用他清楚明晰的文词……使有志做学问的青年各知道用自己的独立思想以从事于研究。……胡先生对于我国学术思想界这件功劳，似乎是前无古人的。"① 这里虽有些刻意抬高老师的历史影响，但也提示了胡适对于年轻一代的吸引力来自于：他不仅以"科学"的名义与方法，将章太炎的"国故学"升级为一种现代意义的学术文化实践，而且使这种"科学"的现代学术文化实践跳出传统教义的束缚，转向表达新起一代认可的"新思想"。像顾颉刚，便因为胡适把"他想说而不知道怎么说才好"的思想给说出来了，从而"非常佩服"胡适。②

有上述聪明及过人之处：入职以来一直在为渴望现代文化的新一代文科学子小心树立"科学"的"文艺复兴"实践典范，又有学术教育界最高权威蔡元培的大力推举，胡适注定可以从章太炎学派主导的学术"场域"中冒出来，成为新起一代尤其是傅斯年、毛子水、顾颉刚等北大"文艺复兴"一代钦佩的现代文化引路人。熟悉胡适学术进展的傅斯年更是在《中国哲学史大纲》推出前（1918年12月），便对胡适说："杂志（《新潮》）社里的同人，一半是从先生受教的"，还把太师母的相片拿去放大，以安慰母亲刚去世的老师。③ 不过，就在人气日益高涨之际，北大学生发起了"五四运动"，傅斯年、罗家伦等正是运动领袖，不在北京的顾颉刚也不断写信，要傅斯年"将风潮扩大"。④

突发的变故令胡适倍受挫折，他称之为"一场不幸的政治干扰"，原定的"文艺复兴"计划与思想革新事业几乎被激烈的学生政治干预打断了。⑤ 然而同样令胡适没想到的是，一个多月后，傅斯年等"文艺复兴"一代的政治干预激情便冷却了，⑥ 并有了本章开头提到的傅斯年与《新潮》同学的三大

---

① 毛子水《师友记》，台北：传记文学出版社，1967年，第56页。
② 顾颉刚《走在历史的道路上——顾颉刚自述》，南京：江苏教育出版社，2005年，第40页。
③ 傅斯年《致胡适》，见欧阳哲生《傅斯年全集 第7卷》，长沙：湖南教育出版社，2003年，第3页。
④ 顾潮《历劫终教志不灰——我的父亲顾颉刚》，上海：华东师范大学出版社，1997年，第55页。
⑤ 胡适、唐德刚《胡适口述自传》，上海：华东师范大学出版社，第183—202页。
⑥ 顾潮《历劫终教志不灰——我的父亲顾颉刚》，上海：华东师范大学出版社，1997年，第56—57页。

学术约定。① 胡适适时于 1919 年底分别在《新青年》《北京大学月刊》发文。第一篇是《新思潮的意义》，提出"新思潮的根本意义只是一种新态度。……评判的态度"，也即尼采所言"重新估定一切价值"，但要落实这种态度，靠的是"输入学理"和"研究问题"。②

措辞很贴合当时学生无处宣泄的激愤与反叛心情，意在把学生的激愤与反叛引向"科学"的学术文化革新之路。为调动学生，胡适还把批判矛头指向了早已被"章太炎学派"逼出北大的林纾，说像"林琴南先生"这样的"许多人"，"自己不懂得国粹是什么东西，却偏要高谈'保存国粹'，……这种人如何配谈国粹？"之后，胡适话锋一转，提出"若要知道什么是国粹，什么是国渣，先须要用评判的态度，科学的精神，去做一番整理国故的工夫。"③

另一篇及时的重要文章名为《清代汉学家的科学方法》，其中胡适竟提出清代考据学具有"科学的精神"这一闻所未闻的看法。为此，他特意以"音韵"研究为例，勾勒了从顾炎武到章太炎的学术演变谱系，称之为"有系统有价值的科学"。再如清代"校勘"学，也是先提出"假设"，然后到处寻找"证据"来验证"假设"。这亦是"大胆假设"的文章，经不起过多学术史的推敲，但却具有重要的"场域"现实意义。到 1919 年底，北大新进的"理科"教授也早已开始宣传"科学的方法"，和胡适一样被蔡元培寄予厚望的王星拱在这方面便表现得十分惹眼，北大"新潮丛书"第一本便是他的《科学方法论》。④ 此外，丁文江也在向蔡元培推荐李四光，⑤ 还有几位新人也将到来。

欧美归国"理科"教授是即将在北大及教育界崛起的新势力，在"章太炎学派"和胡适之间，他们会选择年龄、文化背景相似的胡适。在此权势很快又要转移的背景下，胡适仍十分看重章太炎，还按旧学所好，把他尊为与旧学开山祖师顾炎武同属一个级别的大师，这无疑能感染人心，效果也确实显著。如陈以爱所见，胡适此番言论"着实大大抬高了国故研究的地位"，

---

① 傅斯年《新潮之回顾与前瞻》，《新潮》第 2 卷第 1 号，1919 年，第 205 页。
② 胡适《新思潮的意义》，《胡适文存》，合肥：黄山书社，1996 年，第 528—529 页。
③ 胡适《新思潮的意义》，《胡适文存》，合肥：黄山书社，1996 年，第 533 页。
④ 王星拱《科学方法论》，北京大学，1920 年，第 1 页。
⑤ （美）费侠莉著，丁子霖、蒋毅坚、杨昭译《丁文江：科学与中国新文化》，北京：新星出版社，2006 年，第 42—43 页。

而"最高兴的莫过于那些以国故为业的学者,尤其是胡适文科中的大部分同事。……因为处在那个'科学'地位至上的新文化运动高潮中,以研究国故为业的学者多少都感到一种压力;此时胡适的文章适时出现,也舒缓了他们所承受的外在压力。"①

行将被淘汰的"国故"学竟被胡适拉入了正在兴起的现代"科学"殿堂,等于承认"章太炎学派"完全可以在新的学术浪潮中获得延续与新生。难怪1923年起,北大又迅速兴起一场"整理国故"运动,后文将涉及这一运动。这里要说的是,到发表这两篇文章时,胡适从初登北大哲学课堂开始的一番学术革新与课程改革实践便暂告一段落了。很明显,胡适两年来小心谨慎的用功很有成就:建构并推出了现代色彩的"国故学"研究与教学范式,将章太炎依旧古典的新"国故学",升级为一种"科学"的现代学术实践,新一代因此可以通过它表达自己认可的"新思想"。

尤令人感慨的是,这一"哲学"学术与课程革新成就还是在派系势力林立的北大"场域"中取得的。新来乍到才二十几岁的胡适居然能把其中各路力量,从校长蔡元培,到钱玄同、朱希祖等章太炎弟子,再到傅斯年、顾颉刚等同辈学生领袖,都引到他挑选的"科学"方向,使他们的学术实践转向传播"科学"思想文化。当然也有不买账的,黄侃便从1918年起开始骂胡适,②课堂上骂,宴席上也骂;③再如,鲁迅在公开场合虽不置可否,但内心其实也不看好胡适所谓"科学"的新考据学便是建构中国现代文化的上佳方式。鲁迅情愿另辟文艺道路,其在"中国现代文学"建构方面的理论与作品贡献,也令胡适望尘莫及。

鲁迅这位现代文化巨匠的文学革新实践及其对现代中国教育的文化影响,均需另外考察,这里仍得继续分析胡适为推动"中国教育的现代文化转向"还做了什么事情。它便是蔡元培常向外界提起但未展开的"文学革命"。执教北大,胡适在文学方面也有课程制度压力,除哲学课程外,他还得承担文学课程。加上胡适留学时便试图建立新的文学范式(并因此获得陈独秀的

---

① 陈以爱《中国现代学术研究机构的兴起——以北大研究所国学门为中心的探讨》,南昌:江西教育出版社,2002年,第51页。
② 司马朝军等《黄侃年谱》,武汉:湖北人民出版社,2005年,第119页。
③ 盛巽昌、朱守芬《学林散叶》,上海:上海人民出版社,1997年,第13页。

欣赏）。来北大后，又得到钱玄同的支持。到 1918 年，刘半农、沈尹默、李大钊、陶孟和、高一涵、周作人与周树人也陆续加入，①形成阵势颇为强大的"文学革命"团队。

其实，陈独秀十几年前（1904 年）在安徽从事教育、社会、文化及政治改革时，就已涉足胡适来北大后在"文学革命"方面想做的事——发展并推广"白话文"。当时，陈独秀非常关注中国没有"国语"，以至在语言文化层面算不上一个"国度"，"十八省的人，十八样的话。一省里各府州县的说（话），又是各不相同"。由此他认为，最要紧的课程改革是在"小学堂"推行"国语"："把古今事体，和些人情物理，用本国通用的俗话，编成课本，给他们读"。②

陈独秀还"劝徽宁二府的人，要是新开学堂，总要加国语教育一科。即使做不到外国那样完全的国语读本，也要请一位懂得官话的先生，每天教一点钟的官话。……免得官话一句不懂，日后走到外省外府，就像到了外国一般。"③然而提完"国语教育"方案，陈独秀便转向"说国家"、"谈亡国"（揭露清末"亡国迹象"）、"论戏曲"（"戏馆子是众人的大学堂"，必须加以"改良)、解释"王阳明先生训蒙大意"等等政治、社会与文化改革议题了。④之后，他又奔赴上海向"青年"传播新思想、新道德。可见，陈独秀确如论者所言，一腔政治热情与抱负几无人及，但即使快到"不惑之年"，也仍缺一明确稳定的行事计划，⑤在那么多领域来往奔波，仿佛都只是在为人开路。

等到跻身北大文科学长，和胡适共事时，虽突然又回到了文字改革议题，但其内容却不是当年提出的发展"通俗"的"国语教育"，而是决定"甘冒全国学究之敌，高张'文学革命军'大旗"，自己承担"破坏性"的、也最容易触犯众怒的事——把"桐城派"揪出列为首要"革命"对象，由此推

---

① 周作人《周作人回忆录》，长沙：湖南人民出版社，1982 年，第 338 页；沈尹默《我与北大》，参见陈平原等编《北大旧事》，北京：北京大学出版社，2009 年，第 137 页。
② 陈独秀《国语教育》，见陈独秀著、任建树等编《陈独秀著作选 第 1 卷》，上海：上海人民出版社，1993 年，第 53 页。
③ 陈独秀《国语教育》，见陈独秀著、任建树等编《陈独秀著作选 第 1 卷》，上海：上海人民出版社，1993 年，第 54 页。
④ 见陈独秀著、任建树等编《陈独秀著作选 第 1 卷》，上海：上海人民出版社，1993 年，第 55—90 页。
⑤ 庄森《陈独秀和〈青年杂志〉》，《文艺理论研究》2004 年第 6 期，第 2—16 页。

倒"贵族文学、古典文学、山林文学",①而把"建设"性的发展"白话文学"留给胡适做。得到陈独秀"声援"的胡适也适时于 1918 年 4 月对外公布了"建设的文学革命"计划,其理论要点由十个字构成——"国语的文学,文学的国语",②其实践路线则正是从"极力提倡白话文学"开始,藉此"先造成一些有价值的国语文学,养成一种信仰新文学的国民心理,然后可望改革的普及。"③

至于如何造成"白话文学",胡适首先考虑的是由北大"文科"教授来做研究,做创作"尝试"。但同时他也考虑了如何在中小学造成"白话文学",如其所言,"若必须从学校教育一方面着想",也"应该从低级学校做起","一律用国语编撰中小学校的教科书"。对于"国语"或"白话"教科书从哪里获得,胡适的设想也很清楚。他说:

以为小学教材,应该多取小说中的材料。读一千篇古文,不如看一部《三国志演义》。这是我们自己身受的经验。只可惜现在好小说太少了,不够教材的选择。……现在新文学既不会发达,国语教科书又不会成立,急救的方法,只有鼓励中小学校的学生看小说。④

现状确如胡适所言,"新文学"、好的"白话"小说以及"国语教科书"统统都还没有形成。至于"读一千篇古文,不如看一部《三国志演义》",则又是年轻一代喜欢听的"大胆假设",经不起多少推敲。不过,正是这句话,透露出胡适将研究历史上的他所认为好的"白话"小说,并由此学术实践来探寻、建构"白话(国语)文学"。言外之意,胡适的"文学"重建与课程改革实践其实同样是以他所谓"科学"的"国故"研究作为基础,同样是为了树立其"科学"的"国故学"新范式。也只有这样,他才可能取得让"章太炎学派"、北大学生领袖以及蔡元培校长认可的现代文化成绩,也才有益于他的"文艺复兴"或思想文化重建大业。

---

① 陈独秀《文学革命论》,见陈独秀著、任建树等编《陈独秀著作选　第 1 卷》,上海:上海人民出版社,1993 年,第 260 页,第 262 页。
② 胡适《建设的文学革命论》,《胡适文存》,合肥:黄山书社,1996 年,第 41 页。
③ 胡颂平《胡适之先生年谱长编初稿　第 1 册》,台北:联经出版事业公司,1984 年,第 315 页。
④ 胡颂平《胡适之先生年谱长编初稿　第 1 册》,台北:联经出版事业公司,1984 年,第 315 页。

顺便说一下,"学校教育"体系之所以到"五四"时期也没有制定统一的"国语"和颁布"国语教科书",乃是因为没有强力机制来处理这一棘手的课程改革事宜。1895年起,民间便有"维新"志士试图统一语言文字。[①]1898年,裘廷梁更是在家乡创办了《无锡白话报》。[②]1901年,"平民"林白水也在家乡办了一份《杭州白话报》,其中是用"一般老百姓的语言,而不是一般士大夫阶级的咬文嚼字或八股文的文章","把国内外发生的大事小事报告给一般老百姓"。[③]

同时,清末朝廷也采取了不少"国语"建构措施,不过总因为"政权"本身已不得人心而无法产生效力。到民国成立,此事还得重来。1913年2月,教育部召开由吴稚晖主持的"读音统一会",才算是有了覆盖全国的强力机制。会上,吴稚晖突出"浊音",说德语多"浊音",所以德国强大,中国不强,就因"官话"缺"浊音"。他还高唱了一段"弋阳戏",证明"浊音"雄壮。不熟悉南音的北方代表王照听下来,竟误以为吴企图把苏州话列为"国音"。加上他本就不满代表以江浙人居多,因此奋力反对。[④]

然后,汪荣宝、朱希祖等江浙代表又反对王,认为如果去掉"浊音"和"入声",等于把"一切书籍读法诗词歌曲等韵皆一扫而空"。[⑤]秩序由此大乱,王照与带头反对他的汪荣宝互骂"王八蛋",几至拳脚相加。[⑥]王照还与会议主席吴稚晖干架,旁观的鲁迅看到吴"战得"连"棉裤也落了下来"。不过,三个多月猛烈争吵下来,最后倒也"制成了一种东西,叫做'注音字母'"。[⑦]然而,会议开完时,正好碰上教育总长、次长都换人,"国音"统一方案随之也被"搁在文书科的柜子里,任其鼠咬虫伤,没人过问"。[⑧]

三个月的会议像是白开了,不过其对教育界的冲击仍很显著。最值得一提的便是北大"文科"势力格局受其影响而开始发生转变。因为最后投票通

---

① 王尔敏《近代文化生态及其变迁》,南昌:百花洲文艺出版社,2002年,第291—338页。
② 程勉中《敢为天下先的〈无锡白话报〉》,《档案与建设》1998年第2期,第44页。
③ 孙先伟《林白水的报人生涯》,《民国春秋》1998年第2期,第45—46页。
④ 王照《小航文存卷一》,《近代中国史料丛刊》第27辑(265),台北:文海出版社,1968年,第117—122页。
⑤ 朱希祖《癸丑日记》,见李德龙等主编《历代日记丛抄》,北京:学苑出版社,2006年,第295页。
⑥ 黎锦晖《国语运动史纲 卷1》,上海:商务印书馆,1934年,第60页。
⑦ 鲁迅《门外文谈》,《且介亭杂文》,北京:人民文学出版社,1973年,第78页。
⑧ 黎锦晖《国语运动史纲 卷1》,上海:商务印书馆,1934年,第62页。

过的"注音字母"是由朱希祖提议的（其实是章太炎的意思），除朱希祖外，还有三位参会代表也是章太炎弟子，他们是马裕藻、许寿裳、胡仰曾。① 会议结束后，爆得大名的朱希祖便被北大时任校长的何燏时聘为教授，"章太炎学派"即由此进驻北大。另一方面，受挫也让教育界的"国语"提倡者更不甘心。等了近四年后，一股更强大的新势力开始出现，而且又与蔡元培回国执掌北大有关。

发展、普及现代文化不能没有"国语"，眼见教育部迟迟没有动作，1916年10月，蔡元培、张一麐、吴稚晖、黎锦熙等文教名流决定自行成立"中华民国国语研究会"，要在教育界落实"言文一致"、"国语统一"。② 1917年2月，国语研究会正式成立，蔡元培被推为会长，行动目标也被具体化为在教育界发起一场课程改革运动，把"国民学校之教科书，必改用白话文体"。③ 正是由于国语研究会的强力推动，1918年11月，五年前那份"国音"（"注音字母"）决议终于被教育部对外颁布。1919年教育部又成立了"国语统一筹备会"，具体负责的部中司长、科长等全是国语研究会会员。④ 言外之意，"国音"拟定之后，学校使用什么样的语言文字，将由国语研究会说了算。

胡适在"国语运动"中的巨大课程改革空间随之也出来了。缺乏音韵学造诣的他也实在幸运，在公布以"白话"为载体的"建设的文学革命"计划时，他正赶上国语研究会推动教育部在学校实施"白话"教学。只要他愿意，便可以成为民国以来中小学领域首次全国性的课程改革运动的重要领袖。这次又有蔡元培大力为胡适引荐，同时，北大的"文学革命"同人也都支持他：且不说陈独秀、钱玄同等为胡适开路，甚至对其"科学"的考据方法不置可否的鲁迅、周作人两兄弟也支持胡适的"白话文"转向。赶上了的胡适也因此不得不介入国语研究会和教育部于1919年在全国启动的"国语"课程改革运动，并使该运动朝他提出的"白话"方向转去。

仅从"文字"的角度看，胡适的介入十分成功。到1923年，"白话"即

---

① 黎锦晖《国语运动史纲 卷1》，上海：商务印书馆，1934年，第50页。
② 高平叔《蔡元培年谱长编 第1卷》，北京：人民教育出版社，1999年，第617页。
③ 高平叔《蔡元培年谱长编 第2卷》，北京：人民教育出版社，1999年，第617页。
④ 详见黎锦晖《国语运动史纲 卷2》，上海：商务印书馆，1935年。

"国语"已占领整个中小学教育体系，连高中国文科都用了。他的文章也早在1920年便被选入教材，与蔡元培、梁启超等并列为中国现代文化名人（比鲁迅还早三年进入教材）。商务印书馆也跟着他，重新垄断教科书市场。①陈独秀、钱玄同两人的策应也没白费。为了造势转移注意，他们不仅把无辜的林纾拉来作为"文学革命"的批斗对象，还提出"废止汉字"的极端主张，其效果之大如鲁迅所言，那些反对"白话"的人听了，觉得"大不得了了，于是便放过了比较的平和的文学革命，而竭力来骂钱玄同。白话乘了这一个机会，居然减去了许多敌人，反而没有阻碍，能够流行了。"②

钱、陈二人的确勇猛，不过从康有为起，制造骇人听闻的言论便是本土激进改革者的惯用策略。胡适在演讲中也常使用它，但在"文学革命"上，胡适主张先从"白话"开始慢慢"建设"，而钱、陈也愿意支持他慢慢"建设"。然而"五四"以来的文化变革速度也是快如清末以来的政治变革，胡适又一次没想到，到1920年，白话文便取代古文，成为法定教学语言。连《东方杂志》《小说月报》等"大杂志"也从这年开始"渐渐的白话了"。③总之，胡适看起来像是很成功地把"国语"课程改革运动引向了白话文，其名气也增大到连被幽禁的末代皇帝溥仪也想见见"胡博士"的样子，并派太监接他"进宫"。④

然而如果从"文学"的角度看，胡适远谈不上成功领导了"国语"课程改革运动。因为对胡适而言，采用"白话"只是文字形式上的改革，要使教学内容也转向"白话文学"，才真正算得上成功，胡适也因此对教育部"标准化"的"国语"后续推进措施感到不满。蔡元培牵头安排国语研究会及教育部代表找胡适商讨如何深化"国语"课程改革，也许因为觉得自身影响力已足够叫板，胡适不仅当面否定教育部的做法，还措辞严厉地要教育部放弃"标准化"的"国语"建构思路，转向"文学"的"国语"建构思路：

标准国语不是靠国音字母或国音字典定出来的。凡标准国语必须是"文

---

① 见李小平等《"国语运动"与"白话文运动"的疏离与结合》，《福建论坛》（人文社会科学版）2013年第3期，第114—119页。
② 鲁迅《无声的中国》，《三闲集》，北京：人民文学出版社，1973年，第8页。
③ 胡适《五十年来之中国文学》，《胡适文存二集》，合肥：黄山书社，1996年，第237页。
④ 胡适《胡适日记全编 第3册》，合肥：安徽教育出版社，2001年，第679页。

学的国语"，就是那有文学价值的国语。国语的标准是伟大的文学家定出来的，决不是教育部的公告定得出来的。①

倘若胡适如鲍曼一般（Z. Bauman）擅长"知识社会学"，或许就会冷静理解类似教育部这样的程序化的"现代官僚机构"，②在处理全国教育事宜时，其实只能采取"标准化"的"国语"推进行动，而不可能（同时也不能）变成胡适式的"文学"个体，更不要说变成"伟大的文学家"。然而胡适就是想把"国语"教学引向"文学的国语"，引向"有文学价值的国语"。

那这两套话语冲突背后有何意思呢？其实，其中真意早就被几年来一直在旁策应的钱玄同以非常直接的口吻对外表达过了。如其所言：

> 试问"标准国语"，请谁来定？难道我们便没有这个责任吗？难道应该让那些专讲"干脆"、"反正"、"干么"、"您好"、"取灯儿"、"钱串子"，称不要为 pie，称不用为 pong 的人……专用北京土话做国语吗？想来一定不是的。既然不是，则这个"国语标准"，一定是要由我们提倡白话的人实地研究、"尝试"，才能制定。③

因此这里有一场课程改革及文化领导权的较量。钱玄同希望由北大"文学革命"家决定"国语"。只是他忽视了自己做不出"有价值的白话文学"，否则他何须几次催促长年"沉默"的鲁迅出来救场。④胡适同样做不出来。尽管他从 1916 年起，便开始"尝试"写"新诗"："两个黄蝴蝶，双双飞上天。不知为什么，一个忽飞还。"⑤并在 1920 年 3 月"新旧文学争论最激烈的时候"，⑥出版了一本示范意义的"新诗"集《尝试集》。胡适的"新诗"创作能力在"五四"以来的新文学界或许远谈不上一流，刚开始"尝试"时，其

---

① 胡适《导言》，见《中国新文学大系 建设理论集 影印本》，上海：上海文艺出版社，1981年，第22页。
② Bauman, Z. *Modernity and the Holocaust*, Cambridge: Polity Press, 2007.
③ 钱玄同《〈新青年〉改用左行横式的提议》，《钱玄同文集 第 1 卷》，北京：中国人民大学出版社，1999 年，第 40 页。
④ 鲁迅《自序》，《呐喊》，北京：人民文学出版社，1973 年，第 5—6 页。
⑤ 胡适《蝴蝶》，《尝试集》，北京：人民文学出版社，2000 年，第 9 页。
⑥ 胡适《四版自序》，《尝试集》，北京：人民文学出版社，2000 年，第 3 页。

"新诗"更是曾被南社名家柳亚子视为"非驴非马"的"笑话",[①]但即使水平再坏,也不能否认胡适一番努力"尝试"的历史意义在于推动年轻一代学子转向"新文学"。

就推动"新文学"转向而言,胡适又是十分成功的。一年内,他的"新诗"集《尝试集》便再版了四次。甚至当初"笑话"他的柳亚子都转而拥护胡适开辟的"新诗"道路。[②]北大《新潮》社成员、毕业后远在浙江基层学校教书的朱自清也受其影响,发起创办了第一份《诗刊》。[③]在1920年以来教育界广泛兴起的"新文学运动"与"新文学"课程改革中,胡适都堪称是精神领袖。但即使影响再大,也改变不了这一点事实:在推动教育界转向"白话文学"方面,胡适本人所擅长的依然是那套哲学领域的起家功夫,即"科学"的新"国故学"。他真正得心应手的仍是以"科学的方法"来考证历史上的"白话文学",希望以此可以为"有价值的(白话)文学"确立典范。

留校任胡适助手的顾颉刚也许是最清楚这一点的外人,出完《中国哲学史大纲》,胡适即从《水浒传》开始,用功考察他所看中的"白话文学"遗产。顾颉刚也跟着学会了这套功夫,并去考察历史上的著名"民间传说"(如"孟姜女故事")如何被不同历史时期的"作者"加工成后来广为人知的样子,还提出了让其在"史学上称王"的"古史层累说(理论)"。[④]到1921年,胡适又完成了《红楼梦考证》《章时斋年谱》等,皆令顾颉刚"敬佩"。前者把"从前各家附会之说一扫而清",[⑤]后者则文人其人,是在勉励自己要像前辈那样,坚定从事考证之学。"读之敬佩"的顾颉刚也因此确立了自己的"辨伪"主义的"新史学"事业,埋头考证典籍,颠覆其中的"各家附会之说"。

从1917年到1922年,任教北大短短五年,胡适便成了教育界的新一代文化革新领袖,并先后在哲学、文学等领域切实掀起了影响巨大的学术文化革新与课程改革运动,许多年轻学子因此走上现代"哲学"和现代"文学"

[①] 杨天石《哲人与文士》,北京:中国人民大学出版社,2007年,第409页。
[②] 杨天石《哲人与文士》,北京:中国人民大学出版社,2007年,第413页。
[③] 陈孝全《朱自清传》,北京:十月文艺出版社,1991年,第52—53页。
[④] 顾潮《历劫终教志不灰——我的父亲顾颉刚》,上海:华东师范大学出版社,1997年,第85页;李锐《疑古与重建的纠葛——从顾颉刚、傅斯年等对三代以前古史的态度看上古史重建》,《清华大学学报(哲学社会科学版)》2009年第1期,第96页。
[⑤] 顾颉刚《顾颉刚日记 第1卷》,台北:联经出版事业股份有限公司,2007年,第110页。

创造之路。胡适就差让整个中小学的"国语"课程与教学体系变成其理想中的"白文文学"的生产与传播机制。那么,他在文学领域的文化再造与课程改革实践究竟给中国教育带来了什么现代文化呢?仍是"科学的方法"。和哲学领域的情况一样,他也是把"科学的方法"引入了文学史研究,并试图让"国语"课程改革运动以"科学"的"白话文学史"考证作为基础,而不是只按教育部开几次会裁定的"标准国语"操作。

可以说,无论胡适两路文化重建与课程改革努力有多辉煌,也不管有多少遗憾(尤其远没有实现再造"思想文化"这一"文艺复兴"总理想),其实都源于他当初选择了"科学的方法"。即如胡适本人在纪念《中国哲学史大纲》出版四十周年时所言:"我的成绩也许没有做到我的期望,但这个治思想史的方法是在今天还值得学人的考虑"。[1] 而在总结一生的学术文化革新实践时,胡适更是直言,他的"治中国思想和中国历史的各种著作,都是围绕着'方法'这一观念打转的"。[2] 当然,这些都是后见之明。在1922年那会儿,当此前五年的努力都一一尘埃落定,而必须酝酿新的学术事业时,胡适又打算在教育界发起一场"整理国故"运动,其中依然是"科学的方法"在发挥支撑作用。

当时政局动荡,战事纷起,教育经费与教师薪水也被挪用,做了那么多事却丝毫改变不了时局的胡适可谓疲惫不堪,甚至变得"悲观"起来,并把这种悲观情绪带入了即将展开的"整理国故"运动。今人因此可以看到胡适的另一面,或者说,他给教育界带来的不只有坚定自信的"科学的方法",或许还有一种王国维式的无以安顿的情感,它同样可以左右胡适的文化革新实践,进而又会影响教育界跟在其后面的年轻一代——他们也得想办法以学术文化的方式,去安顿这种无论多么坚信"科学"都无法回避的情感问题。

1922年底转向"整理国故"时,胡适的这种情感对外是这样表达的:"近年来,古学的大师渐渐死完了,新起的学者还不曾有什么大成绩表现出来。……古学界表面上的寂寞,遂使许多人发生无限的悲观。"但胡适说完悲

---

[1] 胡适《〈中国古代哲学史〉台北版自记》,《中国古代哲学史》,合肥:安徽教育出版社,2006年,第8页。
[2] 胡适《胡适口述自传》,合肥:安徽教育出版社,1999年,第108页。

观,便又转向"乐观","深信,国学的将来,定能远胜国学的过去。"① 由于是代表沈兼士、朱希祖、钱玄同、马裕藻等北大十位"国学"同人表达意思,胡适不能"自由说话",因此外人不可随意理解其中"颇费商量"才做出的表达。②

不过,当胡适告别过去五年亟待开展新事业时,"乐观"也的确是其真实的情感状态,只是并未用在拯救"古学"命脉上,而是转向了回国时信誓旦旦绝不涉足的政事领域,试图动员朋友进入政界,创建一个有利于文化教育进步的"好人政府"。至于"悲观",同样是一种真实的心意,并且还不仅仅只为"古学的寂寞",而是此前提到的王国维式的情感无以安顿,即那种形而上的对整个人生的残缺感到伤感。

如果仅是伤感"古学",以胡适的影响力,大可以与沈兼士争一番,而不是将国学门研究所拱手让给他主持,甘愿"在国学门逐渐被视为圈外人"。③ 问题就在于胡适将如何安顿超"古学"的人生伤感。对此问题,不妨先来看章太炎 1918 年提出的著名论断,他说"六七年来,所见国中人物,皆暴起一时,小成即堕","一国人物,未有可保五年之人"。④ 章太炎说的"暴起"与"小成",胡适皆能算得上,而小成后"未可保五年",竟也被说中,而且对于让其"爆得大名"的一大摊学术文化革新事业,胡适连"一年"都未保便丢下了。

参照罗志田所述及时人记载,可以发现,为"古学"郑重表完伤感之情及一堆言难由衷的"国学"重建措施后,才几个月的功夫,胡适便让沈兼士去领导"整理国故",自己则离开北大,来到了杭州。五年来一直被用功和忙碌拟住的情感终于得以释放,不仅有方家所谓"恋爱"行动,还频为恋人写"情诗","几度半山回首望,天那角,一孤星",远比最初为"尝试"而写的"两个黄蝴蝶,双双飞上天"动人,且有古典美感。胡适因此变得"活

---

① 胡适《〈国学季刊〉发刊宣言》,《胡适文存二集》,合肥:黄山书社,1996 年,第 1 页。
② 胡适《胡适日记全编 3　1919—1922》,合肥:安徽教育出版社,2001 年,第 882 页。
③ 陈以爱《中国现代学术研究机构的兴起——以北大研究所国学门为中心的探讨》,南昌:江西教育出版社,2002 年,第 82 页。
④ 章太炎《对重庆学界演说》,转引自罗志田《再造文明之梦——胡适传》,成都:四川人民出版社,1995 年,第 199 页。

活泼泼",少有的知情者徐志摩更说其"转老还童"了。①

徐志摩似乎正是从1923年起,取代了此前各路人,成为胡适的贴心"相好"与知己。徐志摩还让沈从文走入了胡适的世界,早已有傅斯年、顾颉刚等得意学术弟子的胡适因此有了一位非凡文学弟子。沈相信他"实在比某些时下所谓作家高一筹"。胡适也相信沈是文学天才,并千方百计帮他,"使他有发展的机会"。②对于徐志摩,胡适也视如己出。在各处忙碌为徐志摩办的好事,令徐志摩"快活"到"恨不得亲"胡适"一口"。③看胡适来往书信,朋友遍布学界、教育界、出版界和政界,他要帮无数"朋友"做事,但似乎都不及徐志摩、沈从文让他操心。

只可惜胡适让其北上时,诗人突然无疾而终,不然可继写许多"新诗"和"新文学"。沈从文则不负胡适罕见的天才重望,写出了可以拿诺贝尔文学奖的现代文学经典《边城》,令胡适发起的"新文学运动"生产出世界一流水平的现代白话文学巨作。说到这里,是否可以提出,难道相比于"整理国故"及"科学的方法",胡适本人和徐志摩的行动及诗歌创作,以及沈从文的白话小说创作,甚至还有本书未提到的另一位才华横溢的学生徐芳的"中国新诗史"研究,④才是胡适更看重的现代文化实践。

是否还可以进一步认为,胡适开启的"建设的文学革命"运动在为教育界树立"科学"文学史学术与课程范式的同时,之所以还能为现代"白话文学"创作的兴起提供一股动力,或许也得益于胡适1923年突然爆发、但略显隐秘的情感转向。而且如沈从文所示,这类情感并非只是作家自身的精神渴求,而是源于一种蕴含"伟大思想"的现代文学情感,即深切同情正在"不可知的命运"中艰难挣扎的"整个民族",并真诚希望其中的每一位"小人物"能够过上祥和、美好的生活。⑤只不过,就胡适的文学功底而言,他所能做的乃是努力在茂密文学旧林中开凿新路,让教育界的新一

---

① 罗志田《再造文明之梦——胡适传》,成都:四川人民出版社,1995年,第309—313页。
② 沈从文、张兆和《从文家书》,上海:上海远东出版社,1996年,第16页,第56页。
③ 徐志摩《徐志摩致胡适》,《胡适来往书信选》,中华书局,1979年,第372页。
④ 陈子善《我所知道的女诗人徐芳》,《书城》2006年第4期,第103—107页;蔡登山《现代文学史遗落的两位女作家——徐芳与王世瑛》,《民国的身影:重寻遗落的文人往事》,桂林:广西师范大学出版社,2009年。
⑤ 沈从文《边城》,福州:鹭江出版社,2002年,第3—4页。

代能以沈从文式的伟大情感创造现代文学，他自己擅长的终究是所谓"科学"的国故研究。

两位最得意的学术弟子顾颉刚、傅斯年也是如此，都光大了老师开辟的"科学"史学。前者发起了对传统历史文化先"辨伪"再建构的"古史辨"运动和"历史地理学"、"民俗学"等课程运动，后者则成为现代中国史学的新一代领袖，并曾领导中央研究院历史语言研究所和李济、董作宾等史学新秀，在万难中取得了包括"殷墟发掘"在内的震惊世界的现代考古学成就。① 当两位弟子 1920 年代后期开始在学术教育界展开各自的学术文化革新事业时，胡适则在上海先后领导"现代评论派"、"新月派"等"自由主义"知识分子团体，发起了诸多现代"文化政治"运动。

直到 1931 年，胡适才重回学术教育界的中心舞台，出任北大文学院院长和国文系主任。不过之后其重心却很难回到学术，除办《独立评论》议政外，他还得和新任校长蒋梦麟一起，组队、筹钱以维系北大正常运行。在此史无前例的大苦难时代，胡适做过一些学术实践，如呼吁史学界不要太重视考证古代文化，还要抓紧整理曾国藩、袁世凯等近人的历史活动踪迹，以及继续论证老子出生早于孔子等，但这些学术实践只是在重复此前的国故学方法，或不让"新人"颠覆其哲学观点与体系的权威性。② 而实际上，他的国故学方法与哲学体系均已远离苦难时代教育界的人心渴望，曾被万众追逐的思想革新领袖此刻不仅无法开拓符合时代需要的文化转向，反而成了文化思想极其落后的守旧分子。当然，也正因为这样，"新人"及中国教育才有机会转向不同文化道路——只不过，任何不同文化转向均得面对并设法突破文化权力仍被胡适一系掌握的学术教育体制限制。

4. 一位召唤"国魂"的底层教师及其学术与课程突围

跳出胡适所处派系势力林立的"新文化"中心，很自然地会想，当胡适在其中小心牵引各方力量，陈独秀、钱玄同等重要人物在一旁以强大火力造

---

① 李济《安阳》，上海：上海人民出版社，2007 年。
② 白吉庵《胡适传》，北京：人民出版社，1993 年，第 301—306 页。

势,而得以在北大乃至整个教育界发起一系列的学术文化革新与课程改革运动时,远离北大的基层教育界会有什么样的反应,其具体表现如何。① 尤其1890代的基层教师有何反应,更是一个有趣的话题。本小节的任务即是考察一位1890代的基层教师——钱穆,突然遭遇胡适导演的"新文化"及课程改革运动时,他将如何理解这些席卷全国教育界的革新运动,理解之后又采取了什么样的行动,特别是他能否走出不同的文化进路。

选择钱穆作为考察对象,是因为他不是当时一般的"追星族",更不是只对"废汉字"、"打倒孔家店"一类的文化造反感兴趣,或在边上大骂胡适的所作所为,而是因为他和傅斯年、顾颉刚等"新人"一样,在遇到胡适依靠"新思想"建构的新学术之前,都有不错的旧学功底,同时又有坚定的学术志业与学术革新意志。当然,最关键的原因还是这一点:虽然钱穆不在北大,无法现场经历北大及胡适的学术文化革新运动,但时为基层小学教师的他一直在努力追踪北大及胡适的学术动向,并靠自己对于"新文化运动"的理解和原有文化功底开拓了不同的文化革新与课程改革之路,② 以下便围绕这一点展开考察。

钱穆1895年生于江苏常州府无锡县(今为无锡市),比胡适小四岁,比顾颉刚小两岁,亦是1890年代人,因此这一代人普遍会遭遇的重大历史变革,钱穆也会经历,其中之一便是1905年清廷废除科举,令这一代人突然丧失体制内的上升途径。特别是对于胡适、钱穆等这些从小便喜欢读书的"读书种子"而言,冲击更大。像胡适四五岁时便喜欢读书,别的小孩"爱溜到

---

① 关于"五四新文化运动"在基层教育界的反响,学术界已有不少研究,其中最有代表性的也许是美籍华裔女汉学家叶文心以"浙江一师"为案例所做的考察,其主题是分析"五四运动"如何推动地方兴起"激进主义"及"共产主义"政治文化变革运动。详见 Wen-hsin Yeh, Middle Country Radicalism: May Fourth Movement in Hangzhou, in *China Quarterly*, Vol.140, Dec.,1994. pp.903—925;*Provincial Passages: Culture, Space, and the Origins of Chinese Communism,* Berkeley: University of California Press, 1996.pp.71—93.
② 关于钱穆对于胡适、"新文化运动"及整个民国学术文化走势("民国学风")的反应与超越,王汎森曾做过专门考察。王先生的考察提出并梳理了诸多问题,包括钱穆如何看待梁漱溟、陈独秀等人的"东方文化"论述,钱穆与当时文化保守主义者的关系,江南"地域文化"与主流的"新文化运动"之间的纠葛,以及钱穆为何能从胡适的学术权力体系中脱颖而出等(详见《钱穆与民国学风》,《燕京学报》第21期,北京:北京大学出版社,2006年,第253—288页)。本节将在王先生的分析的基础上,重点考察钱穆与胡适一系的文化联系,以及他如何突破胡适所谓"科学"的权威学术与课程新范式。

灶或后堂去玩"，他则"常常一个人念（书）"，"到天黑才回家"。① 谁能想到，这样好学的小孩在科举取消没有出路后，竟慢慢迷上"革命"、"打架"、"吃喝嫖赌"，直到被抓进"巡捕房"，才浪子回头，并发奋备考，于1910年夏考上清华学校，得以留学美国。②

醒悟且打算报考清华之际，胡适曾对母亲说："吾家家声衰微极矣，振兴之责惟在儿辈。而现在时势，科举既停，上进之阶惟有出洋留学一途"。③ 胡适所言极是，科举废除后，对他这一代衰败士绅家庭的子弟而言，能考取"官费"留学，的确堪称最佳出路。其次便是能考进国内"最高学府"但要缴费的北大，接下来便是"革命"。当时选择此路的人远多于选择留学或考北大，其中之一便是钱穆。13岁时，钱穆考入常州地区"最高学府"，即常州府中学堂，学业成绩一直很优秀，系校长屠元博的得意弟子。但到四年级毕业那年，钱穆、张寿昆、刘寿鹏等五位学生因校方拒绝增设"希腊文"课程，竟代表"全班上退学书，以为要挟"。④

屠元博不得已，将钱穆等训斥一通，并开除。之后爱才的校长不忍钱穆中断学业，又设法安排他转学至南京的钟英中学。时为1911年，"辛亥革命"即将爆发。当胡适早已抵达美国康奈尔大学时，钱穆则每天早晨都会听到"环城四起之军号胡笳声"，看着"腰佩刺刀街上迈步之陆军之中学生"呼啸而过。深受感染的钱穆想从军，"最所希望能出山海关，到东北，与日本俄国兵对垒"。无锡到底是出产东林志士之地，钱穆亦像本地先贤顾宪成那样，觉得与恶敌作战是"一件何等痛快之事"。钱穆甚至被新同学杨权引为"唯一可语"的同志，试图两人联手在太湖中为"革命事业"建一"理想根据地"。⑤

外表清秀柔弱、学业成绩优秀的无锡少年学子内心竟会迅速升腾起造极"革命"豪情。被困厄时局所逼虽可理解，但还是让人吃惊不小——毕竟在今

---

① 李敖《胡适评传》，上海：文汇出版社，2003年，第57页。
② 李敖《胡适评传》，上海：文汇出版社，2003年，第109—177页；罗志田《再造文明之梦——胡适传》，成都：四川人民出版社，1995年，第54—78页。
③ 胡适《胡适致母函》（1910年6月30日），见杜春和选编《胡适家书选》，《安徽史学》1989年第1期，第75页。
④ 钱穆《八十忆双亲师友杂忆》，北京：三联书店，1998年，第68页。
⑤ 钱穆《八十忆双亲师友杂忆》，北京：三联书店，1998年，第69页。

人印象中，往往只想到钱穆是位"国学大师"。然而，钱穆终究未能以"与日本俄国兵对垒"或"革命"的方式来洗刷"国耻"。几位表现出格的同学中，只有杨权略有关系，退学后得以顺利加入北洋军中，但后来未及四十，人便"意态颓唐如老人"①。张寿昆考取了北大，后成为"旧学"权威黄侃的追随者，还曾创办学生刊物《国故》，"专与当时北大学生罗家伦、傅斯年等诸人所办《新潮》作抗衡"②。刘寿鹏不久也退学，前往上海寻路，后改名为半农，并被陈独秀召去北大任教，成为"新文化运动"骨干之一。还有两位同学朋友选择了留学日本，其中一位后来成为令梁漱溟称许的哲学教授，另一位则是后来大名鼎鼎的瞿秋白。

参加革命，留学国外，均需要关系、渠道和资本，这些钱穆都没有。他"有志升北京大学"，③大概也能考取北大，但家贫交不起学费。1913年，不远处的苏州有位叫顾颉刚的学子考取了北大，他家每年能拿出两三百大洋供其求学，即使如此，顾颉刚在当时的北大亦只是个"根本就没有地位"的"穷学生"，因为一般学生每年都要花"1000两银元"，有"两三个"甚至"每年花5000两"。④另据过来人上海名医陈存仁所叙，民初那几年，"绸缎铺中薪金最高的掌柜先生，每月的薪水不过八元；普通的职员，不过六元、四元"。⑤

陈先生当时上育才小学（黄炎培、史量才等任教其中），他家每学期交3元学费，都难对付。⑥钱穆家尚能供起其上小学、中学，但上北大的话，则根本读不起。1912年，高中一结束，17岁的钱穆只能回无锡乡下老家担任小学教师，"自此升学绝望，一意自读书"。⑦小学以来所读《论语》《孟子》《史

---

① 钱穆《八十忆双亲师友杂忆》，北京：三联书店，1998年，第73页。
② 钱穆《八十忆双亲师友杂忆》，北京：三联书店，1998年，第74页。
③ 钱穆《纪念张晓峰吾友》，《八十忆双亲师友杂忆合刊》，台北：联经出版事业有限公司，1998年，第409页。
④ 顾颉刚《蔡元培先生与五四运动》，见钟叔河等编《过去的学校》，长沙：湖南教育出版社，1982年，第11页。
⑤ 陈存仁《银元时代生活史》，上海：上海人民出版社，2001年，第6页。顺便说一下，按陈先生此书第3—5页所言，民初"银元一枚，约可换铜元一百二十八枚左右"，而"一碗肉面是四个铜元，一块肉又大又厚"。照此推算，民初一块银元可买"大厚肉面"32碗，至少相当于今天的三四百元。这意味着，顾颉刚上个北大，放在今天，每年要花费7到10万元，而几个"富家子弟"每年竟花一两百万元。
⑥ 陈存仁《银元时代生活史》，上海：上海人民出版社，2001年，第7页。
⑦ 钱穆《八十忆双亲师友杂忆》，北京：三联书店，1998年，第77页。

记》和唐宋八大家文章,及"桐城派"古文等著作因此取代此前的"革命",再度成为其用功的对象。

小学以来诸多旧式学者良师的影响随之也在钱穆心中复活。如,读荡口果育小学(今无锡荡口实验小学)时,令钱穆"心存韩愈"的顾子重,以及带领他将《尚书》以来的"中国各体古文"名作浏览一遍的华紫翔,皆是钱穆为何对本国文化充满感情的早期来源。① 当然,更值得提及的还是常州中学时期遇到的一位特殊名师,即钱穆所谓当时的"史学泰斗"。对这个人,今人所知不多,他正是1892年与蔡元培一同被授翰林院庶吉士的屠敬山。只是与蔡元培愈走愈新,二十年后成为现代政治与文化教育变革领袖不同,屠敬山则像缪荃孙、黄以舟等诂经精舍传人那样,成为了俞樾之后,在现代教育体系之外,维系清代传统学术文化命脉的重要人物。

屠敬山又名寄,其入翰林后的起家学术壮举乃是1895年至1899年间授命主持"黑龙江舆图"测绘。② 所谓"五年心力,尽牢于斯"。③ 其实,期间他还在考证《宋会要》《三国志》等史籍中的"职官制"、《水经注》中的"西南诸水"等课题。④ 之后,屠寄成为张之洞幕府,并执教两湖书院。1903年,负责重建京师大学堂的张百熙上奏,调屠寄任历史地理及国文教习。可见,到此时屠寄的历史地理及传统文学造诣已被视为国内一流。第二年,屠寄因在宴席上大说荣禄带军无方,国耻连连,而遭荣禄忌恨,并因此于1906年被降任浙江淳安县令。在淳安,屠寄以"抓赌所得"创办师范学校,此举又得罪了当地势力。第二年,教室及图书皆被捣毁。之后,屠敬请长假回老家常州,以考证元代历史为业。⑤

从所作所为来看,屠寄显然不乏革新精神,并因此略不同于俞樾、缪荃孙一系的传统学术。如屠寄本人所言,后者是在延续"乾嘉诸老之风",以考证求古经真义,他则推崇道光、咸丰时期兴起的"时学之党",考证典籍不是为了探求古经真义,而是为了应对时局难题。而当时最突出的难题之一

---

① 钱穆《八十忆双亲师友杂忆》,北京:三联书店,1998年,第49—51页。
② 张凤鸣等《屠寄和〈黑龙江舆图〉的测绘》,《北方文物》1987年第1期,第87—92页。
③ 屠寄《致缪荃孙》,见顾廷龙《艺风堂友朋书札上》上海:上海古籍出版社,1980年,第498页。
④ 屠寄《致缪荃孙》,见顾廷龙《艺风堂友朋书札上》,上海:上海古籍出版社,1980年,第491页。
⑤ 赵书新《清末民初著名学者屠寄》,《理论界》2009年第2期,第126—128页。

便是边患，因此他会全力研究东北及蒙元历史地理，只是其治学方式主要依赖考证史籍记载，即使明知在地理测绘方面"不能与西图比"，也因"限于馆章"（官方传统学术体例的限制），人才缺乏等原因，①无法掀起现代历史地理学运动，只能独自埋头查阅各类史籍，从中探求边疆地理面貌及地理行政制度的变迁真相。

独学之人即使学术交流频繁，亦仅是在缪荃孙等考证同行之间展开，未能借用现代学科课程及学校教育体制来广泛传播其治学方法及宗旨。屠寄曾尝试启用现代学科课程与教育体系这一新的制度工具（办师范学校），但时代却未给他提供适宜的文化社会基础，他本人也未按照现代学科课程与学校教育体例调整概念结构与表达方式。十年后，蔡元培在全国建立现代学科课程及教育体系时，他仍习惯性地以传统方式与语言表达其学术发现，无法与在现代教育中心舞台上唱主角的陈独秀、胡适等"新人"形成文化革新合力，数十年的中国边疆历史地理学积累因此只能藏于自家书斋，其本人也只能看着体系日渐成型的现代中国教育朝胡适等"新人"以简洁明了的方式推出的"新思想"奔去。

历史中没有那只巨大的"看不见的手"，能让胡适等中国教育"新人"领袖掌握"新思想"的同时还深谙屠寄的学术造诣。有趣的是，后半生思想脱离时代需要的胡适倒是也转向了历史地理学。如方家所言，从 1943 年起，胡适花了近二十年时间考证《水经注》文献，堪称其"后半生最大的学术工程"。然而他这样做既不是为了再造屠寄的传统历史地理学，也不是为了像屠寄那样，从历史地理典籍中清理边疆地理问题的解决线索与制度方案，而是为了破一桩百年来的公案，即戴震、赵一清、全祖望三人究竟谁抄了谁的《水经注》，是为了替其推崇的戴震"伸冤"，同时推翻王国维、孟森等人的"戴偷赵注"说法。②

为偶像"伸冤"，其实也是为了维系行将失守的"象牙塔"，并在其中得到"一生一点无上的愉快享受"，③就像屠寄在自家书斋数十年考证边疆地理

---

① 屠寄《致缪荃孙》，见顾廷龙《艺风堂友朋书札上》，上海：上海古籍出版社，1980 年，第 498 页，第 487 页。
② 胡明《关于胡适的〈水经注〉研究》，《文学评论》1991 年第 6 期，第 105—117 页。
③ 胡适《胡适日记全编 7 1938—1949》，合肥：安徽教育出版社，2001 年，第 507 页。

沿革，是为了光大"经世"的"道咸新学"。类似胡适与屠寄这样的南北学术文化分裂始终都是整个民国教育界无法消除的基本格局，哪怕双方是在同一领域展开学术文化生产，也是南辕北辙，无法形成方向认同，只是在各自内部，可以达成一些共识。如北大"新文化"团体的"新文学"界定，便十分一致，连看似不如钱玄同热心的朱希祖都赞成胡适的方案，认为"现在的新文学，非从科学哲学出来，即不能成立"，并主张"用极深远的哲理，写以极浅近的白话"。①

不过，即便这样，面对清末民初南旧北新的文化格局，后进学子依旧很难判断，转向何方才好，似乎只能随缘而起，随缘而定。至此，应该可以交代了，以上之所以到屠寄那里统一圈，还把胡适再提一遍，其实正是为了说明，钱穆自任小学教师起，其所谓"一意自读书"到底能读出什么文化与课程结果来，其实就取决于：在南旧北新的基本文化格局中，他能有什么样的因缘际会，他对自己遭遇的因缘际会能有怎样的理解与把握。

高中时，能遇到屠寄这样的江南"史学泰斗"，无疑堪称"有幸"。可惜正如前文所叙，屠寄虽是常州中学的"太老师"，却并无要通过这一教育机制来传播其深厚学术造诣之意，像钱穆那样能趁"太老师"外出溜进去浏览几眼，便已非同寻常。钱穆忘了自己为什么能有机会"进入太老师敬山先生之书斋"，但到晚年，他都清楚记得"太老师"书斋的样子：

> 四壁图书，临窗一长桌，桌上放数帙书，皆装潢巨制。座椅前有一书，已开帙，似太老师正在阅读。就视。乃李义山诗集，字大悦目。精美庄严，未曾前见。尚有碎纸批注，放在每页夹缝中，似临时增入。书旁有五色砚台，有五色笔，架在一笔架上，似临时尚在填写。②

优雅大气的顶级旧式书斋景致让钱穆"一时呆立凝视，不敢用手触摸"。那看后有何收获呢？之前，钱穆便知道"太老师"正在考证元史，撰写《蒙兀儿史记》。看过之后，除大开眼界外，还知道"太老师"作为"一史学巨宿，尚精研文学"。此外便是"无法计量"的终身影响，只要想起书斋主

---

① 朱希祖《白话文的价值》，见朱希祖著、周文玖选编《朱希祖文存》，上海：上海古籍出版社，2006年，第71页。
② 钱穆《八十忆双亲师友杂忆》，北京：三联书店，1998年，第59页。

人"已值晚年,而用力精勤不息有如此",钱穆的"向学之心"便会受到"鼓动"。①

只是钱穆年轻时终究没有机会把"太老师"的历史地理学功夫学到手,不然他自任小学教师起,便立即可以找到一条学术进路,像屠寄那样,专心查阅、考证古籍中的地理及制度记载,描绘地理与制度的历史变迁真相。高中毕业即失去老师引领的钱穆只能在江南学人集体构筑的古典文化世界中自行摸索,且一时还不能知道其中的深浅与高低,更看不清自己的位置与进路。只是朝气蓬勃,一下课便先看"报纸杂志",②也很爱读书,这七天里读《孟子》,那一个月里读《昭明文选》,或者看一下《东方杂志》上登的颇"凄凉"的小说《碎琴楼》。

一个学期后,钱穆的好学被同样喜欢读书的校长秦仲立看到了,后者将钱穆视为"共学之人",他指着家中藏书对钱穆说,即使他"毕生穷日夜之力",也不能"尽读",因此要钱穆为他"分读","将书中大义告诉"他,"以两人之力合成此业(即把藏书读完)"。之后,这位可爱的民初乡村小学校长便把斯宾塞《群书肆言》、穆勒《名学》等"西洋新学"著作陆续分给钱穆去读,令本就渴望求新的钱穆连称"大佳"。校长还告诉钱穆,他有三大愿望,一为宗族乡里子女办一学校(已实现),二为"附近农村办一诊所,治病施药,不收分文",三是"创办一报馆",以矫正"贤奸不论,是非不辨"的"地方报"。③

秦仲立式的乡村小学校长正是民初各地相对开明干净的教育社会变革的基层动力。可惜半年后,这位校长病逝了。第二年,钱穆转入另一所小学。值得一提的变化是,钱穆在报纸上看到了1913年北大招生广告,注意到其中说,投考者必须先读章学诚《文史通义》。这则广告不仅勾起钱穆不能读大学的遗憾,还让他非常想读章学诚著作,睡觉时竟"梦登一小楼,所藏皆章氏书",还"有世所未见者"。④可见其向学之心何等强烈,且多想超越群伦。二十年后,钱穆任教北大,"果得见章氏书之为世未见者"。钱穆想起旧

---

① 钱穆《八十忆双亲师友杂忆》,北京:三联书店,1998年,第59页。
② 钱穆《中国学术思想史论丛(一)》,台北:东大图书有限公司,1976年,第1页。
③ 钱穆《八十忆双亲师友杂忆》,北京:三联书店,1998年,第83页。
④ 钱穆《八十忆双亲师友杂忆》,北京:三联书店,1998年,第89页。

梦，直叹"异事"一件。

1913年，顾颉刚考上了北大。他后来也常做类似的梦，如梦见自己与王国维一起携手论学。① 钱穆和他，这两个同样好学、做梦相似的新一代学子，十几年后也走到了一起，这亦是一件难以说清的"异事"。不过，当顾颉刚考上北大时，钱穆仍只能置身千里之外的乡村小学，继续一个人摸索进路。半年前，他竟以为，"天下学术，无逾乎姚、曾二氏"，若不是校长分其书读，与其辩论，他连姚鼐与曾国藩的教条都跳不出来。② 而且即使跳出来，也还是不知道那胜过姚鼐、曾国藩的"学术"是什么，哪里可以找到。

可见，钱穆读中小学时固然有不少良师教学，但似乎只是培养了其读书兴趣，并让其熟读了先秦以来的大家文章。然而，读"文章"与做"学术"终究不是一回事。年轻的钱穆可谓和傅斯年、顾颉刚他们一样，有很好的古典文史功底，读过许多古典文章，却不知如何把它们变成学术，更不要说有意义的学术。而且钱穆远比他们艰难，在"最高学府"求学的他们可以得到各路学术高手名师引领，身处教育界最底层的小学教师钱穆只能在自己接触的古典文化世界里，独自展开深浅高低难测的摸索，要想有学术发现与创造，只好耐心读书和等待机缘。

起初，学术方面的机缘似乎就是来自北大。钱穆太想自己去北大求学，不仅读报考必读书《文史通义》，还把1913年北大正在使用的历史教本，即夏曾佑编的《中国历史教科书》找来，"读之甚勤"，且"得益亦甚大"，从中除了学到用"纪年表"来梳理史事外，还知道了"经学之有今古文之别"，以及关于"三皇五帝"等历史人物，今文经学与古文经学有不同说法。他把这点"经学"收获告诉校中同事，"闻所未闻"的同事"皆惊叹"其"渊博"。③

自别出心裁的康有为以《孔子改制考》等"今文经学"著作宣传其"变法"思想以来，教育界的顶级学人即在热议今古文经学。好读书的钱穆到1913年才有所了解，这既可以说明钱穆的确很难接触学术前沿，亦从一个侧面反映南京、常州及无锡等地构成的侠义的江南教育界在文化上确实另有

---

① 顾颉刚《顾颉刚日记　第1册》，台北：联经出版事业有限公司，2007年，第333页。
② 陈勇《钱穆传》，北京：人民出版社，2005年，第28页。
③ 钱穆《八十忆双亲师友杂忆》，北京：三联书店，1998年，第89页。

所好。①即如钱穆,便更喜欢吟诵孔孟、司马迁及唐宋八大家文章,感受其中的艺术道德内涵与精神力量,而根本不可能想到去发明旨在"变法"的今文经学,或为"变法"反对古文经学。

当然,钱穆只是接触到了这些前沿学术,且单纯从学术角度理解,并未质疑"经学"前沿走向背后种种非学术的政治野心。钱穆最初接触一点今古文"经学",只是让"同事皆称"其"博学"而已,并不能让他跃入学术前沿,他仍得在先秦诸子以来的经典文章中摸索学术进路。1914年,情况出现转变。这一年,钱穆"教《论语》课",于是他决定从《论语》入手,开始自己的首次学术尝试,试图以自己的研究为小学堂学生学习《论语》提供一条更好的途径,解决当时的《论语》教学问题。

具体是什么问题呢?如钱穆所言,当时他觉得,学习《论语》时,虽有马建忠的《马氏文通》帮助理解"文字",却还是搞不清楚《论语》有何"文法"结构与条理,更不知道如何像《论语》那样造句作文。有趣的是,钱穆之所以要研究《论语》,除因教学急需外,还与他向往《庄子》中的庖丁解牛境界有关,他希望学生学《论语》时,能达到"依天理,批间临,恢恢乎游刃余地"。②他就是从"游刃有余"这一隐喻型本土"理论"出发,为自己的《论语》文法研究与文字教学改革定下了目标,并批判了当时小学文字教学的落后状况,如其所言:

> 我国文字之学,自来号为难究。自学校师习西法,而文字之教授,犹仍旧贯,无所变进。而岁割月折之病益见,学者图靡心力而收效寡。夫不得其所以组织会成之理,而摩抚于外在跡似,而求以能其事,其徒劳无功效。③

指出常规教学无方,不能让学生领悟文字"组织会成之理"后,钱穆又对当时"首推"的"文法"教学范式即《马氏文通》做了一番批评,认为"其言犹多失正,又专主句读,于篇章之理,有所未及",即"所谓'未尝见

---

① 关于清末民初常州、无锡等江南教育界在文化上另有所好,可参考陈平原《传统书院的现代转型——以无锡国专为中心》,《现代中国》第1辑,合肥:安徽教育出版社,2001年,第197—213页;王汎森《钱穆与民国学风》,《燕京学报》第21期,北京:北京大学出版社,2006年,第253—288页。
② 钱穆《论语文解》,《四书释义论语文解》,台北:联经出版事业有限公司,1998年,第5页。
③ 钱穆《论语文解》,《四书释义论语文解》,台北:联经出版事业有限公司,1998年,第5页。

全牛'"。钱穆将其想法告诉"诸学者,学者喜之"。之后,钱穆即开始研究《论语》的文字"组织会成之理",并在课堂上一一传授其所发现的《论语》中的"起、承、转、结之四法",以便让学生"逮入高等小学,无不能造句者矣"。①

四年后,即1918年,钱穆完成其首次课程改革试验,和其生平第一部讲义著作《论语文解》。他把书稿投给商务印书馆,"得回复,允为付印",并说会给钱穆"百部样书",作为"酬赠"。没什么学友可赠的钱穆提出,改为"赠商务书卷百元",商务那边爽快答应了。拿到书卷的钱穆立即去无锡城中,买了不少新书,不仅补齐了"寝室中书架上"所缺的"经史子集"著作,还新购得一本未看过的由"浙江官书局"出的"二十二子"。②

痛快买完,钱穆先读"二十二子"。读到《墨子》,觉得其中错误甚多。即使是"官书局"出版,且注者是"清代大儒"毕沅,钱穆也不肯放过疑问。结果越读错误越多,"几乎逐页皆有"。钱穆"奋笔从开始起逐条举出其错误",并"加以改正",取名为《读墨闇解》。但几天后,钱穆觉得不对劲儿,因为《墨子》"迄今越两千年",他所发现的错误,"必当有人讨论及此"。于是,他把"商务印书馆之辞源"找来,"于墨子下,竟得《墨子间诂》一条"。然后,他又向无锡城中书肆寻购此未见之书。

书送来后,正是孙贻让所著《墨子间诂》。钱穆"开卷急读",很快明白自己发现的错误,其实"孙书皆已列举",而且其中有"更多"钱穆"不知疑者"。这下真的是遇到高手了。再看他正在写的《读墨闇解》,钱穆直觉得自己和孙贻让比,真"如出生婴儿对七八十老人,差距太远"。一向心高的钱穆因此突然深刻意识到了自己的"孤陋幼稚",为之前自以为"博学"感到羞愧难耐,尤其是在连今古文"经学"都"闻所未闻"的同事面前,"自居于读书人之列",更是让钱穆感到"可笑可耻"。③

毕沅生于1730年,乾隆二十五年(1760年)状元,曾任翰林院编修、湖广总督,与钱大昕、孙星衍等同为"乾嘉"时期著名考据学家,④系"清代

---

① 钱穆《论语文解》,《四书释义论语文解》,台北:联经出版事业有限公司,1998年,第5—6页。
② 钱穆《八十忆双亲师友杂忆》,北京:三联书店,1998年,第93—94页。
③ 钱穆《八十忆双亲师友杂忆》,北京:三联书店,1998年,第94页。
④ 王贵忱《钱大昕致毕沅书札》,《广州师院学报(社会科学版)》2000年第2期,第33—35页。

首先整理《墨子》全书的人"。① 孙诒让生于 1848 年，是与屠敬山、缪荃孙等齐名的清末考据学家和墨学集大成者，《墨子间诂》定本刊刻于宣统二年"，② 即 1910 年，时孙诒让已去世两年。看过毕沅、孙诒让的基本来历，便会发现青年钱穆的确令人敬佩。一个 23 岁并无高人指点的底层小学教师，仅凭其好学、刻苦与直觉，能摸索到毕沅到孙诒让这条清代造诣最高的墨学谱系，便已相当不易，还要为自己未能像孙诒让那样，看出毕沅注本存在更多错误感到羞愧，更是显得非凡。

突然闯入毕沅、孙诒让的墨学世界，既让钱穆见识了百年来一流先秦诸子研究的积累与造诣，也让他搁置了此前的《论语》文法研究与教学改革。之后，钱穆再也没有对其进行深化，③ 只是日后提及《论语》时，仍会提醒学人，不要忽视从"文学眼光"欣赏《论语》行文之美。④ 不过，即使钱穆有心继续揭示《论语》中的文学之法，恐怕也仅能在本地赢得赞许，而无法让他跻身十分渴望的学术前沿地带，因为其渴望的学术前沿地带正搞"文学革命"运动，其核心人物胡适主张到《三国演义》等古典小说中去寻找文学典范，同时，其周围的人还要把《论语》当作"孔家店"打掉。

也许因为太向往北大，面对胡适在北大掀起、并迅速在全国教育界蔓延的"文学革命"与"新文化运动"，钱穆似乎不加思索便做出了积极回应，并因此搁置好不容易才摸到门径的先秦诸子研究。这一选择使钱穆在"新文化运动"高涨的时代没有沦为"落伍者"（像其"太老师"），也使他没有像南京"学衡派"那样，成为虽有心向胡适叫板却"于新文化无伤，于国粹也差得远"的两手都不硬的落魄对手。⑤ 不过，转向"新文化"也让钱穆不得不陷入"胡适派"建构的庞大学术与课程体系，如果想在其中立足，就必须响应其中的种种议题，并在这些议题上拿出能够引起"胡适派"重视的学术文

---

① 孙诒让《墨子间诂》，北京：中华书局，2001 年，第 4 页。
② 孙诒让《墨子间诂》，北京：中华书局，2001 年，第 7 页。
③ 钱穆《论语文解》，《四书释义论语文解》，台北：联经出版事业有限公司，1998 年，第 1 页。
④ 钱穆《中国文学论丛》，北京：三联书店，2005 年，第 78—85 页。
⑤ 鲁迅《估〈学衡〉》，《热风》（《鲁迅全集 第 1 卷》），北京：人民文学出版社，2005 年，第 399 页。关于"学衡派"与胡适派之间的较量，还可参考沈卫威《"学衡派"谱系：历史与叙事》，南昌：江西教育出版社，2007 年；周勇《江南名校的中国文化教育》，北京：教育科学出版社，2008 年，第 155—220 页。

化表现。

　　要做到这一点，显然不是件容易的事，因为"新文化运动"所涉议题实在太多，其中有重要的，不重要的，有可以落地长大的，有喊完几声便散的，很不好把握，所以还是得看身处教育界底层的钱穆自身能有何造化与机缘。1919年"新文化运动"渐入高潮之际，钱穆的小学教师职业生涯也于这年秋天发生了一点变化，即转任后宅镇泰伯市立第一初级小学校校长。而他之所以有职务变化，正是为了可以亲自做试验，响应"新文化运动"提出的两个议题，包括杜威宣传的"课程生活化"和胡适提倡的"白话"教学。

　　半年后，"校风大变"。不过，不是朝胡适推崇的"科学"思想转，而是让不少昔日"多犯规事"的顽童"能知孝道"。但"白话"教学这一块，倒很合胡适意思，"四年级生毕业"时，"最短者能做白话文两百字以上，最多者能达七八百字，皆能文从字顺，条例明畅"，且是"生活化"的作文，"如自出其口"。①可惜这些成功的课程制度试验即便有渠道让胡适那边知道，恐怕也引不起重视，毕竟胡适在"白话文"这一块最看重的乃是考证《水浒》等古典白话小说。而到1921年春，钱穆也发觉，学校生源"多镇上小商人家子弟，毕业即留家，在商店中服务"。钱穆因此觉得，无论对自己，还是对当地社会，此前辛苦从事的教学制度改革意义都不大，"作一番试验则可，若久淹于此，恐违余志"，"遂决意离去"。②

　　其志向所在是学术，而且当初改革《论语》课教学时，也主要是依靠学术研究，担任校长的两年里，他却只是忙着在全校试验胡适、杜威推出的新课程制度（"课程生活化"和"白话"教学），即使成功了，也无多大实际意义，而且"积年读书功夫亦多放弃"。期间新书只是看了康有为的《新学伪经考》和钱大昕的年谱。"心力交瘁"的钱穆不想再做意义不大的教学改革，"遂决意离去"。何况他也了解"五四"后北大的学术进展，连顾颉刚都开拓出"古史辨"了。

　　辛苦周旋于教师、学生及家长之间，只是证明了一下胡适提出的"课程生活化"和"白话"教学是可行的，即钱穆所谓"所得仅此"③，如何能让

---

① 钱穆《八十忆双亲师友杂忆》，北京：三联书店，1998年，第114页，第118页。
②③ 钱穆《八十忆双亲师友杂忆》，北京：三联书店，1998年，第119页。

钱穆觉得有成就。然而这都是事后之见，当初哪能料到此种结果。这正是前文所言，对钱穆这样的最基层的教师来说，实在很难把握好胡适及北大发起的议题众多的"新文化运动"。看到报纸上说杜威在各处演讲"教育哲学"，又看到胡适发文呼吁基层教师试验白话国文教学，钱穆便又紧跟他们的观点，连才摸到门道的先秦诸子研究几乎都扔了。① 他如何能看到胡适各处呼吁完，便去埋头考证古典小说了，令在边上能亲眼目睹的顾颉刚频发敬佩与赞叹。

　　幸好反思得不是太晚，更未因为觉得试验意义不大，便开始混日子，否则倒真有可能永远无法练成能让"胡适派"侧目的"读书功夫"，更不要说能深入胡适重视的学术议题，并突出重围，开辟不同文化与课程进路。1922年，钱穆来到厦门集美学校，从此告别此前十年小学教师生涯，开始担任中学教师，并回到了当初的课程改革道路，即以扎实创新的学术研究带动教学改革，而不是自废"读书功夫"，试验胡适提出的新课程制度。

　　来厦门后，钱穆读到了顾颉刚当时新近推出的《古史辨》第一册，同事中也有施之勉、蒋锡昌等可切磋先秦诸子的学人。② 可见，虽然钱穆看不到胡适的小说考证成绩，也不知道鲁迅正在北大兼职讲授小说史，并在撰写可与国内外相关研究争胜的《中国小说史略》，③ 但他终归捡起了被试验胡适的新课程制度耽误了的先秦诸子研究。只是到第二学期，集美学校突起学潮，钱穆未待一年又回到了无锡，并于1923年秋转入无锡省立第三师范学校教国文。此后四年，钱穆一直在"三师"执教，因此有了一段颇为稳定的进学时光。

　　"三师"系"无锡最高学府"，集中了常州、无锡一带最好的国学师资，1922年起陆续带出薛暮桥、徐铸成、王承绪、徐中玉、吴冠中等一批人才。④ 而在此批国学师资中，1917年便来执教的钱基博（1887—1957）最为钱穆敬佩，而且正是钱基博邀请钱穆前来"三师"任教。接着是南社学人沈颖若（1882—1949）和藏有不少日本先秦诸子研究著作的胡达人。尽管不久钱基博便转赴圣约翰大学，但"三师"对抗"新文化运动"的整体学风仍在，有利于钱穆

---

① 王汎森《钱穆与民国学风》，《燕京学报》第21期，北京：北京大学出版社，2006年，第259页。
② 钱穆《八十忆双亲师友杂忆》，北京：三联书店，1998年，第126—127页。
③ 鲁迅《中国小说史略》，《鲁迅全集　第9卷》，北京：人民文学出版社，2005年，第4页。
④ 刘桂秋《无锡时期的钱基博与钱钟书》，上海：上海社会科学院出版社，2004年，第81—82页。

在国学方面另辟进路。

此外,钱穆来"三师"后还结识了劝其"一意通体细读《十三经注疏》"的吕思勉(1884—1957)和在"三师"对面创办国学专修馆的唐文治(1865—1954)。唐老先生的深厚国学感情(双目失明,也要坚持讲授),以及他从传统伦理中体贴出来的真切"哀痛之情",皆令钱穆无比感动。① 这使他更不会像胡适那样仅以"科学方法"裁减传统文化,不顾其中历久弥新的意志情感及精神力量。不仅如此,"三师"还有促使钱穆必须耕耘国学的课程制度。按"三师"规定,钱穆除讲授国文主课,还必须每年新开一门选修课程。

言外之意,即便没有诸多国学前辈的激励与熏陶,仅为完成教学任务,钱穆也得不停修炼。第一年钱穆开了"文字学",讲"六艺"大义,可惜自编讲义今已遗失。第二、第三年,钱穆开设了《论语》和《孟子》,讲义于1924和1925年由商务印书馆及另一家书肆出版,后并入《四书释义》。② 这些授课与讲义可以证明,钱穆在"三师"时,其实便已开辟了与胡适不同的进路,即同样注重考证历代解说与演绎,但目的却不是"为了科学而科学",而是为了让学生在学会考证的基础上,领会孔子、朱熹等历代先贤的学说"精旨"与"毕生精神"。③

第四年所开课程是《国学概论》。讲义起编时间为1926年夏,当时胡适、沈兼士等三年前发起的"整理国故"运动已蔓延到整个教育界,钱穆也注意到,"其时中学校率有'国学概论'一课"。此书因此可以看成是钱穆继开展"课程生活化"和"白话教学"实验之后,第二次对胡适公开的回应。与前次是为了验证胡适的教育制度设想不同,这次则是为了在胡适观点的基础上,对胡适炒热的"国学"表达"一种看法",贡献一种异样"国学"课程范式。④ 其讲义最初成型后亦是由商务印书馆出版(1931年),并且其原貌至今也未改动。⑤

钱穆贡献的新范式来自"精神"二字,就像胡适1918年时选了没有人

---

① 钱穆《八十忆双亲师友杂忆》,北京:三联书店,1998年,第139—140页。
② 钱穆《四书释义》,《四书释义论语文解》,台北:联经出版事业有限公司,1998年,第1页。
③ 钱穆《四书释义》,《四书释义论语文解》,台北:联经出版事业有限公司,1998年,第7—8页。
④ 牟言、再版附识,钱穆《国学概论》,北京:商务印书馆,2006年。第1—4页。
⑤ 出版说明,钱穆《国学概论》,台北:联经出版事业有限公司,1998年。第1—2页。

敢说不的"科学"二字。当然，对于自己非常羡慕的"新文化"中心人物，钱穆并未一概否认（尽管他在选择体例参照时只提梁启超的清代学术史），相反，他在第一讲时，便支持胡适的观点，即夏商周史料"无征"，同时对于胡适写的《中国哲学史大纲》，钱穆也肯定其"介绍西洋新史学家之方法来治国故"，"足以指示学者以一种明确新鲜之方法，则其功亦非细"。[①] 不过，也就是在"无征不信"及方法"新鲜"上，钱穆认可胡适，在课程内容上则明显有许多不同看法，如胡适只讲老子之前的时代背景，对此后"各家背景转变处"缺乏考证，[②]而钱穆从孔子讲起，也不同于胡适将老子列在孔子之前。[③]

尤为关键的是，胡适有"哲学"界定，也有概念方法，却只讲了先秦，不成完整篇章，钱穆则一直讲到"最近期（民国成立以来）之学术思想"，从而将孔子以来各重要历史时期中国"古今学术流变之大趋"，一一揭示。当然，观点及内容还不是根本区别，而在于思路与宗旨明显不同：一个凸显"方法"求真，一个则强调以求真来感受中国历史文化的不息"精神"，后者正是钱穆贡献的国学研究与课程范式，所以钱穆一开讲，便先强调："中国文化，于世界为先进。古代学术思想，当有研究之价值"。[④] 钱穆是要引导学生通过"科学"考察中国学术大势演变，感受其中历久弥新的精神力量。由此也就不难理解，为何钱穆会在授课结束之际如此勉励学生：

今世变日亟，国难方殷，则又学术将变之候也。而其为变之兆，有已得而见者。余尝论先秦诸子为"阶级之觉醒"，魏晋清谈为"个人之发现"，宋明理学为"大我之寻证"。则自此以往，学术思想之所趋，亦夫曰："民族精神之发扬"，与"物质科学之认识"是已。此二者，盖非背道而驰，不可并进之说也。至于融通会合，发挥光大，以蔚成一时代之学风，则正有俟乎今后之努力耳。……学术不息，则民族不亡。凡我华胄，尚其勉旃！[⑤]

[①] 钱穆《国学概论》，北京：商务印书馆，2006年，第323、324页。
[②] 钱穆《国学概论》，北京：商务印书馆，2006年，第324页。
[③] 钱穆《国学概论》，北京：商务印书馆，2006年，第1页；胡适《中国哲学史大纲》，上海：上海古籍出版社，第33页。
[④] 钱穆《国学概论》，北京：商务印书馆，2006年，第1页。
[⑤] 钱穆《国学概论》，北京：商务印书馆，2006年，第364—365页。

上到最后一课时，正值北伐战争结束，钱穆本人也已移身至苏州中学。此时离"九一八事变"还有四年，说他提前预料到了时局需要什么样的学术研究与教学，或许有些夸张，但他的确超越胡适，摸索出了自己的学术研究与教学实践范式，即不是让中国文化仅仅向西方"科学"或其他"新思想"靠拢，而是从"国难"出发，强调以"科学"的本国历史文化考证与教学来振奋"民族精神"。如余英时所示，这一范式形成后，钱穆再未改过，堪称"一生为故国招魂"（只是有时会被换称为"中国历史精神""中国文化精神"）。① 本节也因此把钱穆称为一位召唤"国魂"的底层教师。

从当初以"文法"研究革新小学《论语》教学，到七年后实验胡适提出的课程新制度，再到1927年推出一种旨在召唤"国魂"、激发"民族精神"的学术文化史研究与教学范式，钱穆历时十五年的独自摸索终于可以暂告段落，期间的甘苦显然不是本节区区几段文字便能揭示的。但纵使有再多甘苦，都已成过去，而对钱穆的考验也远未结束，甚至只是刚刚开始，因为即使成功确立了自己的学术与课程范式，钱穆其实仍是在胡适、傅斯年、顾颉刚等"文艺复兴"一代的外围及教育界基层另辟进路，依旧无缘深入后者内部展开学术与课程突围，所以还得看钱穆能再有什么造化与机缘。

1927年汪懋祖南下组建苏州中学显然值得一提。此公生于1892年，1916年成为杜威学生，但同时又受哈佛大学新古典主义大师白璧德影响甚大，因此留学期间，便和吴宓、梅光迪等白璧德弟子一起，反对陈独秀、胡适发起的"文学革命"，尤其不同意陈独秀提出"焚十三经毁孔庙"，希望《新青年》不要"以妖孽恶魔等名词，输入青年之脑筋，以长其暴戾之习"②。1920年回国后，汪懋祖依然捍卫古典思想与"文言文"教学，但他在北京即使一度做到北平师范大学代理校长，也突破不了胡适一系的"新文化"势力包围。南下创办苏州中学以及此后逆流发起"文言文运动"，都是为了落实其"新儒家"的学术与教育理想。③

---

① 余英时《一生为故国招魂——敬悼钱宾四师》，载《钱穆与中国文化》，上海：上海远东出版社，1994年，第19—29页。
② 汪懋祖《致新青年杂志记者》，《留美学生季报》民国七年春季第一号，第87—88页。
③ 罗庆云等《民国教育家汪懋祖文言文教育思想研究——以1934年有关文言文教育争论为中心》，《武汉大学学报（哲学社会科学版）》2013年第1期，第103—108页。

汪氏是否精通儒学,背后又有何势力,今天所知不多,但其教育主张显然有利于钱穆在南北军阀混战之际继续修炼其国学功夫,对此钱穆也心存感念。① 任教苏州中学三年期间,钱穆作为"全校国文课之主任教习",② 不仅恢复了无锡"三师"时被北伐战争中断的"国学概论"课,而且完成一部三十万字巨著《先秦诸子系年》。钱穆在这部巨著里指出,自司马迁以来,到近人王国维,在"考证诸子世年"时一直都未克服"三病",即:"各治一家,未能贯通";"详其著显,略其晦沉";"依据史籍,不加细勘"。后钱穆以先秦魏国史书《竹书纪年》为基础,考证出唐人司马贞做《史记索引》时,曾频引魏史《竹书纪年》,但司马贞未能两相对照,发现并纠正司马迁《史记》中的先秦诸子记录之失。

随即,钱穆又提出,宋代时,魏史《竹书纪年》这一关键史料原本佚失,后世所用的《今本竹书纪年》系后人搜集整理之作,多有篡改。清人雷学淇推出《竹书纪年义证》,近人朱右曾推出《古本竹书纪年存真》,以及王国维推出《古本竹书纪年辑校》《今本竹书纪年疏证》,几代人接力考证,才把古今本纪年之真伪稍稍廓清。但几代人都未再进一步用力,以古今本纪年中的可靠记录为基础,详细考察先秦诸子系年记录,进而对司马迁以来的先秦诸子系年记录"一一而辩之",纠正其中的以讹传讹之处。钱穆即是由此基础扎实、体大思精的学术功夫出发,将"上溯孔子生年,下逮李斯卒年"这前后两百年间的先秦诸子系年史重新考证梳理,并将其"排比联络,一以贯之",构成一幅史无前例之完整学术史画卷,其中任何"一子有错,诸子皆摇"。③

众所周知,胡适在方法上欣赏的正是钱穆这种高超的"层层剥笋"及"拨云见天"功夫。可以说,《先秦诸子系年》是一部学术功力及价值皆堪称一流的巨著,早晚会将钱穆推入"胡适派"所处的顶层学术教育场域。钱穆本人也清楚此著重要,所以撰写期间,即使"看到各大报纸杂志,皆竟

---

① 钱穆《八十忆双亲师友杂忆》,北京:三联书店,1998年,第149页。
② 此系钱穆本人之说,见钱穆《八十忆双亲师友杂忆》,北京:三联书店,1998年,第142页。《苏州中学校史》则说,"首席教员"为"沈昌直(颖若)",钱穆是"师范科国文教员,系国学专家",见金德门主编《苏州中学校史》,苏州:苏州大学出版社,1999年,第121页。但当时教员流动甚频,可能不久沈颖若便离去,便改由钱穆任全校国文首席。
③ 自序,钱穆《先秦诸子系年》,北京:商务印书馆,2005年,第21页。

谈先秦诸子",也"不投稿",以免"引起争论","浪费时间",只"时时默自改定"。① 书稿于1929年初完成后,先是被四川学人蒙文通看到。后者于1927年推出一本《古史甄微》,论证"三皇五帝"并非如时人所谓系战国人伪造,而是"上古各长其民的部落豪酋演化塑造而成"。比钱穆小两岁的蒙文通也靠此上古史"新论"成为令"史坛震动"的新人。② 由他来做评论,可谓恰得人选。

蒙文通看过钱著后,直夸"君书体大思精,惟当于三百年前顾亭林诸老辈中求其伦比。乾嘉以来,少有匹敌"。不仅如此,曾"专治墨学"的他还将书中墨子部分"手抄"过去,拿到南京某刊物去发表。③ 接着,胡适也来了。

事情起于苏州"基督教青年会"拟请胡适前来演讲。时在东吴大学任教的陈天一(即陈旭轮,1898—1960)一向热心推荐本地人才,他力劝前来演讲的胡适去苏州中学一见钱穆。钱穆即因陈天一牵线,得与胡适见面,时间则如方家陈勇所说,"大约在1929年"。④

查顾颉刚日记,1929年8月16日有载,胡适"应苏州青年会之邀",来苏州讲"哲学的将来"。⑤ 但查胡适同期日记,却未记苏州演讲踪迹,只在1929年7月3日,看到胡适现身苏州。且接下来三天里,胡适除带家人游览天平山、寒山寺外,只把"苏州全市十一家报纸,因为反抗检查新闻,全体停刊",当作"很重大的事",并对《申报》只寥寥报道几句感到一丝不满,根本看不到任何演讲记录。⑥ 再看顾颉刚日记,7月3日这天,也记有胡适携家人游了一天,并说胡适来苏是"应振华女校毕业式之招"。⑦ 看来胡适演讲是在1929年8月,但他未把苏州青年会或钱穆放在心上。"哲学的未来"一题,当年6月胡适便已在大同大学讲过,主要观点也记了下来,如"将来只有一种知识:科学知识。将来只有一种知识思想的方法:科学实验的方法。"⑧ 都是

---

① 钱穆《八十忆双亲师友杂忆》,北京:三联书店,1998年,第145页。
② 刘复生《通观明变,百川竞发——读〈蒙文通文集〉兼论蒙文通先生的史学成就》,《四川大学学报(哲学社会科学版)》2004年第6期,第104页。
③ 钱穆《八十忆双亲师友杂忆》,北京:三联书店,1998年,第146页。
④ 陈勇《试论钱穆与胡适的交谊及其学术论争》,《史学史研究》2011年第3期,第66页。
⑤ 顾颉刚《顾颉刚日记 第2册》,台北:联经出版事业有限公司,2007年,第313页。
⑥ 胡适《胡适日记全编 第5册》,合肥:安徽教育出版社,2001年,第450—461页。
⑦ 顾颉刚《顾颉刚日记 第2册》,台北:联经出版事业有限公司,2007年,第299页。
⑧ 胡适《胡适日记全编 第5册》,合肥:安徽教育出版社,2001年,第430页。

十二年前的老调。

　　不同于胡适似乎并未把苏州演讲之事放在心上,钱穆则是到老都记得,得益于陈天一的大力介绍,他才见到了十年来一直只闻大名的"新文化"领袖。其后发生的事,也令钱穆终生不忘。撰写《先秦诸子系年》时,有两本关于"史记·六国年表"的著作,钱穆在苏州找不到,"今骤见一天下名学人","不觉即出口询之",结果胡适也未见过这两本书,"无以对",一时场面十分尴尬,弄得胡适演讲完便要走人。胡适硬被汪懋祖留下游了一通拙政园,结束还给钱穆留下时在上海的通讯地址。钱穆事后才意识到自己系"书生不习世故",但仍怪胡适回上海后,未给他来信。①

　　可见钱穆多希望能得到胡适的"看重",②全然不知机缘未到,那时的胡适认为,"最紧迫的事情在于:中国的知识分子应该从犹豫、困惑的尴尬境地里走出来,立誓忠于'一心一意的现代化'的方针,不惜任何代价。"③哪会将苏州中学演讲和钱穆放在心上。今天来看,的确应感谢背后逢人便说钱穆学问功夫好的陈天一。除胡适外,陈天一还向已成学界大器的顾颉刚推荐钱穆。其时顾颉刚正离开中山大学,转就燕京大学,在主流学界拥有相当高的地位:几被誉为与章太炎、王国维并列的"国学三派"之一,连胡适都被挤掉。他本人也不得不提醒自己"无以他人之捧场而自满哉!"④

　　心系学术的顾颉刚看过《先秦诸子系年》书稿后,觉得以钱穆之才,蜗居于基层学校,实在可惜,因此不仅推荐钱穆前去中山大学任教,还嘱咐钱穆一定为其即将编辑的《燕京学报》撰文。不久,中山大学便寄来聘书。钱穆将此事告诉汪懋祖,汪说自己其实知道钱穆早晚要被挖走,但恳请钱穆留下和他一起做到明年,然后一起各自散去。钱穆只好辞谢中大聘请。之后,顾颉刚又把钱穆拉到了燕京大学。这位试图召唤"国魂"的底层教师因此于1930年秋得以靠近"胡适派"所在的顶层学术教育界。

　　即将北去之际,钱穆未忘热心为其牵线的陈天一。只是钱穆不知道事

---

① 钱穆《八十忆双亲师友杂忆》,北京:三联书店,1998年,第147页。
② 王汎森《钱穆与民国学风》,《燕京学报》第21期,北京:北京大学出版社,2006年,第260页。
③ 胡适《胡适日记全编　第5册》,合肥:安徽教育出版社,2001年,第615页。
④ 顾颉刚《顾颉刚日记　第2册》,台北:联经出版事业有限公司,2007年,第273页。

后陈天一为何竟"欲出家为僧"。等钱穆抵京时，两人随即"音讯遂绝。"①其实陈天一并未幻灭。钱穆也在抗日胜利后得知他转到常州任"县立中学校长"，仍在为基层教育界贡献余力。钱穆本人更是未曾幻灭，而是投身更为复杂的顶层教育场域中，试图依靠自身学术功夫，从其中实现突围，将那种能够提振"民族精神"的学术与课程范式注入了胡适一系所在的顶层教育界。

1949年只身转赴香港创办延续中国文化命脉的新亚书院前，②由燕京大学开启的教育生涯可谓钱穆独自摸索的最后一个阶段。而这个阶段的首要行动仍是赢得学术认可。对此，钱穆也有所准备，谢绝中大聘请后，便把十年前任小学校长时想研究的康有为的《新学伪经考》捡起来，开始撰写《刘向歆父子年谱》。这又将是一篇可以震惊学界的大作，因为自康有为推出其著以来，学界一直相信"六经"传自孔子，汉初今文学家得孔子真传，所谓之后发现的"古文经"乃是刘向、刘歆父子为助王莽篡权而伪造的。实际只要将刘氏父子系年活动考证一番，即可发现康有为之说根本无以成立。③反倒是他在臆说刘氏父子伪造"古文经"，以便挺立自己的"今文经学"，同时掀起"维新变法"。④

连顾颉刚都跟着康有为的说法走，未像钱穆那样特意去考证一下，康有为之说缺乏史实根据。但顾颉刚到底是只认学术之人，即使钱穆的文章颠覆了他对"古文经"的看法，也将其刊发在《燕京学报》上。而且几乎就在同时，顾颉刚在《清华学报》发表了《五德始终说》，其中仍是"墨守康有为之说"。⑤这更可证明顾颉刚学品难得。"不忍不力辩"的钱穆也因为顾颉刚公心编刊，得以释放心头一大压抑，⑥而这一爆发性释放也让他在顶层学术教育界"一夜成名"。真可谓"未见其人，先闻其声"。钱穆1930年秋到达燕京时，他发现，暑假出的这篇文章竟使北京"各校经学课（都主康南海今文家言）遂多在秋后停开"，可见其文章之影响力。只是没想到学界纷纷误以

---

① 钱穆《八十忆双亲师友杂忆》，北京：三联书店，1998年，第148页。
② 详见钱穆《新亚遗铎》，北京：三联书店，2004年。
③ 钱穆《汉刘向歆父子年谱》，台北：商务印书馆，1987年，第1—7页。
④ 朱维铮《音调未定的传统》，杭州：浙江大学出版社，2011年。第125—145页。
⑤ 胡适《胡适日记全编 第5册》，合肥：安徽教育出版社，2001年，第834页。
⑥ 钱穆《汉刘向歆父子年谱》，台北：商务印书馆，1987年，第7页。

第三章 "文艺复兴"一代的文化重建与课程改革努力

为钱穆"主古文家言",①令其有口难辩。

当然,最值得关心的还是胡适何时注意的。1930年10月,胡适花两天时间看完了让钱穆一夜成名的文章,然后在日记里写下:

> 昨今两日读钱穆(宾四)先生的汉《刘向歆父子年谱》(《燕京学报》七)及顾颉刚的《五德始终说》下的政治和历史(《清华学报》六,一),……《钱谱》为一大著作,见解与体例都好。他不信《新学伪经考》,立二十八事不可,通以驳之。②

大赞完钱穆,胡适还说顾颉刚"墨守康有为","殊不可晓"。可以说,胡适几乎认为钱穆比起其弟子还强。可惜,钱穆如何能知胡适私下对其的注意与欣赏。

破完康有为经学不久,无法知道胡适私下已有赞誉的钱穆又在《燕京学报》发表了《关于〈老子〉成书年代之一种考察》。③此举似有意去引胡适关注,其中的核心观点,即老子在孔子之后,如果被学界认同,便会动摇胡适的学术权威地位。而这篇文章确实引起了胡适的重视。1931年3月17日,胡适看过文章给钱穆写了封"长信",还"留稿"备用。④五天后,胡适又在日记里记下,"颉刚与郭绍虞、钱宾四来谈"。接下来全是关于钱穆的,其中说道:

> 宾四费了许多年的工夫著了一部《诸子系年考辨》,凡几十万言。老子的移后是其中的一个要点,故他今天仍争辩《老子》不会出于战国以前。⑤

之后,便是钱穆如何辩了三次,胡适怎样回了三次。

尽管胡适只关心钱穆把老子移后,破坏了他当初建立的典范体系,但终究连尚未出版的诸子系年,胡适也知道了,且钱穆已成为座上客。然而钱穆却只顾辩护——他确如其本人所言,是"书生不习世故",已有的两次机会均白白错失,不知如何变通人情。其实,钱穆还有机会。丁文江弟弟在钱穆班

---

① 钱穆《八十忆双亲师友杂忆》,北京:三联书店,1998年,第147页。
② 胡适《胡适日记全编 第5册》,合肥:安徽教育出版社,第834页。
③ 钱穆《关于〈老子〉成书年代之一种考察》,《燕京学报》,1930年12月第8期,第1577—1602页。
④ 胡适《胡适日记全编 第6册》,合肥:安徽教育出版社,第98页。
⑤ 胡适《胡适日记全编 第6册》,合肥:安徽教育出版社,第101页。

上，需要补考，胡适去信请求免考。钱穆回复"可免补考"，却在末尾提出想让胡适为《先秦诸子系年》"蒙赐以一序，并为介绍于北平学术机关为之刊印"。① 又像当初在苏州中学时那样有些急切唐突。结果胡适没给钱穆作序，钱穆因此更易产生误解。胡适看到《刘向歆父子年谱》时油然而生的好感也未能发挥出积极作用。

说不清该由谁负责。总之，来燕京后，此前对顶层人际缺乏了解的钱穆感受相当不好，除偶尔遇到可聊的顾颉刚、郭绍虞外，几无顺心之事，连课卷批得严一点，都有人来干预，且校内"主事者"也不无嘲讽地说其不懂"私情"。钱穆甚至觉得，"教大学有时感到不如教中学，教中学又有时感到不如教小学"。② 因为感觉实在不好，钱穆对顾颉刚说打算辞职不做。当时同样被顶层学界复杂人际关系搞得焦头烂额的顾颉刚都没空"加一挽留语"，"亦不问所以"，只打包票式地对钱穆说，"此下北大、清华当来争聘，君且归，到时再自行决定"。③

暑假一到，钱穆便离京返乡。一年下来，虽在《燕京学报》发表了一篇一夜成名的文章，却只是和无味的妄言作战，并非自己真正喜欢的学问。至于在课程教学改革方面，更是谈不上有任何收获，只有考试打分一类的恼人"琐事"。1930 年进入燕京求学的周一良提到，国文系（钱穆所在系）、历史系叫座的教授是容庚、顾随、洪业、顾颉刚、邓之诚以及北大来兼职的钱玄同等，④ 新来乍到的钱穆如何能在其中挺立自己的国学课程范式。加上钱穆对燕京本来也无知觉，只是由于萍水相逢的顾颉刚太热心，才有此一遭。

顾颉刚对钱穆的事确实非常热心。暑假期间，顾颉刚便让北大给钱穆寄去了聘书，在历史系主讲上古史、先秦史两门必修课，并另外自行开设一门选修课。钱穆猜测，此事定是顾颉刚为其所请。⑤ 所猜应该属实，顶层学术教育界没人会像顾颉刚那样为钱穆活动。不过此事背后颇有玄机。顾颉刚之所以能促成钱穆去北大任教，除了因为他与胡适（文学院院长）及傅斯年（历

---

① 钱穆《致胡适书》，《素书楼余渖》台北：联经出版事业有限公司，1998 年，第 191—192 页。
② 钱穆《八十忆双亲师友杂忆》，北京：三联书店，1998 年，第 156—157、第 158 页。
③ 钱穆《八十忆双亲师友杂忆》，北京：三联书店，1998 年，第 157—158 页。
④ 周一良《毕竟是书生》，北京：北京十月文艺出版社，第 14 页，第 17 页。
⑤ 钱穆《八十忆双亲师友杂忆》，北京：三联书店，1998 年，第 162 页。

史系幕后操纵人）私人关系甚密，更与胡适对于上古史的看法已发生转变有关。

先前胡适一直认为上古缺乏可靠文献，无法研究，但1928年傅斯年领导的"殷墟考古"彻底打破了上古无法研究的神话。1929年，仍在上海的胡适也开始发生改变。他对顾颉刚说"现在我的思想变了，我不疑古，要信古了"，令顾颉刚听后"出了一身冷汗，想不出他的思想为什么会突然改变"。① 殷墟考古发现的固然是上古文物，但即使是当时既有涉及上古史事的文献资料，也不再像过去那样一概被认为皆是后人伪造，因此依靠文献资料，同样可以考证上古史实。而在胡适、傅斯年面前证明这一点的人正是钱穆，胡、傅两人都和顾颉刚一样欣赏钱穆的成名作《刘向歆父子年谱》。②

当时他们一时也找不到比钱穆更"硬"的人来讲授上古史。只要他们无法将上古史从课程表上除去，上古史及先秦史知识积累在当时皆堪称一流的钱穆终究能占得一席之地。所谓玄机即在于此，这也是顾颉刚能请成的关键所在。另外，进北大也一直是钱穆的梦想，即使知道不好对付，他也去了。去了之后，顾颉刚又为其争得兼职清华的机会。不过北大仍是其主战场。就这样，一度索性离去的钱穆又于1931年秋开始了新一轮的突围行动。这次在教育界"最高学府"的突围比在燕京时还要艰难，然而"一意自读书"的钱穆硬是扛了下来，进而能在胡适"科学"的考据范式面前，贡献一种更大气也更符合时代人心所需的历史研究与课程范式。

必须硬扛的麻烦首先来自开课。第一年，除担任上古史和秦汉史课程外，钱穆还开了一门选修课，名为"近三百年学术史"。这可是梁启超转向"清代学术史"后钱穆于1923年率先开讲的课程，但梁启超或许也受了胡适及"整理国故"的影响，侧重从学术方法或范式层面，揭示1623年以来"学术主潮"由"厌倦主观的冥想而倾向于客观的考察"。③ 钱穆斗胆在梁氏去世

---

① 顾颉刚《我是怎样编〈古史辨〉的？》，《古史辨 第1册》，上海：上海古籍出版社，1982年，第14页。
② 傅斯年对钱穆的欣赏，见钱穆《八十忆双亲师友杂忆》，北京：三联书店，1998年，第168页，亦可参考陈勇《钱穆与新考据派关系略论———以钱穆与傅斯年的交往为考察中心》，《上海大学学报（社会科学版）》2007年第5期，第50—58页。
③ 梁启超《近三百年学术史》，北京：东方出版社，1996年，第1页。

之后带头重开此课，是因为"与任公相异"。① 然而且不提钱穆课程设想与梁公不同，仅带头重开此课，就一时非议四起。上古史课亦是如此，有的甚至直接来书质疑，"君不通龟甲文，奈何腼颜讲上古史。"②

但钱穆也已做好了准备，即使身陷"是非场中"，也要讲出新内容来。"近三百年学术史"是其来北大后最看重的新课，他确实有不同于梁启超的想法。他不仅不愿再对清代学术做一番考据，简直是要否定整个清代学术，同时颠覆胡适那种面对"九一八事变"以来的危难时局无动于衷的现代考据学。由此也就不难理解，在构思这门学术史课程时，钱穆为何首先刻意凸显宋代学术和顾炎武、黄宗羲等有民族精神气节的清初大儒，然后又提请学生注意历史上"中华之受制于异族"的三大时刻。③ 至于当时教育界方兴未艾的"考据"学风，钱穆在课程导言中同样也做了批判，如其所言：

> 今日者，……言学则仍守故纸丛碎为博实。苟有唱风教，崇师化，辩心术，严人才，不忘我故以求通之人伦政事，持论稍稍近宋明，则侧目却步，指为非类，其不诋诃而揶揄之，为贤矣！④

一年前为了和胡适叫真仍在埋头考证老子出生年份的钱穆，怎么会突然变成要在北大历史课堂上颠覆清代以来蔓延至当时的考据学风，还要把所有遭受考据学诋毁、嘲讽的大气史学研究及史学教育范式全部重新立起？其实，答案就在钱穆任教燕京时的一句自况里：

> 余本好宋明理学家言，而不喜清代乾嘉诸儒之为学。及余在大学任教，……几乎绝无宋明书院精神。人又疑余喜治乾嘉学，则又一无可奈何之事矣。⑤

由此想起，王汎森在分析章太炎时，曾敏锐指出："大家都知道，太炎是一个古文家，却较少留意他不是一开始就以这样或那样的古文家出现。在与论敌长期缠斗的过程中，他的思想也同时被论敌制约形塑成一个特殊的

---

①② 钱穆《八十忆双亲师友杂忆》，北京：三联书店，1998 年，第 163 页。
③④ 钱穆《中国近三百年学术史（一）》台北：联经出版事业有限公司，1998 年，第 15—16 页。
⑤ 钱穆《八十忆双亲师友杂忆》，北京：三联书店，1998 年，第 157 页。

风貌。"① 这句话其实也可以用来理解后起的胡适与钱穆。在考据与哲学、文学之间，胡适显然更喜欢哲学、文学（尽管他写不出好的哲学、文学，只能考证历史上的哲学、思想和白话文学），但为了从北大"章太炎派"的学术势力圈崛起，他必须小心建构"科学"的新考据学。钱穆进大学后，为自己被认为是"喜治乾嘉学"感到无奈，而这亦何尝不是为了拿出一流考据功夫，赢得"胡适派"的侧目与认可。

若没有《先秦诸子系年》《汉刘向歆父子年谱》等即使不喜欢也要奋力写好的考据大作，钱穆如何能登上"胡适派"掌控的北大讲台。事实上，钱穆来北大后，对于自己并不喜欢的纯粹考据，仍还有些惦记。这惦记便是希望能在京城要塞学术机关公开出版《先秦诸子系年》，为此还需进一步完善此书。又是顾颉刚为出版去张罗，并将书稿推荐给清华，希望能添入"清华丛书"。但在审查会上，冯友兰作为三位评委之一，未让钱著通过遴选。钱穆最后只好求其次，将其送给商务印书馆出版。②

冯氏不让钱著通过，是因为"主张此书当改变体裁便人阅读"，③这句话显然没有谈及钱著本身的学术质量，但也找不到他的学术评价。关于《先秦诸子系年》的学术质量，目前比较确信的是，另一位评委陈寅恪的评价极高，曾私下对同事杨树达说，"钱宾四（穆）诸子系年极精湛，时代全据《纪年》订《史记》之误，心得极多，至可佩服"。④ 此事发生在1934年春，钱穆在北大讲课已到第四年。评语传到钱穆这里，变成"自王静安后未见此等著作"⑤。传来传去造成的差异已不重要，重要的是钱穆其实已经具备可以在当时顶层学人中立足的学术实力。

真正的考验仍是上好课。在这一点上，钱穆倒没那么多不得不求人认可的顾虑。从带头重讲"近三百年学术史"起，钱穆似乎只想将多年前就已成型的新史学表达出来。到底因为精神力量更符合民族危亡时期的人心需要，钱穆的课终究能慢慢赢得学生的喜欢，乃至热烈追逐。钱穆也因此能在"胡

---

① 王汎森《章太炎的思想（1868—1919）及其对儒学传统的冲击》，台北：时报文化出版事业有限公司，1985年，第59页。
②③ 钱穆《八十忆双亲师友杂忆》，北京：三联书店，1998年，第160页。
④ 杨树达《积微翁回忆录积微居诗文钞》（杨树达文集之十七），上海：上海古籍出版社，1986年，第82页。
⑤ 钱穆《八十忆双亲师友杂忆》，北京：三联书店，1998年，第160页。

适派"新考据学支配的北大实现课程突围,成为不输于胡适的"叫座"教授。而在当时的北大,能否赢得学生追捧,学生追捧到何种程度,对任何一位教师而言都可以说是终极决定因素。钱穆必须赢得学生追捧,胡适亦何尝不是如此。

1931年2月10日,离开上海、重返北大的胡适"第一次在北大上课,讲中古思想史",上完课特意记下:"在第二院大礼堂,听讲者约三百人,有许多人站了两点钟"。一周后,又记下:"下午到第二院上课,课堂仍是满的,有许多人饭后便来占座位了。"到3月10日,"上课,仍是三百多人。"① 钱穆同样十分清楚这条不成文的致命规则,并将其概括为"讲堂必随时改换",教师"或自小课堂换至大课堂","或自大课堂屡换小课堂","学生以此为教师作评价",对此,"教师亦无如之何"。②

今天已很难弄清钱穆如何逐步赢得学生追捧,只知道在此不成文的规矩下,"近三百年学术史"一直开到了第三年,即1933年,开到钱穆写完讲义,③ 似乎大家都要跟着钱穆完整走完三百年,学生反响非常好。其实,第一年,钱穆的课就征服了诸多挑刺的学生领袖,连当时仍"坚持疑古"的钱玄同④都对钱穆说,他的儿子在钱穆班上听课,结果"彼甚信君言,不尊吾说"。只不过钱穆"恐或起争论",听完"仅诺诺",弄得玄同只好"改辞他及"。⑤

大概就是靠一心把自己的课上好,不卷入任何是非,钱穆慢慢赢得了学生连年追捧。上古史、先秦史授课一样很成功,他讲的总是和胡适所讲相冲突,钱、胡两人的授课甚至成了北大的一大看点。"北大同事之夫人们"也来旁听,"亦去适之讲堂旁听,退后相传说以为谈资"。⑥ 钱穆与胡适的联袂登台丰富了北大教授"夫人们"的业余生活。今日北大是否仍有这种课程文化景观,不得而知,但当年的景观足以说明,与在燕京时的不如意不同,钱穆

---

① 胡适《胡适日记全编 第6册》,合肥:安徽教育出版社,第55页,第61页,第90页。
② 钱穆《八十忆双亲师友杂忆》,北京:三联书店,1998年,第170页。
③ 钱穆《八十忆双亲师友杂忆》,北京:三联书店,1998年,第157页。
④ 顾颉刚《我是怎样编〈古史辨〉的?》,见《古史辨 第1册》,上海:上海古籍出版社,1982年,第14页。
⑤ 钱穆《八十忆双亲师友杂忆》,北京:三联书店,1998年,第163—164页。
⑥ 钱穆《八十忆双亲师友杂忆》,北京:三联书店,1998年,第166—167页。

进北大后，成为了可与胡适并驾齐驱的"明星"教授。不久，胡适主动找钱穆谈合编一本中学国文教科书，钱穆拒绝了他，说要编可以，但各编一本，"使国人对比读之，庶可有益"。①

合作美意因钱穆坚持己见，"遂亦作罢"。看来，钱穆的确够自信，就是要与胡适联袂登场，而且各讲各的历史文化。这已够精彩，然而更精彩的课程突围还在后面。1933年，"热河事变"爆发，日军逼近长城，企图入侵华北。眼见"九一八事变"以来的国家危机日益加剧，教育界及顶层学人都在考虑开设可以提振民族精神的新型历史课程，教育部也及时下令，各大学必须增设"中国通识"必修课。然而民国成立已有二十二年，整个教育界及各路顶层学人却连一套像样的、旨在提振民族精神的《中国通史》讲义都拿不出来。

1927年，55岁仍在清华任教国学的梁启超曾打算余生"将尽力完成《中国通史》之作。"②其构思虽不一定符合六年后国家危亡关头的民族精神需要，却总算代表教育界和顶层学人更早便有过写通史考虑。可惜天不假年，两年后，梁启超过世，未及贡献"中国通史"典范。到"九一八事变"爆发那年，陈寅恪仍在清华二十周年校庆上坦言："今日全国大学未必有人焉，能授本国通史"。③不能再拖的责任落在了北大及胡适、傅斯年等新一代教育及学术领袖身上。胡、傅等和陈寅恪一样，也认为断代史都未做好，不可能有能讲通史的人，因此先是决定由北大组织"史学断代凡专家十余人，轮流作专题演讲"，④来担负这一新的授课重任。

方案未获通过后，又改为由钱穆和陈寅恪两人担任，擅长上古史和先秦史的钱穆讲上半部，精通魏晋隋唐史的陈寅恪讲下半部。可谓是在无人的情况下，想尽最好办法由史学造诣最高者来完成授课。应该说，主局者胡适、傅斯年在考虑方案时做到了暂时放下门户之见，从大局出发选人。不过，钱穆自信可以独自讲好通史课，⑤私下对钱穆学问评价极高的陈寅恪亦未见有何异议。最终到了1933年秋开学时，"中国通史"这门现代中国教育史上的首

---

① 钱穆《八十忆双亲师友杂忆》，北京：三联书店，1998年，第167页。
① 丁文江、赵丰田《梁启超年谱长编》，上海：上海人民出版社，1983年，第1105页。
③ 陈寅恪《吾国学术之现状及清华之职责》，《金明馆丛稿二编》，北京：三联书店，2001年，第361页。
④ 钱穆《国史大纲（上）》，台北：联经出版事业有限公司，1998年，第1页。
⑤ 钱穆《八十忆双亲师友杂忆》，北京：三联书店，1998年，第171页。

设课程果然率先由钱穆独自开堂讲授。

第一堂课上,钱穆便让学生一起超越对本国历史不带感情的"科学"主义以及"虚无"主义、"进化"主义等"五四"以来流行的历史观,树立以下几点新的中国历史信念:

一、当信任何一国之国民,尤其是自称知识在水平线以上之国民,对其本国以往历史,应该略有所知。二、所谓对其本国以往历史略有所知者,尤必附随一种对其本国以往历史之温情与敬意。三、所谓对其本国历史有一种温情与敬意者,至少不会对其本国以往历史抱一种偏激的虚无主义,亦至少不会感到现在我们是站在以往历史最高之顶点,而将我们当身种种罪恶与弱点,一切诿卸于古人。四、当信每一国家必待其国民具备上列诸条件者比较渐多,其国家乃再有向前发展之希望。①

当此日寇扩大其侵华步伐之际,的确不能再肆意贱视本国历史与文化,或像胡适当年所主张的那样,仅为"发明一个字的古义",②埋头从事考据,而必须热爱、认识和保卫本国数千年的历史与文化,并以这种"民族(国家)主义"的通史研究与学习,为"国家向前发展"提供精神动力。这正是钱穆贡献的"中国通史"课程范式。当年那位试图以自己的学术及课程实践来召唤"国魂"的底层教师也抵达了其职业生涯的新顶峰,变成了在北大开拓"民族(国家)主义"(nationalism)史学研究与教学的先锋。

至于反响,钱穆记得,"每一堂近三百人,坐立皆满",连长期在中国从事间谍活动的日本学生也来刺探情况,"此辈皆日本刻意侵华前之先遣分子"。③这门课在北大连开了四年。1937年,转到西南联大后,又开了两年。有一位张姓学子因此可以连续听六年,令钱穆到老仍记忆犹新。④其实此时已不必考察反响一类的个人成绩问题,只需提一点即可:钱穆从"胡适派"控制的学术教育场域中成功地实现了自己的学术与课程突围,曾被"文学革命"及"科学"的考据运动占据的"最高学府",也因钱穆一番旨在唤醒"国魂"的倔强突围努力,收获一位"民族(国家)主义"史学研究与教学的先

---

① 钱穆《国史大纲(上)》,台北:联经出版事业有限公司,1998年,第19页。
② 胡适《论国故学(答毛子水)》,《胡适文存》,合肥:黄山书社,1996年,第321页。
③④ 钱穆《八十忆双亲师友杂忆》,北京:三联书店,1998年,第173页。

锋旗手。

　　同样，成功突围的原因也不难理解。这一点前文便有提及，这里亦只需再归纳一下：“九一八事变”以来日益严重的民族国家危机，以及危机局势下，中国教育界尤其是学生群体中必然兴起的"民族（国家）主义"，足以解释钱穆之所以能成功突围的时代语境。就此而言，胡适的"科学"考据学，顾颉刚的"古史辨"，以及傅斯年的"史料学"，显然都不如钱穆在"中国通史"中建构的史学研究和教学范式更能安慰"九一八事变"以来日益高涨的"学生民族（国家）主义"（student nationalism）情结。①

　　值得一提的是，胡适重返北大讲台后，其实也曾尝试让自己的先秦诸子研究转向唤醒"国魂"，为提振民族精神做贡献，并确实写了《说儒》。期间，胡适还多次找钱穆沟通，钱穆也把自己的不同意见（尤其老子出生在孔子之后）告诉了胡适。② 在《说儒》中，胡适不仅相信可以通过文献研究上古，而且论证"殷商民族亡国后有一个'五百年必有王者兴'的预言；孔子在当时被人认为是应运而生的圣者。"然后孔子不辱众望，把"儒"由原先仅是殷商部落一个"柔弱"阶层，改造成了"刚毅进取"、"仁以为己任"的天下之儒。③

　　虽然最后胡适仍不忘捍卫"老在孔前"，但这篇费时两个多月、长达五万字的文章的确有益于重振本国文化自信。胡适本人也很得意，"快活到一面写，一面笑"，认为其中的"理论"（即对儒士阶层及孔子的新解释）"可以使中国古史研究起一个革命"。④ 胡适大概想在钱穆通史讲义出版之前，先声夺人。但对他的古史"理论"转向及其超"科学"的提振国人士气心意，连

---

① 这一概念系美国汉学家易社强（John Iserael）提出的，虽然易社强侧重考察"学生国家主义"对于民国政治变革的作用（参见 Iserael, J. *Student Nationalism in China: 1927—1937*, Stanford: Stanford University Press, 1966.p.1—9），但这一概念也可用在"九一八事变"以来，什么样的学术与课程范式更受学生欢迎。此外，lincoln Li 亦曾考察民国时期的"student nationalism"，其视角也是"政治"，主题是考察诸路政治力量如何通过"学生工作"（student work）来争取爱国情绪高涨的学生加入各自的政治变革事业，参见 Li, L. *Student Nationalism in China, 1924—1949*. Albany: State University of New York. 1991. p.3.
② 钱穆《八十忆双亲师友杂忆》，北京：三联书店，1998年，第166页。
③ 胡适《说儒》，见玖阳哲主编《胡适文集　第5卷》，北京：北京大学出版社，1998年，第3页。
④ 胡适《胡适日记全编　第6册》，合肥：安徽教育出版社，2001年，第424—425页。

顾颉刚都不理解，认为他的"民族拯救"说，即"孔子所以成为圣人，是由于五百年前商人亡国时有一个'圣人'出来拯救他们的民族"，是"为了'信古'造出的大谎言"。①

长期被人视为疑古典范人物的胡适想有点改变，竟很难被身边人接受，可见其学术转向之难。何况他还是在早已采取政治行动的情况下，②抽空做点自己喜欢的学术，更应得到同情。此时的胡适像是学术、政治两边都难顾好。顾颉刚依然"疑古"，但同时也采取了教育方式应对"国难"，具体行动是创办"通俗读物社"，发起民众文化教育运动，以"唤醒民众"抵抗日寇。如雷洁琼所言，到1940年，便出版了"小册子600种，发行量达五千多万"。③另一位"文艺复兴"一代的干将傅斯年也在"九一八事变"影响下，一面维系中央研究院历史语言研究所和北大历史系，一面开始炮轰政治，乃至因此到1937年，未及40岁，便牺牲了自己可以进一步提高的史学事业。④

两头都吃力的胡适其实亦只能尝试一下，已不可能再做出多大的学术革新和课程改革事业。学术上，他所得心应手的仍是宣传以前的"新思想"。1935年元旦，忙了一年的胡适赶往香港，接受香港大学名誉博士学位。然后开始演讲，鼓励香港成为南方的"新文化中心"。之后，又转到广州演讲，很受学生追捧，仅去参观一下中学，都"被七八百个少年人围着"、"跟着"。但其"反对读经"、"科学人生观"，以及"广东自古是中国的殖民地"等新思想，却得罪了坚决主张按传统伦理"做人"的广东最高长官陈济棠，中山大学都不得不声明，"胡适出言侮辱宗国。侮辱广东三千万人。"胡适竟还能

---

① 顾颉刚《我是怎样编〈古史辨〉的？》，《古史辨　第1册》，上海：上海古籍出版社，1982年，第13页。
② 1932年2月，胡适决定创办周报（即《独立评论》），来"求得政治的改善"，应对"九一八"以来的民族国家危机，参见胡适《胡适日记全编　第6册》，合肥：安徽教育出版社，2001年，第174—175页。
③ 雷洁琼《顾颉刚先生在燕大的活动》，见王煦华编《顾颉刚先生学行录》，北京：中华书局，2006年，第86页。
④（德）施耐德《真理与历史——傅斯年、陈寅恪的史学思想与民族认同》，北京：社会科学文献出版社，2008年，第46页；Wang Fan-sen, *Fu Ssu-nien: History and Politics in Modern China*, Princeton: Princeton University Press. 1993. p.106.

坚持己见，只叹一句"膏药卖不成了"。①

回到北大，胡适的"膏药"同样很难"卖成"，倒不是因为那里的学生恪守传统伦理，而是因为这一年，爆发了胡适一系根本无从赶上、更无法驾驭的新一轮文化转向。1919 年的那轮转向是由傅斯年、罗家伦、顾颉刚等北大学生掀起的，这一轮更具号召力的新文化运动是由清华学子掀起的。时为 1935 年 12 月，清华大学救国会推出一份新刊，名为《怒吼吧》。当月 10 日，创刊号正式对外发行，《清华救国会"一二·九"告全国民众书》随之传往全国，其中的"怒吼"将取代此前的任何新文化，成为教育界最新的主流努力方向。其文如下：

> 亲爱的全国同胞：华北自古是中原之地，现代，眼见华北的主权，也要继东三省热河之后而断送了！
>
> 这是明明白白的事实……而举国上下，对此却不见动静。回看一下十六年前伟大的"五四"运动，我们真惭愧：在危机日见严重的关头，不能为时代负起应负的使命，轻信了领导着现社会的一些名流、学者、要人们的甜言蜜语，误认为学生的本份仅在死读书，迷信着当国者的"自有办法"，几年以来，只被安排在"读经"、"尊孔"、"礼义廉耻"的空气下摸索，痴待着"民族复兴"的"奇迹"！现在，一切幻想，都给铁的事实粉碎了！"安心读书"吗？华北之大，已经安放不得一张平静的书桌了！②

一句"华北之大，已经安放不得一张平静的书桌了"迅速响彻整个教育界。清华学子由此取代北大学子成为教育界中心地带的新文化运动发起力量，十六年前登上学术教育革新中心舞台的"新潮"一代或"文艺复兴"一代，也因此得以目睹"怒吼"一代的崛起。1935 年之后，无论胡适、傅斯年等"文艺复兴"一代中的学术教育领袖能有什么"民族（国家）主义"或"自由主义"的政治干预行动，也不管钱穆、顾颉刚等"文艺复兴"一代中相对更恪守学术的骨干们还能拿出怎样的"民族（国家）主义"学术与课程改革

---

① 胡适《南游杂忆》，见欧阳哲生主编《胡适文集 第 5 卷》，北京：北京大学出版社，1998 年，第 611—626 页。
② 清华救国会《告全国民众书》，转引自杨树先《一二九运动史若干问题再研究》，《中共党史研究》1992 年第 6 期，第 68 页。

努力，都得让位于更紧迫、更伟大、也更有号召力的抗日战争与民族解放事业。

　　总之，从 1935 年的"一二·九运动"起，"文艺复兴"一代该退场了，不再能领导现代中国教育的文化转向与课程改革，只能在万难中勉力维系"五四"以来开垦出来的学术文化事业。

结语　教育学、课程改革与未尽的现代文化转向

　　1931年的"九·一八事变"和1935年的"一二·九运动"可谓现代中国教育的一大转折时期。在此转折年代，教育界逐渐兴起了民族国家利益至上的"怒吼"文化转向与课程变革运动。只是前一章考察这一苦难转折时，视野局限在北大、清华等教育界中心地带，未能涉及基层教育界种种旨在提振民族士气的文化转向与课程改革努力。以钱穆曾任教的苏州中学为例，便有吕思勉、张元白等教师于万难中游击开展民族国家利益至上的文化教育行动，并让门下学生"没有一个去当汉奸"。① 在遥远的山西乡宁县，也有焦卓然这样的"举人"中学教师，在奋力编写《中华国难教育读本》，"选讲弘扬民族正气的古典名篇"，以"使吾国青年，认识我国现在所处之地位万分危险，振刷精神"。②

　　类似的有精神的基层学校曾是现代中国教育乃至整个历史变革的排头兵，苦难骤增年代，又和北大、清华等后起的顶层学府一起转向新一道文化征程。这些基层学校的表现亦可以证明，三十年代起，"文艺复兴"一代进入了退场阶段。总之，现在大可以去探讨，十九世纪六十年代以来，至二十世纪三十年代，几代人推演建成的现代中国教育到底做出了什么样的贡献。对

---

① 李永圻《吕思勉先生编年事辑》，上海：上海书店出版社，1992年，第249页；俞振基《蒿庐问学记：吕思勉生平与学术》，北京：三联书店，1996年，第211页。
② 孙觉民《焦卓然先生和他编纂的〈中华国难教育读本〉》，《山西文史资料》1998年第6期，第155—161页。

此问题，本书仍只能聚焦于"文化"，其基本议题是：首先，七十年下来，现代中国教育炼出了什么样的"文化实践"能力，取得了何种广被认同的现代文化成就；其次，课程改革在文化革新中起过什么作用，能否将其看成教育界重要的"新文化"生产与传播机制；最后，"五四"以来兴起的教育学在当时学术教育场域中有过什么样的"学术文化实践"，其内在不足在哪，又该如何重建。

1. 丰富的文化革新想象与有限的文化实践能力

众所周知，20 世纪 80 年代，教育界再度兴起类似"五四"时期的"思想"文化运动，而且其中的议题之一便是梳理、盘点"五四"时期的新文化成果，以便为当时正在发酵的"思想"文化运动确立路向。在 80 年代众多历史盘点与新路开拓努力中，李泽厚堪称影响最大。直到近些年，许多过来人仍会"热议"李泽厚的思想文化与学术文化贡献。热心报道的媒体还从中择言，在醒目位置提醒教育界后辈："80 年代以来思想界有全局影响力的人，唯有李泽厚先生一人"，并为"90 年代"没有出现类似人物感到"可悲"与"困惑"。①

1986 年，李泽厚在《走向未来》创刊号上发表长文《启蒙与救亡的双重变奏》，其中不仅用"启蒙与救亡"这一分析框架来梳理"五四"以来的思想文化运动演变史，而且指出思想文化运动的基本走势可以概括为：起初"启蒙与救亡"尚能"携手同行"，但"启蒙与救亡并行不悖、相得益彰的局面并没有延续多久，时代的危亡局势和剧烈的现实斗争，迫使政治救亡的主题又一次全面压倒了思想启蒙的主题。"② 就像当年胡适一样，李泽厚的文章也为"读书热"、"思想热"时期的新一代人重新认识近现代文化，提供了满意的"思想史"范式，许多后辈因此走上"启蒙思想家"的道路。当然，也有不少先锋近代史学者提出质疑。不过诸多质疑似乎并未来得及架构新的

---

① 陈良飞《学者燕园热议李泽厚与"80 年代"》，《东方早报》2011 年 9 月 5 日，亦可参见杜维明等《李泽厚与 80 年代中国思想界》，《开放时代》2011 年第 11 期，第 5—40 页。
② 李泽厚《启蒙与救亡的双重变奏》，《中国现代思想史论》，上海：东方出版社，1987 年，第 1 页，第 32 页。

解读范式，只是将李泽厚的两元分析框架颠倒过来，强调"救亡唤起启蒙"，或认为正是由于"救亡"的推动，"启蒙运动"才得以"发展"与"深入"。①这让人觉得，反对声似乎也是在提倡"启蒙"思想。

倒是1990年代兴起的"思想"空气稀薄的"学术史"运动比"启蒙"者推出的一系列"思想"分析框架，更有助于一点一点地认识"五四"前后复杂的文化历史演变面相，而不再像"思想家"李先生当初那样，从1916年《青年》杂志提出的"伦理"觉醒这一条历史线索入手，将蔡元培、鲁迅等资深当事人都难以看清的"新文化运动"，勾勒成"启蒙思想运动"。让教育界后辈读书人看后难免觉得，仿佛最值得做的事乃是"启蒙"国人的"思想"，"学术史"运动看中的"学术"倒属于次要的。

1990年代的"学术史运动"曾被认为是不够大气，缺乏情怀，类似乾嘉时期的钻进故纸堆。②然而正是这类考据学问，让教育界后辈读书人得以目睹更多丰富实在的中国现代文化历史演变面相。只是面相呈现至今，无形之中又催生了"大师"、"民国范儿"等更易遮蔽视野的概念框架。不过，对复杂历史本身感兴趣的人仍会驻足诸多"学术史"家小心开凿出来的考察路径与史事景观，并在其基础上探解各自关心的微观问题，而无需计较这种学习活动有没有"思想"，或能不能看到"大师"、"民国范儿"。

即以本书为例，便是以"文化转向"与"课程改革"这两个既无"思想"可言，又无"民国范儿"，只是便于叙述史事的概念来架构主题，并因此只能勾勒梳理，青春年少之际便开始操心忙碌的几代前辈，在文化重建和学界很少关心的课程改革方面，为清末以来的中国教育具体做了哪些事情。当然，这里绝不是要排斥"思想"视野，而是深知聚焦于"自由"、"宪政"、"民主"及"科学"等"思想"，容易遮蔽史事，甚至把"思想"看成当时的教育事实与社会事实，而且这些"思想"本身的内涵也非常难把握，无力从事。当然，叙事也有不小难度。本书在各路"学术史"高手的指引下，四处寻找材料，也只能对少数前辈的文化转向与课程改革活动做出有限且不乏粗糙的

---

① 金冲及《救亡唤起启蒙——对戊戌维新的一点思考》，《人民日报》1988年12月5日；彭明《五四运动史研究的几个问题》，《文史哲》1989年第3期，第3—9页。
② 实际并非如此，见左鹏军《90年代"学术史热"的人文意义》，《华南师范大学学报》（社会科学版）1998年第3期，第68—74页。

描述，其中必然会有许多遗漏——在文化革新与课程改革方面，前辈们也许不止做了本书所描述的这点尝试。

不过，此前有限的考察与描述也能提供历史经验，从而方便我们对结语部分关心的三个问题展开探讨。第一个问题来源于本书导论部分便已提出的问题，即传统"中学"文化认同丧失以后，现代中国教育是否建立了新的文化认同，进而使得教育界能达成相对统一的文化追求目标。从康有为、梁启超、章太炎以及"文艺复兴"一代的实践来看，显然容易认为，几代文化与教育改革先锋前赴后继的努力皆没有为现代中国教育确立新的文化认同，只留下了诸多相互竞争激烈、各自内部结构也不稳定的文化革新方案。

如果硬要在紧张分裂的教育界找出"集体认同"，恐怕只能将视野移到"政治理想"层面，或如钱穆在无锡"三师"课堂上所提示，各路先锋无论提出何种"学术思想"，都是为了能"救国保种"，[①] 或今人所谓实现"国体转型"，重建不能应对时局危机的政治体制。[②] 然而即使是在这一最被认同的集体政治目标之下，各路先锋的路径也不一致。甚至各路内部，亦是争论不断。康有为一系如此，几乎不知道他们到底要干什么。章太炎代表的"革命派"也是意见不一。教育界也因为各类风马牛不相及的政治舆论宣传而变得更加焦躁不安，直到诸路力量到1930年代均退场，才为后来达成新的集体政治理想认同腾出空间。

"文化"层面，亦是如此。严复曾在"古今中西"文化之间来往穿梭，曾奋力传播西学，晚年却安居于儿时便熟悉的中国传统文化。梁启超、章太炎先是将一腔热血与满腹才华扎进依靠二手材料得来的西方政治文化，晚年也试图转到各自所属的清代学术文化谱系。胡适、傅斯年、顾颉刚等"文艺复兴"一代一开始亦是举棋不定。胡适自不必说，留学时曾在所能接触到的诸多西方文化之间走马观花，回国后亦是拿着"科学的方法"在历史、哲学、文学等领域寻找文化革新战场。出国前不忘叮嘱《新潮》社同学潜心向学的傅斯年到了欧洲，同样不知道一流的西方文化在哪，自己到底适合学什么，[③]

---

① 钱穆《国学概论》，台北：联经出版事业有限公司，1998年，第410页。
② 唐德刚《晚清七十年》，长沙：岳麓书社，1999年，第4页。
③ 傅斯年《致胡适》，见欧阳哲主编《傅斯年全集 第7卷》，长沙：湖南教育出版社，2000年，第42页。

直到读到德国史学家兰克,才确立史学即是史料学这一现代学术文化信念。

本书即因此认为,传统"中学"文化认同丧失以后,只看到各种各样的"文化转向",具体到本书考察的人物身上,则是在古今中西之间,一会转向这种文化,不久又转向另一种文化。各种各样的文化转向让清末以来的中国教育挣脱了"四书五经"的束缚,变得每天都充满了新鲜浪漫的文化革新想象。此即如梁启超回忆他与谭嗣同、夏曾佑的青春岁月时所言:

> 我们(按指与谭嗣同、夏曾佑)几乎没有一天不见面,见面就谈学问,常常对吵,每天要大吵一两场……那时候,我们的思想真"浪漫"得可惊,不知从那里会有怎么多问题,一会发生了一个一会又发生了一个,……吵到意见一致的时候,便自以为已经解决了。①

几个人每天聚在一起"谈学问","大吵",从而吵出许多"问题"与"浪漫"的学术文化。其实这还不算"浪漫",更浪漫的是他们的老师康有为,竟能依靠今人看来极其匪夷所思的方式,产生新的文化想象。觉得"四部书既略知其大义",同时"著述亦认为无用"之后,康有为决定"绝学闭户,静坐养心",果然"忽见天地万物皆我一体,大方光明,自以为圣人。"②

很难想象,顾颉刚这样的"文艺复兴"一代曾迷恋康有为的浪漫思想以及由此而产生了诸多肆意妄言。还好,顾颉刚们没有沾染康有为"绝学闭户"、"静坐冥想"的学术生产方式,否则民初北大可能弥漫鲁迅所谓的"妖气"。不过,喜欢"科学"的顾颉刚亦不乏浪漫的学术想象,只是其浪漫学术想象是由胡适提倡的"大胆假设"促成。顾颉刚竟提出,禹,这位华夏民族的上古祖先,是后人虚构的人物,其最初只是某一图腾上的动物造型。顾颉刚也因其"大胆假设"惹来官司。鲁迅也曾讽言其扬名是靠提出"禹是一条虫",两人关系也因此闹僵。③

丰富且浪漫的文化革新想象和此前激进的政治变革想象一样,也容易

---

① 梁启超《亡友夏穗卿先生》,转引自李泽厚《论康有为的"大同书"》,《文史哲》1955 年第 2 期,第 10 页。
② 李泽厚《论康有为的"大同书"》,《文史哲》1955 年第 2 期,第 11 页。
③ 顾潮《历劫终教志不灰——我的父亲顾颉刚》,上海:华东师范大学出版社,1997 年,第 100—106 页。

让本已混乱的教育界变得更加难得安宁。像康有为以来的这种在古今中西文化之间的随意穿梭与浪漫想象或许只适合用来创造"散文",而绝不适合创造现代学术,更不适合创造现代政治,因为在"散文"中,最容易做到西晋时陆机所谓"观古今于须臾,抚四海于一瞬。"① 但这是这段历史终结多年之后人们才看出的道理,清末民初那会儿则一直缺少一位康德式的现代学术领袖,能以三大部专著,一一辨明"理性"、"情感"、"意志"等基本人性力量各自能创造什么样的文化,然后为其划清活动领域与界限。

因为缺少康德式的现代学术体系,清末民初各路教育改革家总是在创造"理性"、"情感"、"意志"融为一体的现代文化,这让中国教育极富各种浪漫的文化想象,但它所能给中国教育带来的仅是一堆新鲜的报纸、杂志和多如牛毛却互相冲突的"政治"及"思想"宣传,从《清议报》到《新民丛报》,再从《新青年》到《新潮》,无不如此。《清议报》与《新民丛报》系梁启超的贡献,并曾让许多学校兴起学潮,校方禁止阅读,但诸多学生却一定要阅读,于是起冲突,然后诸多学生愤怒离校,到别处另立新校,如从南洋公学脱离出来的爱国学校。《新青年》与《新潮》系北大制造,也让各地校园骤增新旧文化冲突,浙江一师的施存统及"非孝"事件,② 从厦门大学脱离出来的大夏大学等都是著名案例。

对于清末民初教育界丰富的文化革新想象,这里绝无任何贬义,只是在努力认识、揭示其本身的巨大力量与复杂结构。力量确实巨大,结构却十分混沌,可以让那么多学校转向激进的文化变革乃至政治变革,却无法给中国教育带来多少结构清晰的现代学术文化,甚至连必需的康德式的现代分科学术文化生产体系与机制都不能带来,又怎么可能创造出供人认同的现代学术文化。

由此又想起转向"教育"之后独上"哲学"高楼的王国维。当梁启超、章太炎以及蔡元培等几位最重要的清末教育革新领袖都忙于激进政治变革时,这位寂寞的边缘青年学者倒是在努力钻研康德的知识体系。而且早在1904年,他便通过《红楼梦评论》,贡献了一种新的文学理论和文学课程范

---

① 林非《现代六十家散文札记》,天津:百花文艺出版社,1980年,第1页。
② 姜丹书《施存统的〈非孝〉与"浙一师风潮"》,《民国春秋》1997年第3期,第25—26页;Wen-hsin Yeh, *Provincial Passages: Culture, Space, and the Origins of Chinese Communism*, Berkeley: University of California Press, 1996.

例。其实，之后继续钻研的他又提出，古今中西学术可分为三类，即"文学、科学和史学",① 这几乎是在考虑，以中国读书人的文化积累与习惯，有可能创造出哪些现代学术文化。

在王国维看来，康德式的"哲学"不是"知、情、意"不分的中国读书人力所能及之事。同时，他在多年摸索之后，也知道自己无法创造出可与浮士德、牛顿等一较高下的现代"文学"与"科学"，以其天赋及罗振玉提供的甲骨积累，最有把握的还是"史学"——进入民国后，王国维果然埋头耕耘史学。然而王国维的位置实在太边缘了，清末这一难得的现代学术文化分类与深刻反省努力只能被激进历史洪流淹没。王国维本人也因此遭遇太多历史失意与痛苦。直到"文艺复兴"一代也明白了自己其实只能做"史学"，王国维才获得尊重。胡适、傅斯年、陈寅恪都欣赏其文献、文物皆熟的双重历史考证功夫，顾颉刚更是为梦见和王国维携手论学，激动不已。②

到"文艺复兴"一代登上教育界中心革新舞台，他们总算自一开始便能对学术与政治做出区分，还选择了以现代学术作为本业。但在现代学术之内，新一代的文化想象依然丰富、浪漫，并常常和梁启超一样，也是什么问题都谈，靠议论、争吵、办报办刊，来生产包罗万象的现代学术文化。教育界还是缺少那种巨大的分科力量来约束清末以来丰富且浪漫的文化革新想象。而正是在这一点上，本书特别庆幸有蔡元培这样的德高望重、曾常年留学德国的一流学人两次出山，主持建立现代文理学科课程体制。第一次是在包括基础教育在内的整个教育界确立现代文理科课程体系，第二次则是在北大，切实推动高等教育领域的现代文理科学术事业，并将尚不成熟的胡适推为现代学术典范。

整个现代中国教育虽然拿不出一所像样的大学，但终究可以尝试生产自己的现代学术文化了，蔡先生真是功不可没。即使似乎只有鲁迅这样的兼职讲师重视蔡先生喜欢的"美学"文化与"美学"教育，一贯"兼容并包"的蔡先生也一直在维系好不容易建立起来的现代文理科学术课程与教学体系。然而1917年以来的进展如何呢？不难发现，成绩远谈不上理想。在现代文理科上，北大及整个教育界本就缺乏胜任之人，再加上派系势力林立，仅仅

---

① 王国维《〈国学丛刊〉序》,《观堂集林》，石家庄：河北教育出版社，2003年，第700—701页。
② 顾颉刚《顾颉刚日记　第1册》，台北：联经出版事业有限公司，2007年，第333页。

人际应酬与利益意气之争，便不知道要耗费多少时间与精力。

　　查阅胡适或顾颉刚的日记，便不难看出当时应酬之艰辛。胡适这位教育界的新领袖尚因为善于应酬，而总是能乐观面对。性格与胡适不同的顾颉刚则不胜其烦，却又无可奈何。1924年，因研究民间故事历史演变和发起"古史辨"而成名的顾颉刚把"和自己发生关系的团体"盘点了一下，竟有"20余个"，有十大类："历史、古物、文学、图书馆、教育、哲学、政治、社会、商业、编辑。""这真使他惊骇极了，他哪里有这么多的技能，又哪里有这么强的精力。"第二年顾颉刚更加忙碌，原本一直写读书笔记的他在这一年"连一册也未记"。顾颉刚因此感叹："长此以往，我的一生也就完了。"①

　　时间精力有限，每天都很难静下来读书钻研学问，这就是当时教育界学术精英的日常生活状态。像胡适那样能收心坚持用功两个月，写一篇五万字的《说儒》，就高兴到一边写一边笑。如此也就不难理解，反倒是没多少人际消耗的基层中小学教师钱穆能够做到十年磨一剑，做出一部三十万字的巨著《先秦诸子系年》。其实即使是钱穆，也比不上清代考据学家，如数十年只考证《尚书》真伪的阎若璩、二十年积累《日知录》的顾炎武等，这对钱穆而言也是不可能的神话。胡适关注过他们，却只是为了搬他们来支持自己的"科学的方法"，完全无法践行前辈们数十年磨一剑的学术生产精神。

　　可以说，即使有蔡先生奋力在教育界建起的现代文理科课程体制，也因为内部损耗太大，而难以发挥正常的现代学术文化生产功能，现代学术文化成绩也因此难称理想。1925年，眼光一向通透犀利的鲁迅就曾指出："其实中国自所谓维新以来，何尝真有科学。现在儒道诸公，却径把历史上一味捣鬼不治人事的恶果，都移到科学身上，也不问什么叫道德，怎样是科学，只是信口开河，造谣生事；使国人格外惑乱，社会上充满了妖气。"②不知靠"科学"起家的胡适听到此类分析有何感想，但胡适本人确实做不出真正的（自然）科学。

　　1931年，清华建校二十周年，陈寅恪更是对整个中国教育界及整个中国学术界的学术文化成绩做了一番盘点，如其所言：

---

① 顾潮《历劫终教志不灰——我的父亲顾颉刚》，上海：华东师范大学出版社，1997年，第88—89页。
② 鲁迅《随感录三十三》，《热风》，北京：人民文学出版社，1973年，第12页。

若将此意以观全国学术现状，则自然科学，凡近年新发明之学理，新出版之图籍，吾国学人能知其概要，举其名目，已复不易。虽地质生物气象等学，可称尚有相当贡献，实乃地域材料关系所使然。古人所谓"慰情聊胜无"者，要不可遽以此而自足。西洋文学哲学艺术历史等，苟输入传达，不失其真，即为难能可贵，遑问其有所创获。社会科学则本国政治社会财政经济之情况，非乞灵于外人之调查统计，几无以为研求讨论之资。教育学则与政治相通，子夏曰："仕而优则学，学而优则仕"，今日中国多数教育学者庶几近之。至于本国史学文学思想艺术史等，疑若可以几于独立者，察其实际，亦复不然。①

然后，陈先生提到"今日全国大学未必有人焉，能授本国通史"，这一点在前一章已引用。总之，到三十年代初，本国教育界也未生产出多少能与西方现代学术一较高低的中国现代学术，实现"学术独立"。除翁文灏、丁文江等人依靠本国丰富地质生物资源做出了点学术，其余皆无法自立于西方现代学术。连本国社会情况都要靠西方人调查，甚至举国上下也找不到一个能把本国通史讲好的人。

就在同一年，蔡元培也对"三十五年来中国之新文化"成绩做了更细致的盘点，一一评点各个学科与领域，连博物馆、广播、电影等公共文化领域也包括在内。最后，蔡先生也只能归纳出一句苍白结语："综观所述新文化的萌芽，业已次第发生；而尤以科学研究机关的确立为要点。"②言外之意，若以蔡先生的判断为依据，也可以认为现代中国教育界并无多少傲人的现代文化成绩，只是在许多领域形成了"新文化的萌芽"，建立了一些"科学研究机关"。而且蔡先生的广阔视野还能提醒人们注意，除北大、清华领衔的大中小学教育界外，"中央研究院"、"北平研究院"、"佘山天文台"等独立的"科研机关"，以及"广播"、"电影"等文化界也在生产、传播"新文化"，教育界的"新文化"生产成绩并不一定能胜过后者。

清末以来的几轮文化教育改革努力没有取得能让鲁迅、陈寅恪、蔡元培

---

① 陈寅恪《金明馆丛稿二编》，北京：三联书店，2001年，第361页。
② 蔡元培《三十五年来之中国新文化》，《蔡元培全集 第6卷》，北京：中华书局，1988年，第91页。

等人引以为傲的现代文理科学术文化或"新文化"成绩,这一事实也可以说明现代中国教育界虽然不乏丰富甚至浪漫的文化想象,但其文化实践能力却相当有限。像鲁迅后来甚至都不指望教育界的无数同人能生产出像样的现代文化,并因此跳出教育界,转到"租界"文化界以自由作家的身份从事"新文化"创造。鲁迅的情况或许太特殊,但也能反映出当时教育界普遍存在的文化生产困境,且不说教育界的外部环境难以提供起码的政治经济保障,仅仅教育界内部派系林立的复杂人际关系或紧张的文化生产关系,就已让深陷其中、应酬不断的诸路人马很难腾出时间与精力从事文化生产,而且这些人还不能不去应酬,小心周旋,不然连"场域"中的文化生产位置都不能保住。

面对缺乏保障的外部环境,蔡元培曾于 1929 年再度出手,力图从行政与财政等层面谋求教育界与学术界的整合及独立,和宋庆龄一起,成为与蒋介石反动政权展开斗争的民主运动领袖。① 对于内部的复杂关系,蔡元培早在改革北大时,便已提出"思想自由、兼容并包"的应对原则。能有蔡先生这样总在担当责任且连蒋介石都不敢妄动的领袖人物,实属教育界的幸运。只可惜"场域"中人并非都能珍惜蔡先生的苦心,也并非都像蔡先生那样能包容。蔡先生之后的精英人物,若能像顾颉刚那样,面对"场域"中的虚名诱惑,不忘保持清醒,遭遇暗起的人事纠纷及意气争斗,淡定以"图百年以后的胜利",② 便已相当不易。像钱穆那样在远离学术纠纷的中小学里十年磨一剑,则属难得一见的因缘际遇与个人造化了。

正是由于有蔡元培这样德高望重的领袖人物维系教育与学术生产大局,同时又有像顾颉刚、钱穆那样的程度不一的学术坚守之人,在"文科"方面,三十年代初总体上仍只能追随西方现代文化的现代中国教育还是取得了不少曾被教育界内部认可的现代文化成就。这类成就不在鲁迅的"随感"中,也不在陈寅恪、蔡元培的宏观"盘点"中,而是在他们三位以及章太炎、梁启超、王国维、胡适、傅斯年、顾颉刚、钱穆等几路人马自清末民初以来的文化转向与学术革新实践中。包括他们三位在内的几路人马在文化革新路径上差异甚大,不过诸路文化革新实践加在一起,至少让教育界取得了两点可观

---

① 申晓云《蔡元培与中华民国大学院制》(上、下),《民国春秋》1999 年第 6 期,2000 年第 1 期,第 3—6、24—26 页。
② 顾颉刚《顾颉刚日记 第 2 册》,台北:联经出版事业有限公司,2007 年,第 349 页。

的现代文化成绩。

一是突破清末以来以激进政治变革为本的教育运作界限，使教育界的主流势力转向以现代学术文化生产为本。二是从胡适、傅斯年、顾颉刚、钱穆等"文艺复兴"一代登上教育界中心舞台起，到"九·一八事变"以来教育界中心舞台"安放不得一张平静的书桌"为止，失去传统"中学"文化认同的教育界达成了一种现代"史学"文化共识，并切实创造出了《中国哲学史大纲》《孟姜女故事的演变》《古史辨》《国学季刊》《先秦诸子系年》等广被教育界认可的现代"史学"文化成就。有的"史学"成就，如殷墟考古，甚至赢得了世界认可。[1] 这一现代"史学"文化认同与成绩虽是依靠本国悠久深厚的历史积累，即都是现代"国故学"，而不（也尚无能力）涉及西方历史，但毕竟也可以像"理科"领域的地质生物等学一样，起到陈寅恪所谓的"慰情聊胜无"的效果。

何况现代"国故学"文化认同的形成，还为当时许多厌恶传统礼教，渴望现代"思想"却不知道如何将它表现出来的新一代学子提供了一种学术范式。如崇尚"科学"、厌恶传统说教的顾颉刚便学会了通过"古史辨"这一学术方式，通过四处寻找文献证据，验证其内心诸多旨在颠覆传统说教的"大胆假设"，而不必再像学生时那样，以笔名书写"思想"革命散文的方式，来反抗他所厌恶的毫无"人情"与"爱"可言的封建礼教。[2] 对不靠教育界寻求发展的"新青年"（如沈从文、巴金）来说，教育界是否能建立以及建立什么样的现代"国故学"认同，倒无甚紧要，因为他们能通过写小说的方式表达他们的文化反抗与革新，但对顾颉刚这类在教育界中心舞台求学、并要在其中寻求发展的"新青年"而言，现代"国故学"文化认同的建立就太重要了。而顾颉刚式的新"国故学"实践，反过来也能进一步强化教育界的现代"国故学"文化认同。

如第三章所述，教育界能够达成现代"国故学"文化认同，得益于胡适1922年暂时忙定"白话文"运动之后，选择将"整理国故"作为新的主攻

---

[1] 将中央研究院历史语言研究所创造的殷墟考古算成教育界的成绩，或许有些越界。不过，这一成就的领导者乃是傅斯年，而他同时还在主导教育界"最高学府"的历史研究与教学，因此即使算为教育界，也不至于太牵强。

[2] 顾诚吾《对于旧家庭的感想》，《新潮》第1卷第2号，1919年，第157—169页。

方向。这里只需再强调一点,面对现代文化百不如人的落后局面,以胡适为首的教育界新一代精英虽有心全面追赶西方文化,但以当时的主客观条件而言,似乎就只能在百忙之余,先动员人力从"国故"入手展开切实行动。如他1924年为鼓励东南大学学子加入"整理国故"时所说:"我国各种科学莫有一种比得上西方,现在要办到比伦于欧美,实在不容易,但国故是我们自己的东西,总应该办来比世界各国好。"①1922年12月,他以北大"教务长"身份动员北大学子参加"整理国故"时,亦郑重强调:"我们有了几千年的历史,……这个无尽宝藏正在等候我们去开掘。我们不可错过这种好机会;我们不可不认清'最易为力而又最有效果'的努力方向。"②

听讲的南北学子未必皆同意,"整理国故"便是所谓"'最易为力而又最有效果'的努力方向",不过胡适本人到底能做什么,却被一语道出。即使是他能做的"国故学",似乎他也只能小有所成。今天的学人也会因此遗憾,胡适身为新一代学术领袖,竟"不以学术为名",即"国学"功底与造诣不如陈寅恪、王国维等。③胡适私下亦曾认为陈寅恪"当然是今日最渊博、最有识见、最能用材料的人"④,并在公开场合说王国维是"近代一个学问最博而方法最慎密的大师"⑤,后人有理由遗憾胡适作为"国学"领袖却并未达到顶级造诣。其实,胡适本人未尝不遗憾,他何止想发展"国故",现代白话小说、诗歌、话剧,以及现代自然科学等,也都是他想创造的现代文化。如果要说有遗憾的话,我们还大可以遗憾胡适作为教育界"新文化"领袖,没有能力证明现代哲学、现代白话小说或自然科学才是"'最易为力而又最有效果'的努力方向"。

然而个人的时间、精力与能力终究有限,即使陈寅恪、王国维等教育界顶级学人亦只能从"国故"入手,勉力分担追赶西方现代文化的历史重任,在各处奔波推动一大堆现代文化事业的胡适,能抽空做点现代"国故学",便已不易。至此,说了这么多,都是为了论证,(在鲁迅、陈寅恪、蔡元培

---

① 胡适《再谈谈整理国故》,《胡适文集 第12卷》,北京:北京大学出版社,1998年,第94页。
② 胡适《教务长胡适之先生的演说》,《北京大学日刊》1922年12月23日,第2页。
③ 桑兵《晚清民国的国学研究》,上海:上海古籍出版社,2001年,第246页。
④ 胡适《胡适的日记 下册》,北京:中华书局,1985年,第539页。
⑤ 胡适《我们今日还不配读经》,见严云爱编《胡适学术代表作下》,合肥:安徽教育出版社,2005年,第382页。

等各路要人对教育界的现代文理科学术成绩均不乐观的情形下,其实还是可以从本书所考察的几路人马的文化革新实践中,找出现代"史学"文化这一颇为显著的现代文化成就。)

只不过,这一同样有点"慰情聊胜无"味道的概括仍可能遭到质疑,甚至不被认可。柳诒徵1924年便公开宣称,国内教育界的风云人物中,根本找不到一个待在"实验室"、"图书馆"的"真正的学者",所谓"自居于最高尚最纯洁之地位之学者,其实乃一种变相之官吏,特殊之政客,无枪炮之武人,无资本之商贾,而绝非真正之学者。"① 如此极端之论显然可以立即摧毁本书结论。但柳先生发此议论时,并未考察任何具体人物的学术实践,只是以抽象理论("真正的学者")声援与"胡适派"作战的"学衡派"。况且柳先生本人亦是在"史学"领域耕耘,只是不认同胡适一系的主流史学进路。因此本书尚不至于因为柳先生或其他时人质疑,便彻底否定胡适、傅斯年、顾颉刚、钱穆等几路人马推演而成的现代"史学"文化,或认为几代人摸索下来,什么文化实践能力也未获得。

真正值得留心的问题或许是,现代"史学"文化认同形成之后,难免会对教育界的其他文化革新实验产生程度不一的辐射与牵制作用。这一点在第三章中其实已有涉及:钱穆及江南一带的"国学"研究与教学便因不同于胡适一系以西方思想整理本土材料的所谓"科学"的"国故学",而只能成为边缘性的现代"史学"文化。多亏钱穆的史学积累相对更为厚实,不然连率先开讲《中国通史》课这样的机会,可能都会被主流势力挤掉。钱穆尚且是"史学"内部的人,功底与造诣在当时也堪称一流,都难跻身"史学"主流人物。② 教育界其他领域的文化实践,如文学、社会科学等,更是得往"史

---

① 柳诒徵《学者之术》,《学衡》第33期,1924年9月,第1—2页。
② 1947年,中央研究院评选第一届院士,胡适、傅斯年负责草拟"人文组"院士候选人名单,"史学"一块,胡适提名的候选人是"张元济、陈垣、陈寅恪、傅斯年",傅斯年提名的是"陈寅恪、陈垣、傅斯年、顾颉刚、蒋廷黻、余嘉锡或柳诒徵"(郭金海《中央研究院第一届院士候选人提名探析》,《中国科技史杂志》2008年第4期,第326—342页),最后当选的"史学院士"是"陈寅恪、傅斯年、顾颉刚、陈垣、柳诒徵",胡适则当选"中国文史学"组院士(中央研究院《国立中央研究院院士录》第1辑,1948年6月,第2页凡例)。胡适与陈寅恪、赵元任是"人文组"三位全票当选的人(郭金海《1948年中央研究院第一届院士的选举》,《自然科学史研究》2006年第1期,第33—49页),这也可以说明,整个文科最受推崇的乃是陈寅恪、胡适等史学人物。

学"上靠。如闻一多、朱自清等清华诗人、新文学家以及政治学家萧公权等，都曾拿出中国文学史、中国政治思想史等"国故学"，来证明自己在"史学"独大的"文科"教育场域中配享一席之地。

新文学、政治学等新兴学科以及朱自清、萧公权，不可能超越"史学"以及胡适、陈寅恪等史家在"文科"教育场域中的权威地位。甚至即使往"史学"上靠，也仍会被歧视。西南联大时期，以庄子、淮南子考证而闻名学界的刘文典就曾公开说，"陈寅恪才是真正的教授，他该拿四百块钱，我该拿四十块钱，朱自清该拿四块钱。"刘文典如此愤慨，是因为联大中文系准备聘请小说家巴金担任教授，这让一向不把小说创作当学问的刘文典"勃然大怒"，直言连"四毛钱"都不该给，朱自清及文学也跟着受牵连。[①] 刘文典似乎不愿看到辛苦考证才能得来的位置，外人写几部小说便可到手。教育界强大现代"史学"文化认同对于非"史学"的文化实践可能产生的拟制作用亦由此可见一斑。

看低其他文化实践，显然不利于文化成绩本就乏善可言的教育界提高自己的文化实践能力。还好，诸多难被"史学"认可的文化实践在文化界还是找到了发展空间。虽然如鲁迅、沈从文所言，和教育界一样，文化界也因为思想、主义纷争不断，而消耗精力，甚至整日只是空发议论，[②] 但鲁迅、沈从文、巴金等仍在其中创作了大量杰作现代文学，甚至连阮玲玉这样的街头女子都有过精彩的"新文化"实践，并创造了"神女"、"新女性"等"新文化"电影，[③] 其对学生与中国社会的影响亦不会小于教育界学术精英生产的《中国哲学史大纲》《先秦诸子系年》等新"国故学"名作。相形之下，反倒是也很想创造文学而实际却只能让"史学"独大的教育界显得极为尴尬。当然，对后辈学子而言，更值得关注的还不是两界之间孰优孰劣，而是文化界的诸多文学艺术生产可以弥补文化实践能力有限的教育界，从而可让整个国家收获更多现代文化。

[①] 黄延复《言行奇特的名教授刘文典》，《文史春秋》1994年第1期，第54—57页。
[②] 鲁迅《扁》，《三闲集》，北京：人民文学出版社，1973年，第67—69页；沈从文《现代中国文学的小感想》，《文艺月刊》1930年12月15日第1卷第5期，第159—162页。
[③] 沈寂《一代影星阮玲玉》，上海：上海书店，1999年。

2. 课程改革作为教育界的"新文化"生产及传播机制

对于清末以来未尽的现代文化转向，当代中国教育界做过怎样的回应？最拿得出手也最被认同的文化成绩是否仍是"哲学史"、"文学史"等内容不一的新"国故学"？基层中小学是否还有钱穆式的学术文化摸索？当代文科生是否还像顾颉刚当初那样，考证文献是为表达自己喜欢的新思想，或解构桎梏痛苦生命体验的传统教条？这些问题显然值得在结语部分探讨。遗憾的是，本书并无能力驾驭这些问题。除看到不少学校正尽力靠近"诺贝尔奖"，提高 SSCI 论文产量，以及一些学者的学术文化反思与重建尝试外，本书作者并不清楚当代中国教育界的庞大"文科"体系的文化生产状况，如此便无法将它和本书考察的历史经验联系起来，所以这里在总结完昔日教育界的现代文化成绩与实践能力之后，只能继续探讨清末以来教育界发明了哪些现代文化生产与传播机制。

关于清末以来教育界的文化生产与传播机制，学界已有不少相关研究。如文学界近十年来便兴起了一股近现代文学生产与传播机制研究的热潮，许多曾在近现代文学生产与传播过程中起过重要作用的著名报刊、文化团体以及商业出版体制等机制因此被发掘出来。[①]

在史学界，刘龙心的表现十分醒目，过去十多年她一直在研究官方教育与学科新制度、民间著名学术团体等机制在近现代"知识转型"与"中国现代史学"生产及传播中的作用；[②]此外，桑兵及其史学团队近十年也在研究清末以来包括教育、学术、医疗等制度在内的整个社会制度变革对于新知识生

---

① 可参见刘淑玲《〈大公报〉与中国现代文学》，石家庄：河北教育出版社，2004年；程鸿彬《延安1938—1942——"都市惯性"支配下的文学生产》，《中国现代文学研究丛刊》2009年第1期，第163—172页；王爱松《现代出版机制下沈从文早期的文学生产》，《文学评论》2012年第6期，第64—70页。

② 刘龙心《学术与制度——学科体制与现代中国史学的建立》，台北：远流出版事业股份有限公司，2002年；刘龙心《从科举到学堂——策论与晚清的知识转型（1901—1905）》，《中国研究院近代史研究所集刊》第58期，2007年12月，第105—139页；刘龙心《通俗读物编刊社与战时历史书写（1933—1940）》，《中国研究院近代史研究所集刊》2009年6月第64期，第87—136页。

产的影响。①

诸如此类的相关研究其实已揭示出，整个现代中国教育与学术体系均可以看成是史无前例的文化生产与传播新机制。同时，报刊、学术群体等作为更具体的文化生产与传播新机制，在各种"新文化"实践中的重要作用，本书此前的考察中也有过揭示，甚至是处境极为边缘化的王国维都曾尝试以《教育世界》刊物来生产、传播他的现代"教育学"、"哲学"和"文学"等"新文化"——只是影响不大，几乎被激进历史变革淹没。

总之，这里已不必再去论证整个现代中国教育的文化生产属性与功能，也不必继续梳理报刊、学术群体等乃是清末以来教育界生产、传播"新文化"的重要工具，而大可以提请人们到清末以来的中国教育界寻找更为微观的"新文化"生产与传播机制。

课程改革正是一种更为微观的"新文化"生产与传播机制。应该看到，在桑兵、刘龙心等人的研究中，虽然尚未专门从"课程改革"的角度考察清末民国时期教育界的"新文化"实践，但其议题其实已经涉及课程改革，也揭示了课程改革对于"新文化"实践的诸多显著"规训"作用，只不过其侧重点是考察清末以来学堂教育与学科体系、大学学科系所建制以及学科研究与教学典范（标准）等层面的官方课程改革行动，从而呈现了现代中国各科学人是在什么样的学科课程制度结构中从事"史学"、"政治学"、"社会学"等现代学术文化生产。②

上述分科的"结构主义"研究有益于本书认识清末民国时期的大学学科课程体制改革走向，对于现代中国教育未尽的现代文化转向，以及晚清尤其是"五四"以来，主流学人为什么热衷于"比附西学"，以至"以西洋系统条理本土材料"成为教育界"大势所趋"，③亦因为上述诸多研究得到更为深刻的理解。一定意义上，在构思"课程改革"历史议题时，本书正是立足于桑

---

① 桑兵《晚清民国的知识与制度体系转型》，《中山大学学报（社会科学版）》2004年第6期，第90—98页。
② 刘龙心《学术与制度——学科体制与现代中国史学的建立》，台北：远流出版事业股份有限公司，2002年；孙宏云《中国现代政治学的展开：清华政治学系的早期发展 1926—1937》，北京：三联书店，2005年；姚纯安《社会学在近代中国的进程》，北京：三联书店，2006年。
③ 桑兵《晚清民国的知识与制度体系转型》，《中山大学学报（社会科学版）》2004年第6期，第97页。

兵、刘龙心等人的一系列研究，才想到从"跨学科"及"后结构主义"的"文化研究"视野出发，①侧重考察清末以来王国维、胡适、钱穆等诸路"跨学科"的重要文化革新个体，如何在各自遭遇的大中小学教育"场域"中主动展开课程改革实践，以及他们在以自己的课程改革实践生产、传播"新文化"时，能取得什么样的成绩，又会遇到什么样的问题。

围绕这一议题，本书此前已对王国维、胡适及钱穆等教育界几路"新文化"创造者的课程改革实践做了诸多考察与描述。只可惜由于能力有限，无法弄清一些重要史事，如王国维在江苏师范学堂期间是否教过"中国文学"课；同时，这一议题可能涉及的丰富史事也绝非本书此前的描述所能涵盖。不过，本书对于王国维、胡适、钱穆等几路人马所做的有限考察与描述或许也能够从个体行动层面证明，"课程改革"确实是清末以来教育界一大不容忽视的"新文化"生产与传播机制。提出这一事实，不仅可以深化史学界的"课程改革"视野，更有助于突破当前"课程理论"界过于"专业化"、缺乏文化考虑的课程改革框架，使课程改革实践有益于完善教育界的文化生产能力。

突然由史学界近十年研究近现代学术文化演变时架构的课程改革，转向学界尚不熟悉的"课程理论"界，并希望"课程理论"界像王国维、胡适等诸路教育界前辈那样重视从"新文化"生产与传播的角度考虑"课程改革"，正显示了本书的一大基本现实关怀与诉求。专业的"课程理论"虽然还不大为学界所熟悉，但它在过去十多年的基础教育课程改革运动中扮演了重要作用，其文化表现如何，关乎整个教育界的文化创造能力。且如前所述，文化研究学者罗小茗指出，"课程理论"过于"专业化"的课程改革架构基本上只是在革新教学制度或教学形式，可界定为"形式的独奏"，在"文化生产"方面几乎没有考虑。这更使得本书想以前辈史事证明，课程改革还有另一种超"专业化"的面貌，完全可以成为教育界生产、传播"新文化"的重要机制。

当然，对本书而言，考察王国维、胡适、钱穆等几路人马的课程改革实

---

① 关于"后结构主义"的文化研究侧重考察个体在"结构"中的自主行动，来自于 De Certeau, *The Practice of Everyday Life*, Berkeley: University of California Press, 1984. 参见约翰·斯道雷著、杨竹山等译《文化理论与通俗文化导论》，南京：南京大学出版社，2006 年。

践,绝不只是为了从理论上论证课程改革与未尽的文化转向及文化革新之间有着不可分割的内在关联,也不应仅是以"专业"的"课程理论"来建构课程改革,而更是为了探讨清末以来课程改革作为"新文化"生产与传播机制所涉及的复杂面相,即这几路人马在以各自的课程改革实践生产、传播"新文化"时,会有什么样的结果与问题。

几路人马的行动表明,文化革新个体固然可以自由利用课程改革来生产、传播各自认可的"新文化",但其课程改革能对教育界的文化转向与文化认同重建产生多大影响,却取决于文化革新个体在教育界居于何种位置以及能否掌握课程改革领导权。课程改革的文化生产与传播功能总会与争取"场域位置"与课程改革领导权联系在一起。

以王国维为例,即可看出这一端倪。任职江苏师范学堂期间,王国维曾创造出一套以悲剧文学研究为本的现代中国文学课程,但因为其在教育界"场域位置"太边缘,课程改革领导权掌握在张之洞一系手里,王国维以悲剧文学为本的课程改革实践显然不可能对整个教育界的文化转向和文化认同重建直接产生影响。

同时,在王国维任教的江苏师范学堂及苏州地区,似乎也没有合适的"地方文化",能够接受王国维的悲剧文学课程,进而兴起一场悲剧文学研究运动。或许可以说,王国维的新文化和新课程太"独上高楼"或"形而上"了,最终只是在"思想史"或"文化史"上具有重要意义。为改变自身的边缘处境,增强影响力,王国维其实做过许多努力,从坚持创办少有人问津的《教育世界》,到批判张之洞及官方的明显排斥甚至曲解哲学和文学的课程改革政策,都是十分具体的努力行动,但这些书斋努力均不能扭转大局。最终,王国维本人也因为深刻意识到,自己并没有能力创造一流的哲学与文学,彻底放弃课程改革实践,转向独自生产史学,并在"五四"以来教育界形成史学文化认同的情况下,意外赢得了"文艺复兴"一代的推崇。

相比之下,另一位处境更为边缘的乡村中小学教师钱穆在以课程改革生产、传播"新文化"方面倒显得平和、顺利多了。"五四新文化运动"兴起之前,钱穆便曾依靠自己的《论语》"文法"研究,革新了当时注重伦理教育的《论语》课程范式,使其教学重心转向讲授《论语》中的"转承启合"

修辞艺术，培养学生的"古文"写作能力。这是二十出头的乡村中小学教师钱穆首次进行和令其铭记一生的课程改革实践。从钱穆本人的回忆来看，这次课程改革实践几乎没有遇到什么阻碍，还赢得了商务印书馆的认可，讲义《论语文解》因此得以出版。

按照陈平原、王汎森的提示，钱穆之所以能顺利展开自己的"古文"课程改革实践，得益于无锡及江南地区独特的文化底蕴：即使四周都是激进政治及文化趋新运动，这一地区的学校仍热衷于捍卫本地数百年积累的文化传统，而孔孟"古文"正是其中之一。① 然而"五四"之前的钱穆终归只是一位毫无课程改革领导权可言的底层教师，同时从回忆录来看，他也不像王国维那样曾深入考察清末中西教育理论与制度安排，更不曾试图纠正张之洞提出的"国家"课程改革政策，诸如此类的主观因素使得钱穆的课程改革实践至多只能在无锡本地中小学教育界产生影响，至于对于民初整个教育界的文化转向与文化认同重建有何意义，则无从谈起。不过作为一名乡野中小学教师，能以自己的教学改革引导本地学生认识一例先秦"古文"典范，已算得上是一次不错的文化生产与传播实验了。

就"场域位置"及影响力而言，最显赫的无疑是"胡适派"在北京大学这一教育界"最高学府"发起的"中国哲学史"、"白话文"、"整理国故"等课程改革运动。王国维、钱穆都未能像胡适那样，一登台便是在万众瞩目的"最高学府"发起课程改革，然后促使整个教育界认可自己试图生产的"新文化"。这当中有太多难以说清的主客观因素，对此已不必再去细究，只需关注史事本身，即胡适一系登台之后在全国教育界成功发起一系列旨在生产、传播"新文化"的课程改革。

和处境极为边缘化的王国维、钱穆比，胡适、傅斯年、顾颉刚一系无疑是教育界"场域位置"最高的一群文化革新者，同时他们又在蔡元培的支持下，顺利成为全国教育界的课程改革领导力量。

---

① 陈平原《传统书院的现代转型——以无锡国专为中心》，《现代中国》第1辑，合肥：安徽教育出版社，2001年，第197—213页；王汎森《钱穆与民国学风》，《燕京学报》第21期，北京：北京大学出版社，2006年，第253—288页。"五四"后的教学改革，钱穆曾明确解释是因为受到胡适影响，而对于自己的首次教学改革试验，钱穆本人则没有做什么反思与解释。陈、王二位的"地方文化"分析，是目前所见唯一合适的相关解释。

1922年制定"新学制"时,胡适便是"新学制"草拟人和南北教育界的协调人。此前,因提倡"文学革命"爆得大名的胡适及北大就已被外界视为"学阀",他本人也曾公开代表北大,声称"我们应该努力做学阀"。①"与胡适师生关系极好"②的傅斯年后来亦是一位手握最高学术生杀大权的"学阀",控制了中央研究院历史语言研究所和北京大学历史系这两大最高学术重镇,连陈寅恪推荐清华学子张荫麟进入北大史学系任职,都不能如愿。③

可以说,胡适一系堪称"学术资本"最雄厚的文化革新者,胡适本人又有很强的主观愿望,要在教育界发起课程改革,以此推动教育界转向"新文化"。顾颉刚的学术势力虽然不及胡适,"新学制"实施以来,参与课程改革的主观愿望也不怎么强烈,这更多是由于家庭与生计原因,且是在胡适安排下,才从北大南下承担起新历史教科书的编写工作,④但顾颉刚亦是一位"新文化"运动大将,胡适一系的"新文化"也将随着他参与编写教科书而在全国范围内传播开来。总之,对于胡适一系拥有什么样的"场域位置"与课程改革领导权,这里同样无需再做说明,只需认可他们作为学术领袖,有实力建构足以覆盖全国教育界的课程改革运动。

课程改革作为"新文化"的生产与传播载体,可能取得何种令王国维、钱穆等边缘人物望尘莫及的体制规模与影响力,亦被胡适一系的努力彰显出来了。就体制或权力结构而言,胡适在全国范围内主导发起的课程改革除他本人所代表的教育界新一代"学阀"外,还包括学生、基层教育界、各地教育会、商务印书馆、教育部,甚至还有国民党中央党部。胡适一系又如何能驾驭体制结构极为复杂、诸多强劲势力参与其中的课程改革,并使之平稳生产、传播他们认可的"新文化"。关于课程改革作为"新文化"的生产与传播机制,本书所要探讨的第二点正来自这一难以驾驭的体制格局。

---

① 胡适《胡适日记全编 第3册》,合肥:安徽教育出版社,2001年,第496页。
② 罗尔纲《师门五年记·胡适琐记》,北京:三联书店,1998年,第100页。
③ 陈寅恪《陈寅恪集·书信集》,北京:三联书店,2001年,第46—47页;胡适《胡适之先生晚年谈话录》,北京:新星出版社,2006年,第56页。
④ 顾潮《历劫终教志不灰——我的父亲顾颉刚》,上海:华东师范大学出版社,1997年,第67—83页。

从 1921 年起，胡适一系在全国范围内的课程改革实践至少密集持续了十年左右。学生这一方问题还不大，期间胡适虽曾有过分心，且影响力也有过下降，但 1931 年重返北大时，胡适依然很受欢迎。1935 年初（"一二·九运动"前）南下香港、广州时，仍会被七八百个中学生追逐包围。只是这背后需要太多努力，方可维持局面。对于其他层面的复杂关系，胡适一系更是需要小心周旋，不然规模庞大的课程改革事业随时可能崩溃。

以 1922 年制定"新学制"为例，胡适便清楚记得，浙江代表许倬云曾在会上大骂"教育部是什么东西，配召学制会议？学制会议是一班什么东西？配定新学制？"许倬云是地方教育会中的"激进"势力，认为新学制"那里有革新的意味，全是保存旧制。"而且他还是浙江派来的，与时任教育总长汤尔和、次长马叙伦是同乡，但他在会上连部长、次长一并骂，说"现在的教育总长、次长是什么东西，汤尔和、马叙伦都是我们浙江人，我现在兴之所之，且把他们的丑历史报告诸位听听……"①

事关全国教育走向的"新学制"会议，竟会突然变成揭发私人丑闻的"发布会"，局面维系之难，由此可见一斑。部里、诸多省派代表及胡适都清楚，"稍明白当日情形的人，都知道是万难做到"，然而胡适仍愿意去"调和"，并能让各方认可由他草拟的"底案"，②最终"新学制"总算于"万难"中拿出了。胡适因此可以继续在全国教育界推进他的"白话文"及"国语"教学事业。然而麻烦总是不断，而且其来源还不只是地方教育会，有的麻烦连胡适本人都无力摆平，需要蔡元培出面，才可化解。

在这一点上，最著名的案例莫过于 1929 年顾颉刚、胡适、商务印书馆、地方参议员及国民党中央党部等各路力量参与其中的"历史教科书事件"。事情起源于顾颉刚按自己的学术理念编教科书。依据自己的"古史辨"发现，顾颉刚认为新编的历史教科书中，不应再出现"盘古"这位不可靠的远古人物，对于"三皇五帝"，也"只略作叙述，并冠以'所谓'两字，表示不真实。"其实这种说法此前也有人提过，夏曾佑编的《中学历史教科书》

---

① 胡适《记第八届全国教育会联合会讨论新学制的经过》，见胡适著、委义华主编《胡适学术文集·教育》，北京：中华书局，1993 年，第 235—236 页。
② 胡适《记第八届全国教育会联合会讨论新学制的经过》，见胡适著、委义华主编《胡适学术文集·教育》，北京：中华书局，1993 年，第 235 页。

便"称三皇五帝为'传疑时代'",而且在措辞上,顾颉刚"并不比夏氏写得激烈"。①

作为编写者,顾颉刚的态度"是很谨慎的"。而教科书出版方即"商务印书馆的负责者如王云五、朱经农之类,认定这是一种时髦","并请胡适校阅,以壮声势"。②蔡元培作为大学院院长,也审定通过了商务印书馆委托顾颉刚、胡适二人推出的新编历史教科书,然而这本教科书还是"闯下一个大祸",并且其"性质"在"民国政府"看来,甚至比"蒋桂战争还要重要"。③

先是山东参议员及教育界人士发现并提出弹劾,然后国民党中央党部理论家、时任国府委员及考试院院长的戴季陶也认为,顾颉刚所编的教科书"是一种惑世诬民的邪说,足以动摇国本",因此在国府会议上决定禁止发行,并"要处商务印书馆一百万元的罚金","最后经蔡元培疏通,才以停止发行了事"。④

事件了结后,顾颉刚便淡出了胡适一系牵扯太多、关联太大的课程改革,重回北京,转入外界干扰相对少的燕京大学,仅以学术方式继续其"疑古"事业。胡适则不依不饶,试图探讨"戴季陶何以有这种荒谬的举动",以及蔡元培"作为前大学院院长,现任中央研究院院长","对这件事应负何种责任",还想动员"全国的学者",思考"对国民党人这种谬妄的举动,应持何种态度"。⑤对其追究姿态,今天定有学者会袒护胡适,认为胡适在行政及政治势力面前,表现出了"思想自由、学术自由"等所谓"自由主义"知识分子应有的高贵独立精神,但这种表扬乃至胡适本人都太主观,没有注意到,此时胡适并非生活在纯粹的思想或学术世界里,而是在整个"国家"的教育场域里展开改革行动。

若是在纯粹的远离人间烟火的思想或学术世界里尽情展现自由与独立,

---

① 顾潮《历劫终教志不灰——我的父亲顾颉刚》,上海:华东师范大学出版社,1997年,第78—79页。
② 胡适《胡适日记全编 第5册》,合肥:安徽教育出版社,2001年,第381页。
③ 胡适《胡适日记全编 第5册》,合肥:安徽教育出版社,2001年,第380页。
④ 胡适《胡适日记全编 第5册》,合肥:安徽教育出版社,2001年,第381页。顾潮认为,系"吴稚晖出来说情",才"免去罚款"(《历劫终教志不灰——我的父亲顾颉刚》,上海:华东师范大学出版社,1997年,第79页),这一说法或许有误。不过,吴稚晖与蔡元培一样,也是当时政界教育界威望极高的国民党元老。
⑤ 胡适《胡适日记全编 第5册》,合肥:安徽教育出版社,2001年,第382页。

或许不会有什么问题，但在"国家"的教育场域里展开改革行动，显然就必须有所收敛，分清思想与学术自由的现实界限，至少不能将自己的思想与学术自由凌驾于"国家"需要之上。"国家"需要有益于社会形成统一的上古历史信仰的历史教科书，否则整个"民族"或全体"国民"便不知道自己来自哪里，但胡适、顾颉刚却要坚持自家的"疑古"学术信仰。这当中存在显著的"国家"文化需要与个人学术意志的冲突，胡适、顾颉刚纵有再多学术权力，也难以驾驭。商务印书馆作为民间机构，更是承担不起激烈冲突造成的后果。若不是蔡元培出面，事情真不知道要闹到何种情形。

由此可以认为，"历史教科书事件"了结之后，胡适追究的矛头不应仅指向戴季陶、蔡元培，还应指向他自己和积极促成此事的出版机构。然而在"历史教科书事件"上，胡适终究太相信自己这一方，[①]弄得所谓"自由主义"似乎就是其他各方都得顺从他的思想、学术，或者就是当冲突爆发时，仍然坚持己见。这样的课程改革实践能有何实质意义的"新文化"结果可言，不过是围绕势力、思想、精神乃至性格较量展开辛苦周旋，而胡适本人忙到最后，也无能力自己摆平"历史教科书事件"引发的激烈冲突。

相比于通过重编历史教科书来生产、传播"疑古"这一新思想文化，胡适的另一项课程改革事业即白话文教学，倒是明显顺利得多。胡适晚年回忆起来，也说过："在我们的斗争中，至少获得了部分的胜利。其中重要的部分就是以白话文作为教育的工具。"[②]但即使再"胜利"，也未能服众。钱穆、汪懋祖等江南基层教育界精英不同程度地捍卫古文教学，自然不必多说。一般"旧派人士"也曾把 1922 年《新学制国语教科书》第一册第一课（"狗、大狗、小狗"），和"清末多是'天地日月'，民初多是'人'"对比起来，认为"真

[①] 对于商务印书馆，胡适与顾颉刚一起揽下历史教科书编写任务之前，便已十分信任。甚至胡适派内部人士如高一涵持有不同看法，认为商务做事是为"谋红利"时，胡适背后都会主动为商务纠错，要高一涵相信，商务所做是"为友谊的帮助"（胡适《致高一涵》，《胡适来往书信选上》，北京：中华书局，1979 年，第 259 页）。高一涵在商务那里，难有胡适的待遇，所以会有不同看法。其他人如陈独秀、沈从文更是都曾遭受上海出版商的冷遇乃至压榨。总之，商务对胡适甚是信任，胡适对商务也是视如己出。1947 年，胡适将张元济定为史学院士候选人，而且位列其他史家之前（张元济、陈垣、陈寅恪、傅斯年），更是说明双方长期以来的信任与"友谊"，只是张元济最后未能当选，胡适一番美意落空了而已。

[②] 胡适、唐德刚《胡适口述自传》，上海：华东师范大学出版社，1993 年，第 164 页。

可谓每下愈况"。①甚至在"胡适派"内部也有唐德刚这样的弟子，出来"现身说法"，批判其师"冥想出来"的白话文教学。

为了能进入"新学制"的初中求学，唐德刚 12 岁时，不得不插班就读于新式小学六年级，开始学习白话文国语教材。课本第一课是"关于早晨和雄鸡的白话诗"，开头几句为"喔喔喔，白月照黑屋。……喔喔喔，只听富人笑，那闻穷人哭……喔喔喔"。此前，一直在"私塾"里念书的唐德刚已能全篇背诵《项羽本纪》，但为了得到一张升初中必须的"高小"文凭，他只能"和其他六年级同学，一起大喔而特喔"。楼下初小一年级生，则在齐声念"叮当叮，上午八点钟——了，我们上学去！叮当叮，下午三点钟——了，我们放学回"。因此"只听全楼上下几十个孩子，一边'喔喔喔'，一边'叮当叮'，好不闹热！"②

唐德刚认为，胡适的白话文教学改革，让儿时的自己变成了"这场'教育实验'中的'实验豚鼠'（Guinei pig）"，其中的权力关系可以描述为"人为刀俎，我为鱼肉"。③唐德刚不无反讽的批判表明其似乎并不认可胡适白话文教学改革背后的"新文化"生产苦心，但胡适在全国范围内发起的白话文教学改革忽视各地学生的文化基础与潜力，也是不争的事实。然而胡适哪有时间、精力和能力先去调查各地学生的文化基础与潜力呢？倘若调查之后，发现民情民意难调怎么办？况且这些假设纯属多余，对 1919 年以来的胡适而言，要想迅速在全国教育界成就白话文课程改革大业，就只能借助场域高位和学术影响力往下推了。

此外还有"学衡派"，更是著名的反对者。但正如 1934 年另一位后辈学子钱钟书在劝"学衡派"大将张晓峰（其昀）稍安勿躁时所提示的那样，唐德刚式的悲剧学生经验与怨言，乃至整个教育界的古文与白话之间的"纠纷"，均会"由时间代为解决"，因此"无需辩生于末学"，而应像"学衡派"主将吴宓那样，放弃争斗，收心于本业。④如果顺着钱钟书的调和思路来理解胡适一系的课程改革事业，那么古文被挤出舞台，以及唐德刚式

---

① 王风《文学革命与国语运动之关系》，《中国现代文学研究丛刊》2001 年第 3 期，第 93—94 页。
② 胡适、唐德刚《胡适口述自传》，上海：华东师范大学出版社，1993 年，第 177 页。
③ 胡适、唐德刚《胡适口述自传》，上海：华东师范大学出版社，1993 年，第 176 页。
④ 钱钟书《与张君晓峰书》，《钱钟书散文》，杭州：浙江文艺出版社，1997 年，第 409 页。

的求学体验或许都可以算是"末学"问题,其中一切损伤与代价都将被"时间"化解。然而胡适的文化本业呢?他在全国范围内发起的一系列课程改革运动造成了许多意想不到的损伤与代价,那有没有生产出他渴望的"新文化"呢?

答案显然谈不上理想。一如其学术革新努力没有为中国教育界带来多少一流的哲学、文学与科学等现代文化成绩,他似乎只是让教育界各路学人都认同他所确立的现代"史学"的至尊地位。胡适在全国教育界发起的白话文教学、重写教科书等课程改革运动,同样使自己身陷根本无法驾驭的大难局,"新文化"生产时间与精力本就十分有限的胡适因此多出一重麻烦,最终仍得依靠蔡元培出面斡旋,才总算在他建构起的庞大课程改革"场域"体制中,将他自己、"朋友"一般的商务印书馆以及学术根据地北大的体制颜面维系住了。

原本指望以全国范围内的课程改革来扩大自己的"新文化"生产与传播,结果却横生一大堆足以将自身学术生产时间与精力耗干的麻烦,而对胡适而言,学术生产又几乎是其惟一有把握的"新文化"创造方式。像沈从文,虽然到了1930年也未摆脱生存困境,仅仅为了在出版商的压迫下保留文学生机,就经常"流鼻血"写作,甚至苦到"心想若是方便,就死了也好"①。但沈从文终究不曾陷入胡适发起课程改革招来的大难局与大麻烦。沈从文觉得"生不如死"时,正在吴淞中国公学担任校长的正是十分器重他的胡适。然而他对胡适在全国范围内发起的课程改革大业似乎一点兴趣也没有,时为教师的他只想"在活的时候写一本像样的小说出来",②让人不禁心生疑难:是胡适一系规模庞大的全国课程改革运动,还是沈从文式的文学孤军奋战,更能给教育界带来"新文化"?

还有钱穆、王国维,两个人都有过许多课程改革实践,而且结果也不同于胡适。钱穆算是体验过胡适的课程改革成就与风光,但体验之后,却又感叹教大学不如教中学,教中学不如教小学,最顺心的课程改革似乎是成为北大名教授之前在乡村小学搞的《论语》文法与古文教学。王国维则遗憾自己

---

① 沈从文《沈从文全集 第18卷》,太原:北岳文艺出版社,2002年,第62页。
② 沈从文《沈从文全集 第18卷》,太原:北岳文艺出版社,2002年,第66页。

不能将张之洞控制的课程改革扭上自己欣赏的悲剧哲学与文学轨道，根本无缘体会胡适式的大规模课程改革有何滋味。面对昔日这幅路径心得差异甚大的课程改革景观，局外人该如何做出最后评价？或许还是钱钟书说的在理，各路力量之间若能少些争斗，多些体谅，然后各安各的"新文化"创造本业，那么当时规模不一、心意不同的各路课程改革实践或许才可以更好地发挥其作为"新文化"生产与传播机制可能有的文化功能，整个中国教育界的现代文化实践也因此更不会仅朝"比附西学"的方向转去，而能有更多尊重本国文化基础的"新文化"创造。

3. 作为"学术文化实践"的教育学及其重建之路

广义地看，王国维、胡适以及钱穆的文化与课程改革努力其实都可以理解是实践各自的"新文化教育学"（pedagogy of new culture），其中王国维曾先后在教育学、哲学、文学和史学等现代学术领域展开文化与课程革新实践，以追求自己的教育制度改革理想、审美教育理想和中国文化教育理想，胡适与钱穆亦是如此，也都为追求各自的"新文化"教育理想，在哲学、文学及史学等领域付出了诸多学术与课程革新行动。胡适"五四"以来还推动了杜威教育学在中国教育界的兴起。钱穆在教育学领域虽然缺乏行动，只对杜威教育学和胡适白话文教学做过一些实验，但88岁时（1983年）也曾专门提出，要以孔孟程朱的心性之教为基础，建构"中国教育学"。①

不过，整体而言，他们三人的"新文化教育学"或"新文化"教育事业仍主要是由哲学、文学、史学等非教育学领域的学术文化实践构成，虽然他们的学术文化实践能力其实很有限，主要展开为哲学史、文学史等新"国故学"，但这些新"国故学"却是"五四"以来教育界广为认可、水平最高的学术文化，包括教育学在内的其他新兴学科在发展过程中不仅无法绕过它，反而要能赢得其认可，才可避免沦为备受歧视的"次等学科"。这一学术层面的"悲剧命运"在美国教育学发展史上曾反复出现，②杜威创办的芝加哥大

---

① 钱穆《略论中国教育学》，《现代中国学术论衡》，北京：三联书店，2001年，第171—194页。
② 周勇《动荡的学科与专业——哈佛教育研究生院的百年难题》，《北京大学教育评论》2012年第2期，第179—191页。

学教育学（系）甚至还因难逃此劫而被赶出芝加哥大学。① 清末尤其"五四"以来中国教育界兴起的教育学，同样必须能在当时"史学"独大的学术权力格局中证明自己的学术文化水平。

假使王国维、胡适、傅斯年、顾颉刚、钱穆以及章太炎、蔡元培等诸路改革先锋不把教育界的主流文化实践引向"史学"或新"国故学"，或者始终都在专门建构教育学，教育学就不会有此学术考验。但历史偏偏不是这样，而教育学最初在学院兴起时，又只顾在基础教育制度改革这一件事上展开学术实践，开拓发展空间，没有注意学院日渐明显的"史学"独大的学术权力体制，以至突遭学术危机，即使未被清除出去，也不得不另想办法来证明自己的"学术文化实践"水平与价值，本书结语部分的最后一大问题即因此而产生："五四"以来骤成气候的教育学为何会遭到教育界学术领袖的猛烈炮轰，而且到1940年代也未能翻身；面对学术精英的炮轰，教育学者又采取了什么样的应对努力，结果如何。

对于清末民国的教育学发展史，当代教育学界的不少资深学者已有诸多有力考察与分析，如瞿葆奎论述王国维以来的教育学萌芽与积累，以及"五四"之后，在胡适、蔡元培等人的推动下，教育学体系内部发生了权威范式转移（杜威教育学取代此前的赫尔巴特教育学），都是十分准确的史事揭示。② 叶澜更是曾敏锐发现，教育学步履艰难，很大程度上就是因为当初兴起时的学术定位存在"大问题"，包括学术实践"局限于为师范学校所用"，"研究范围主要局限于普通教育中的中小学教育和学校教育"。叶先生甚至提出，教育学的突破路径之一乃是转向研究种种具有教育意义的"文化传承与创造"活动，"积极主动地投入到文化研究中去"，③ 从而不仅揭示了民国时期教育学的局限所在，还为反思民国教育学者的学术生产勾勒了"文化研究"的分析框架。

瞿葆奎、叶澜等资深教育学者的教育学史分析无疑可以为这里的探讨提供有益的教育学史事基础与思路，此刻要做的便是在前辈学者的基础上，进一步从"学术文化实践"的角度考察教育学的历史样态，并将教育学的历史

---

① 周勇《芝加哥大学教育系的悲剧命运》，《读书》2010年第3期，第80—89页。
② 瞿葆奎《中国教育学百年（上）》，《教育研究》1998年第12期，第3—12页。
③ 叶澜《中国教育学发展世纪问题的审视》，《教育研究》2004年第7期，第14页。

样态置于"五四"以来教育界"史学"独大的学术权力格局中加以检视,从而以一些尚未被注意的教育学往事,来丰富、深化前辈教育学者的历史反思与重建探讨。言归正传,接下来便来探讨为什么"五四"以来教育界兴起的教育学,会被学术权威认为是一种学术文化品质低劣,乃至只是在给教育界添乱的学术活动,而无法成为广被学术权威认可的学术文化实践。

事情得从 1914—1920 年间郭秉文、蒋梦麟、陶行知、刘廷芳、邓萃英等哥伦比亚大学师范学院中国留学生陆续回国进入教育界寻求发展,以及"五四"时期杜威访华向各地教育界传播其教育学开始说起。哥伦比亚大学师范学院留学生回国后在教育界总体做了哪些事情,丁钢、周洪宇等近些年已有专门研究。① 这里仅从教育学的角度强调,正是这群师范学院留学生及其导师访华这两股力量促成了"五四"以来教育学在教育界的兴起,并且因地域不同,从 1920 年起还产生了南北派竞争颇为激烈的教育学格局。

南派以南京高师为生产基地,健将有郭秉文、蒋梦麟、陶行知等,关系网络包括北京大学、江苏教育会、浙江教育会、商务印书馆等。北派以北京高师为中心,主力包括刘廷芳、邓萃英等,可切实仰仗者则为北京高师校长陈宝泉。北高师曾试过联络蒋梦麟及北京大学,但因后者只想让北高师把其 1920 年规划的教育学生产机制即"教育研究科"并入北大,未能达成合作。北高师认为,蒋梦麟及北大是为了在即将兴起的教育学界占据"龙头地位"。可以说,自一开始,北派便在格局中处于弱势位置,其教育学生产计划也因不利的体制处境在最初几年里总是难以开展,直到 1924 年才渐有起色。②

在借助杜威访华的影响力这一点上,北高师的表现亦不如南高师一系。当初促成杜威访华的是陶行知、郭秉文和胡适等人。③ 杜威在中国教育界讲学、演讲的两年期间,组织安排之权亦是掌握在南高师一系弟子手里,这当中胡适起到了至关重要的领导作用。杜威来华之前,胡适便已爆得大名,陈

---

① 丁钢《20 世纪上半叶哥伦比亚大学师范学院的中国留学生——一份博士名单的见证》,《高等教育研究》2013 年第 5 期,第 83—87 页;周洪宇等《哥伦比亚大学师范学院与现代中国教育》,《比较教育研究》2010 年第 11 期,第 42—47 页。
② 张小丽《北高师教育研究科的历史境遇》,《教育学报》2011 年第 4 期,第 119 页。
③ 陶行知《杜威将来华讲学——致胡适》,《陶行知全集》,长沙:湖南教育出版社,1985 年,第 4—5 页。

宝泉、刘廷芳等根本无法望其项背。杜威来华之后，活动能力极强的胡适更是主动引领杜威的地域与言论走向，使杜威之行可以进一步巩固、提高其声望与影响力。直到杜威1921年7月离华，北高师一系弟子也未能将杜威所到各处的风光占为己用。

紧接着，另一位重要人物孟罗（今译孟禄）来华。北高师一系同样试图"极力垄断孟禄，想借他大出风头"。但孟禄却"怕北大一方面因此同他隔绝"，竟主动请郭秉文帮他联络正如日中天的胡适。刚刚送走杜威的胡适"因为看孟罗的面上，不能不去招待"，然后孟禄又请胡适引他去见蔡元培。①对此各路学人相互争夺西方人物，今天有学者曾将其概括为"挟洋自重"，可谓切中要处。②鲁迅作为当时的旁观者，看得更明白，如他所言："梁实秋有一个白璧德，徐志摩有一个泰戈尔，胡适之有一个杜威"。③只不过，今昔论者在分析本土学人"挟洋自重"时，似乎都忽视了其实杜威、孟禄等西方人物也能摸清，谁是势力或影响更大的掌权一方，否则也不会听其安排，乃至主动靠拢。

一言以蔽之，"五四"以来教育界兴起的教育学将有何种实际表现与成绩，取决于跟胡适、北大关系甚密的南派教育学者，其主要的学术生产亦将在南京、上海一带展开。当然，北高师1920年以来的教育学机制建设亦应当为日后结果承担责任。即以其最初一批骨干研究人员都系"校长"及教育部"司长"、"参事"乃至"部长"出身为例，④他们便无法让教育学在胡适、傅斯年、陈寅恪等彼时教育界各路学林高手那里留下良好学术印象。但谁又能预料日后发生的事情呢？刚开始时，似乎也只能先把阵容凑起来再说了。

况且即使阵势凑起来了，也不如南派一系壮观，还是只能看着南派同行自"五四"起，以一轮又一轮的运动来彰显教育学的学术生产能力。众所周知，这一轮又一轮的运动总称为"新教育运动"。从1919年2月《新教育》杂志创办开始，到1925年10月《新教育》停刊，这一运动持续了6年8个月，堪称教育学兴起以来规模与影响均最大。杂志最初由"新教育共进社"负责

---

① 胡适《胡适日记全编　第3册》，合肥：安徽教育出版社，2001年，第478页。
② 陈文彬《五四时期知识界的"挟洋自重"》，《书屋》2006年第7期，65—67页。
③ 鲁迅《现今的新文学的概观》，《三闲集》，北京：人民文学出版社，1973年，第109页。
④ 张小丽《北高师教育研究科的历史境遇》，《教育学报》2011年第4期，第119页。

编撰，成员包括江苏省教育会、北京大学、南京高师、暨南学校、中华职业教育社。1919年底，北京高师方才加入。至于作者身份，则十分复杂，有蒋梦麟、郭秉文、汪懋祖等各级教育行政领袖，又有汪精卫、余日章等政治精英，还有胡适这样的学界权威，此外便是陈鹤琴、刘廷芳等相对专业的教育学者。①

作者队伍中本就缺乏一流学者，且背景如此复杂，想法不一，显然更不利于教育学树立统一且有质量的学术形象。事实上，如论者所见，就《新教育》到底生产出了什么样的教育学而言，最拿得出手的教育学作品似乎就是"杜威号"、"学制研究号"、"孟禄号"等十个专号，其中胡适最看重的是"杜威号"。②加上杜威两年各处演讲，杜威教育学确乎就是"新教育运动"所贡献的最成样子、也最有影响的教育学。那它将"五四"以来的主流教育学塑造成了什么样子呢？显然大体就是拿着杜威一系的美国教育理论，到各地中小学发起教育教学制度改革试验，籍此掀起所谓的杜威教育理论本土化的教育学运动。

连远离《新教育》杂志的乡村中小学教师钱穆都曾试验"五四"时期突然崛起的杜威教育学。就此而言，对外常谦称自己不懂教育的胡适似乎也应为教育学兴起之后的最初样态承担重要责任。然而胡适实际并无意要与教育学共进退。真正热心的或许还是钱穆这样受北大、胡适及"新文化运动"影响甚大的基层青年教师。为了验证杜威教育学在小学是可行的，钱穆竟可以停下自己此前的先秦诸子研究与教学，花三年时间一定把杜威教育学试验做成给同事看。当然，钱穆毕竟远离"新教育运动"中心地带，其教育学试验再成功，都不可能成为"五四"以来的典范教育学实践。

舒新城才是当时教育学实践（试验）最有影响的典范。"五四"以来兴起的教育学究竟是一种什么样的学术文化，这在舒新城那里得到了淋漓尽致的诠释。教育史学界甚至有学者认为，正是舒新城登场，"将'新教育'改革运动推向了发展的最高潮"。③其教育学生产成绩与影响是否也能大过南、北高师两路教育学者，这里不好判断。不过，其教育学讲演、授课在"江浙皖

---

① 周晔《〈新教育〉与中国教育近代化》，《高等教育研究》2005年第1期，第88页。
② 周晔《〈新教育〉与中国教育近代化》，《高等教育研究》2005年第1期，第87—88页。
③ 崔运武《舒新城教育思想研究》，沈阳：辽宁教育出版社，1994年，第93页。

鄂湘各省"中小学中的确影响很大，乃至实际只有本土高师毕业文凭的他常被误认为是"哥伦比亚教育学院教育博士"。"新教育运动"结束了，他仍被成都教育界当作"东南大学教育学士"请来演讲。①

可见至少在基础教育界，舒新城已被视为一流教育专家。那他贡献了什么样的教育学呢？和钱穆一样，舒新城也未超过蒋梦麟、胡适等杜威器重弟子勾勒的教育学框架，亦是在中小学教育界试验杜威一系的教育理论。只不过，钱穆从杜威那捕捉到的是"课程生活化"，舒新城捕捉到的则是"道尔顿制"，然后便在中小学试验、推广"道尔顿制"。这一教育学试验开始于1921年，最初试验基地包括吴淞中国公学中学部和东南大学附中这两大示范学校。这一试验堪称教育学在基础教育界迅速崛起并产生影响力的重要机会。只1922年底在《教育杂志》上做的一期"道尔顿制研究专号"，便让"全国轰动，各省教育界之来吴淞参观者络绎于途"。②半年后，全国试验"道尔顿制"的学校多达数百所。③

在此期间（1923年12月），胡适曾到东南大学演讲古代书院，也不忘先肯定"现今教育界所倡的'道尔顿制'精神"，仿佛要为"道尔顿制"试验注入更多本土底气。④胡适演讲那年，舒新城也在东南大学开设"道尔顿制暑期学习班，学员来自全国十二个省份。""学习班结束后，舒新城又到上海、武进、宜兴、武昌、长沙各处演讲"。短短三年之内，教育界便生产了"道尔顿制论文共150篇，其中舒新城一人发表'21篇之多'，专著共17本，而由舒新城译作、撰述、编辑的著作就有6本"。影响的确大，大到出乎意料。舒新城本人也注意到，连"那些借教育为啖饭之地的官僚政客、军阀流氓"，也"纷纷借行道尔顿制为升官的筹码"。⑤

为试验、推广"道尔顿制"这一美国教学制度，而在各地中小学奔波忙碌的舒新城似乎不知，胡适一系教育界的学术权威正在生产何种学术文化，

---

① 舒新城《蜀游心影》，上海：开明书店，1929年，第183、182页。
② 舒新城《我和教育——三十五年教育生活史（1893—1925）》，上海：中华书局，1945年，第225页。
③ 舒新城《现代教育方法》，上海：中华书局，1930年，第223页。
④ 胡适《书院制史略》，《胡适学术文集·教育》，北京：中华书局，1993年，第273页。
⑤ 王建军《盲目趋新与教学改革——舒新城对道尔顿制教学实验的忧虑》，《课程·教材·教法》2005年第5期，第89—91页。

以及"道尔顿制"在各地炒热之后的种种迹象，又会让教育界各路学术权威如何看待教育学的学术生产。由此又想起，叶澜在分析中国教育学发展的"世纪问题"时，曾提醒教育学同人注意，"人们更愿意把教育学界与中小学教师联系在一起，而不是与学术界联系在一起"。① 很明显，"人们"之所以容易觉得教育学是"中小学教师"做的事，或者"人们"之所以不愿意把教育学看作"学术界"的一种学术文化，其实也是由教育学自身学术定位造成的：自一开始，教育学便只顾尽快深入中小学，热衷于向中小学推广各种从美国搬来的教学制度或方法。②

值得进一步探讨的是，"人们"的理解未尝不是一种偏见，仿佛"中小学教师"做的事都是低人一等，或做不好"学术界"的事，忘了像钱穆这样的"中小学教师"甚至比学界中人还善于做学术，钱穆这样的"中小学教师"因为学术出色，赢得了胡适、傅斯年、顾颉刚等全国教育界学术权威的重视。只是"中小学教师"钱穆的学术实践，从乡村小学时以《论语》文法研究来改革《论语》教学，到苏州中学期间击破康有为的今文经学谬说等等，都未曾发生在舒新城式的教育学家身上。舒新城式的教育学家只知道在中小学教育界介绍、试验"道尔顿制"，如此自然会让"人们"以为教育学就是鼓动"中小学教师"试验教学法。

其实，几年努力试验下来，教育学被外界认为是"教学法之学"，结果并不算坏。毕竟十年前即1914年，教育学在"人们"印象中似乎连什么具体形象都谈不上，连陈鹤琴这样的决定要去美国攻读教育学的清华学子，都不知道这个专业到底是做什么的，只觉得"教育是一种很空泛的东西"。③ 十年后，经过舒新城等教育学家的努力，教育学非常显著地表现为传播、试验"教学法"，也算是一种聊胜于无的成绩。真正恐怖的乃是"教学法"改革运动之后，那些"借教育为啖饭之地的官僚政客、军阀流氓"也会混于其间。南北两路教育学阵容本就鱼龙混杂，又有这些人掺和进来，显然更会败坏

---

① 叶澜《中国教育学发展世纪问题的审视》，《教育研究》2004年第7期，第14页。
② Chiang Monlin. *A Study in Chinese Principles of Education*, Shanghai: Commercial Press, 1918: 154—168.
③ 陈鹤琴《我的半生》，见胡适、马叙伦、陈鹤琴《四十自述·我在六十年以前·我的半生》，岳麓书社，1998年，第64页。

"五四"以来教育学者的学术文化形象与声誉。不过，第二年（1925年），"道尔顿制"运动作为"五四"以来教育学实践的著名典范，便突然失败了。这还是舒新城本人认定的结果。[①] 东南大学附中校长廖世承更是公布试验报告，指出"道尔顿制"不符合新学制、班级授课制等基本国情，只适合"学生人数较少"的"天才生班"或"低能儿班"。[②]

试验失败之后，发起"新教育运动"的一群教育学人不得不另觅学术生产新路。1925年之后的几年（至1931年），可谓教育学的低迷与危机时期。危机意识淡薄的教育专家和中小学教师尚会继续以"教学法"改革的方式来展现"五四"以来的教育学，而且"道尔顿制"发明人海伦·帕克赫斯特（Helen Parkhurst）也赶来助阵。不过，其本土理论代言领袖舒新城却彻底放弃了"教学法"改革。他后来回顾自己的教育生涯时，甚至提醒世人记住，他的"道尔顿制"著作在其"教育著述以至于一般著述中都不占很重要的位置"。[③]

放弃领导"道尔顿制"试验之后，舒新城仍研究"教学法"，[④] 但"道尔顿制"确实不是其主要的教育学实践形式了，其主要的教育学实践形式乃是转向研究"中国近代教育史"，并于1925年至1931年间，先后推出《近代中国留学史》《近代中国教育思想史》《近代中国教育史料》等教育史著作。[⑤] 另一位重要的教育学家及"新教育运动"大将陶行知则毅然辞去东南大学"教育学教授"之职。陶行知认为，"五四"以来"新教育"理论不是"从主观的头脑里空想出来"的，就是"间接从国外运输进来"的，这两路教育学生产他都不想从事，他想根据自己对于中国乡村国情的"亲切体验"，来发展中国急需的"乡村师范教育"。[⑥]

[①] 舒新城《今后的中国道尔顿制——并将两次参与道尔顿制实验失败的经验呈读者》，吕达、刘立德编《舒新城教育论著选（上）》，北京：人民教育出版社，2004年。
[②] 廖世承《东大附中道尔顿实验报告》，上海：商务印书馆，1925年，第174页。
[③] 舒新城《我和教育——三十五年来教育生活史（1893—1925）》，上海：中华书局，1945年，第359页。
[④] 舒新城《现代教学方法》，上海：中华书局，1930年。
[⑤] 易琴《20世纪新教育运动与中国近现代教育史研究的兴起——以舒新城为个案》，《教育学术月刊》2011年第9期，第86—88页。
[⑥] 陶行知《中国师范教育建设论》，《陶行知全集　第1卷》，长沙：湖南教育出版社，1983年，第644页。

日后，陶行知又依靠自己的"亲切体验"，成为备受无数难童爱戴的校长甚至父亲，成为反抗日本侵略，批判国内腐败当局的伟大斗士，其所作所为堪称整个教育界的骄傲，张申府更是将陶行知视为"最值得钦服"的"知识分子"。①1925 年以来，真正尴尬的是南北各路留守学院都不想继续研究"教学法"又无法成为"知识分子"的教育学者。他们不想继续研究"教学法"，或是因为意识到了教育界的学术权威不认为"教学法"是像样的学术研究，或是因为自己也觉得研究"教学法"很难让自己在学院立足，而他们又不像陶行知那样在"国情"方面有太多"亲切体验"，并因此看淡学界位置与名声，成为学界之外担负国难的"知识分子"。

何去何从，的确十分尴尬。个中况味正如时任《教育杂志》编辑、曾帮助舒新城推出"道尔顿制研究专号"的周予同所言："心意几乎无法统一，对于知识分子在现代中国的任务究竟是什么，感到难堪的苦闷。"②众所周知，周予同在北京高师求学时，曾是钱玄同的学生。1921 年毕业后，因在《教育杂志》做编辑，周予同开始"从事教育学的研究"。除帮助舒新城推广"道尔顿制"外，他自己也发表了"十来篇"讨论"教育制度改革"的论文。但从 1925 年"道尔顿制"试验宣告失败起，他便回到了其师钱玄同以及同辈友人顾颉刚提示的学术路径，进而"把研究重点转向中国经学史"。③

周予同其实还做过舒新城想到的近现代教育史，他的学术调整表明，1925 年以来的教育学人除了"教育史"之外，其实还可以转向"经学史"，而且"经学史"更能赢得学界重视。虽然相比于陶行知，经学史也好，教育史也好，都远谈不上是当时"知识分子"应做之事，但对只能留守学院的一介书生而言，这些选择毕竟多少也还可以丰富一下当时教育界的学术文化生产，周予同、舒新城也都因为调整学术生产路径，而成为了颇受重视的经学史和教育史名家。何况对 1925 年以来留守学院的教育学者而言，似乎也就只有往"史学"上靠，才有可能赢得学术权威们的学术尊重。

张彭春的一番暗自调整可以更深刻地说明这一点，即如果想让教育学

---

① 张申府《这打击得了民主运动么——怀念韬奋先生，痛悼陶行知先生》，《张申府文集　第 1 卷》，石家庄：河北人民出版社，2005 年，第 621 页。
② 周予同《中国现代教育史》，上海：上海良友图书印刷公司，1934 年，第 4 页。
③ 周予同《周予同自传》，《晋阳学刊》1981 年第 1 期，第 88—89 页。

超越"五四"以来的"教学法"样态,变成能够赢得学界认可的"学术文化实践",就必须往"史学"上靠,而且必须往胡适、梁启超、陈寅恪等北大、清华史学权威的路数上靠。张彭春生于1892年,1915年便获得哥伦比亚大学师范学院教育硕士学位,此后协助其兄张伯苓创办南开中学。1920年,张彭春再赴哥大师院,师从杜威,并于1922年获教育博士。据知情人胡晓风所言,当年年底,张彭春即回国,加入陶行知主持的中华教育改进社,负责"中学校课程改进的研究"。[①]

第二年,张彭春主持了中华教育改进社和北京高师联合举办的"中学课程研究班",尝试把北京高师和北大教育科学子,以及北京各中学教员共60人,培养成"课程研究员"。[②]张彭春被北京高师聘为"中学课程教授",[③]或许就是在1923年。提及这些是为了说明,张彭春也许是"五四"以来教育界的第一位"课程论"教授。同时,如陶行知所言,张彭春也确实在"中学课程"领域做了不少"调查"、"改造和试验"工作。[④]一定意义上或许还可以说,他在当时最流行的教育学——"教学法"改革——之外,开创了另一种教育学生产方式,即对"中学课程"展开"调查",进而寻求中学课程制度"改造"之策。

然而1923年夏秋之季,清华学校决定筹办大学,并向办学有方的张伯苓求援。张伯苓便把其弟调往清华,担任教务长。之后,到1925年,张彭春为清华拟定了包括成立国学院、培训科学教师在内的诸多办学计划。但就在1925年,陶行知"估计到中华教育改进社将会自然消失"。[⑤]后续演变的确如此,这意味着,张彭春在社中负责的"中学课程"调查与改造研究也将自然萎缩。与此同时,在清华主持教务的经历也让他对胡适、梁启超、陈寅恪等教育界学术权威推崇什么样的学术文化有了切身体会。

和周予同、舒新城一样,1925年前后的张彭春也在学术上陷入了何去何从的尴尬境地。而且因为人在清华这一学术重镇,张彭春已经感觉到自己

[①] 胡晓风《张彭春等:从教育入手使中国现代化》,《生活教育》2011年第3期,第33页。
[②] 胡晓风《张彭春等:从教育入手使中国现代化》,《生活教育》2011年第3期,第34页。
[③] 张小丽《北高师教育研究科的历史境遇》,《教育学报》2011年第4期,第116页。
[④] 陶行知《〈中华教育改进社第二届年会社务报告〉的补充说明》,《陶行知全集 第1卷》,1983年,第385页。
[⑤] 胡晓风《张彭春等:从教育入手使中国现代化》,《生活教育》2011年第3期,第35页。

"国学程度差而常为同事所看不起",①更是迫切需要重建自身学术功夫。张彭春非常清楚"中国所谓'学'都偏重于史","现在公认的学问家如同梁、胡,也是对于古书专作整理的工夫。"②到底是局内之人,很快便摸到胡适、梁启超等当时主流学人的学术文化,那他如何向史学靠呢?张彭春想到的办法是从教育的角度"整理国故"。

他说:"先秦的名学,适之做过一度的整理。谁来做先秦教育的调查?"看来,他似乎想把此前的"调查"功夫用到"先秦教育"上,可惜由于本书作者所掌握的材料有限,无法进一步考察张彭春准备如何调查先秦教育,尤其是无法考察先秦时期的"中学课程"是否在其调查计划之内,只知道他觉得自己"古书的底子太浅了",③无力做出让胡适、梁启超等人器重的先秦教育调查来。不过,值得一提的是,张彭春并不会因为"古书底子太浅"而丧失文化创造进路,因为他在哥大除了学教育外,还主修过"文学",且尤其擅长现代话剧。

正因为还另有专业本领,1925年之后的张彭春在忙于行政与应酬之余,仍可以依靠自己的话剧创作,为整个教育界贡献诸多堪称史无前例的现代文化与新文化教育成就。

1927年张彭春率先编导易卜生的名剧《国民公敌》,此作品便是一显著贡献。胡适也喜欢易卜生话剧,但他似乎顶多只能率先在《新青年》上制作"专号",向教育界宣传,张彭春则可以将这一现代文化展现在舞台上,让国人真切感受其中的思想力量。第二年话剧完成,"连演两天,每次皆系满座……会场秩序甚佳,演员表演至绝妙处,博得全场的掌声不少"。到1935年"一二·九运动"爆发前,张彭春仍能和其学生曹禺合作推出话剧《财狂》,再次"掀起热潮,郑振铎、章靳以、李健吾、萧乾等知名作家专程从北京赶

---

① 罗志田《国家与学术:清季民初关于"国学"的思想论争》,北京:三联书店,2003年,第275页。
② 张彭春《日程草案》,原件保存在哈佛燕京图书馆,至今未能见。国内学术界最先注意到原件的是罗志田先生,这里所引来自罗志田《日记中的民初思想、学术与政治》,《近代中国史学十论》,上海:复旦大学出版社,2003年,第135—136页。
③ 罗志田《日记中的民初思想、学术与政治》,《近代中国史学十论》,上海:复旦大学出版社,2003年,第135页。

来观看此剧"。①

　　转向话剧或者文学艺术，也可做出一番比"教学法"改革更有把握也更有意义的文化与教育革新事业，进而丰富教育界乃至文化界的"新文化"生产。张彭春的调整充分说明，除了向"史学"靠拢，开展能被教育界学术权威认可的"学术文化实践"外，1925年以来因"教学法"运动遭遇学术危机的教育学者其实还有另一种学术文化重建路径，它便是转向现代话剧或文学艺术创造，将教育学改造成胡适亦十分渴望却没有能力开展的"新文化"生产实践与"新文化"教育实践。当然这一转向的前提是必须具备一定的文学艺术专业基础，就像周予同之所以能转向经学史，乃得益于其大学时的老师是章太炎弟子一样。假使一直都是只有杜威教育学这一种专业基础，显然就只能到中小学实验杜威一系的教学法了。

　　身为研究"中学课程"的教育学教授，张彭春恰恰因为同时具备文学与话剧专业能力，才得以成功转型，而且取得了令时人瞩目的"新文化"生产与"新文化"教育成绩。谁能想到，一位"中学课程教授"竟能有此"新文化"创造成绩和"新文化"教育贡献——不仅让南开中学成为"现代中国话剧"的发源地和话剧人才摇篮之一，还有一系列曾令整个文化界震动的现代话剧创造实践。事后来看，这似乎可以视为当时教育学界的骄傲，也可以看成是当时整个教育界的骄傲——尽管由于教育界和文化界的内部竞争均很激烈，实际不可能都看好张彭春的话剧创作与教育实践。

　　除张彭春外，另一位曾在北京高师担任教育学教授的新文化创造者萧友梅同样值得关注。

　　和张彭春一样，教育学出身的萧友梅也有深厚的第二专业功夫，他的第二专业功夫便是音乐。1912年，已有教育学学位的萧友梅前往德国学习音乐、哲学等，八年后才回国，系中国第一位音乐学博士。回国后，萧友梅先是在北大创办音乐传习所，堪称蔡元培"以美育代替宗教"的重要实践者，然后又参与了当时的"新教育运动"。正因为还有深厚的现代音乐功底，萧友梅不会陷入"教学法"实验的死胡同，在"新教育运动"退场之后，他仍能够

---

① 郭武群《张彭春对中国话剧的三大贡献》，《天津大学学报（社会科学版）》2006年第2期，第113页。

另外开辟文化与教育革新进路。1927年，萧友梅创办"国立音乐院"（后改为国立音乐专科学校），从此成为中国现代音乐文化创作和现代音乐教育的缔造者。①

萧友梅、张彭春均可以轻松突破一般教育学者以"教学法"改革为中心的实践方式，改以真正的"新文化"实践来创造"新教育"。遗憾的是，在"五四"以来的教育学界，像萧友梅、张彭春这样善于调整文化实践路向，又有文化实力做好调整的教育学者并不多见，而且教育界或文化界似乎也未把他们看成是教育学界的代表。同时，教育学界也没有把他们的"新文化"实践立为学术典范。总之，1925年以后的教育学在教育界的尴尬学术处境不会因为张彭春或萧友梅的文化与教育实践发生质变，不仅不会，反倒因为"五四"以来的诸多显著表现——学者阵容背景极为复杂，缺乏一流学者，在各地中小学实验"道尔顿制"等——陷入了四面楚歌的学术生存危机。

地理上离"新教育运动"与"道尔顿制"运动大本营最近的"学衡派"猛将胡先骕最先向教育学者发难，将杜威之中国弟子的老底抖出，直言后者皆是不学无术之徒，说他们就读的"赫赫有名之哥伦比亚大学师范学院"皆是收一些"哈佛、耶尔、芝加哥、霍布金士所斥退之学生"。其中的中国学生"平日于中西学术绝无根柢，故除墨守师说如鹦鹉学舌外，别无他能"。胡先骕还以"北京师范大学同班之毕业生"为例，说"一入芝加哥大学须补习一年方能得学士学位，一入哥伦比亚师范院，一年即得硕士。"② 言外之意，师范学院的学位实在太好拿。

胡氏所言未免有些刻薄，但并非全无根据。如美国本土史家所见，19世纪末，以哈佛为首的美国大学起初一直不想接受当时以研究"教学艺术"为主的教育学，后在地方教育当局劝说及进步社会运动鼓舞下，哈佛校长艾略

---

① 李静《萧友梅与北大音乐传习所》，《北京大学学报（哲学社会科学版）》2004年第2期，第140—143页；汪毓和《我国现代音乐教育事业的开拓者萧友梅》，《音乐艺术》1987年第4期，第40—46页。

② 胡先骕《师范大学制评议》，《甲寅》1卷14号，1925年10月17日，今见张大为编《胡先骕文存　上卷》，南昌：江西高校出版社，1995年，第301页。

特才勉强"答应给愿意到高中任教的人提供教育专业训练"。① 而且即使教师训练班后来发展成独立的教育系和教育研究生院，也很难招到学业成绩好的文理学院毕业生。直到 20 世纪 50 年代，才有一些知名人文社会学者和文理学院高才生进入哈佛教育研究生院。②

至于 20 世纪初期哥伦比亚大学师范学院乃至全体哥大中国留学生的学术表现，同样容易让人诟病。除胡先骕不乏了解外，1919 年时在哈佛的吴宓也曾指出，包括师范学院在内的哥大中国留学生"无以学问为正事者"，热衷于"两种职业"，一是"竞争职位，结党倾轧，排挤异党之人"；二是"纵情游乐，无非看戏、吃饭、跳舞、狎妓等事，而日常为之，视为正业。"③ 相比之下，哈佛、麻省理工所在地"波城及其附近，亦有留学生百余人，然大率纯实用功、安静向学者居多"。"哈佛及麻省理工学院，课程亦较严，迥非纽约哥伦比亚等校之比。而纽约之中国留学生，则鄙夷之。谓凡来波城读书者，皆愚蠢无用之人，不如彼辈之活动能事云。"④

除吴宓外，陈寅恪、季羡林也曾爆料，整个欧美中国留学生界，都没多少用功读书的，"十之七八，在此所学，盖惟欺世盗名，纵欲攫财之本领而已"。⑤ 总之，他们去欧美留学，大都不是为了求学，而是"因为这里有吃，有喝，有玩，有乐，既不用上学听课，也不用说德国话"。⑥ 萧公权则说，一大帮人中，只有陈寅恪是真正求学的。⑦ 赵元任的夫人杨步伟也记得，留学生"大多数玩的乱的不得了"，"只有孟真（即傅斯年）和寅恪是宁国府大门前的一对石狮子。"⑧

所以胡先骕出来兜老底，自然大有文章可做。尤其纽约哥伦比亚大学师

---

① Buck, P. ed. *Social Science in Harvard, 1860—1920*. Cambridge: Harvard University Press, 1980. p.225.
② Powell, A.G. *The Uncertain Profession: Harvard and the Search for Educational Authority*. Cambridge: Harvard University Press, 1980. p.271—275. 亦可参考周勇《动荡的学科与专业——哈佛教育研究生院的百年难题》，《北京大学教育评论》2012 年第 2 期，第 179—186 页。
③ 吴宓《吴宓日记　第 2 册　1917—1924》，北京：三联书店，1998 年，第 60 页。
④ 吴宓《吴宓日记　第 2 册　1917—1924》，北京：三联书店，1998 年，第 63 页。
⑤ 吴学昭《吴宓与陈寅恪》，北京：清华大学出版社，1992 年，第 8 页。
⑥ 季羡林《留德十年》，上海：东方出版社，1992 年，第 38 页。
⑦ 萧公权《问学谏往录》，合肥：黄山书社，2008 年，第 64—65 页。
⑧ 赵元任、杨步伟《谈陈寅恪》，台北：传记文学出版社，1970 年，第 24 页。

范学院的留学生,在学术文化方面的口碑确乎十分糟糕。翻看吴宓日记,甚至直接可以看到,1920年被北京高师校长陈宝泉选去担任教育学教职的多位哥大师范学院留学生"不出二类",一类堪称"粗俗鄙野,无知流氓",另一类则为"谗佞逢迎,阴险小人",而且"凡清华同学,莫不知其品格心术之坏者"。① 令后辈看过之后,都不好多引,更不忍正面提及姓名,而只需明白一点便可以了,即胡先骕的确手握许多把柄,可以用来贬低当时归国教育学者的学术品质与功夫。

接着,1929年,汪精卫一系的政论家陶希圣也在《教育杂志》的首篇位置上发表论文,教"教育学家"如何做教育史研究。《教育杂志》作为当时最重要的教育专业刊物之一,竟会允许"政客"作者一上来便不无得意地说:"本文是历史学的教育论,不是教育学的历史论,……以此占领教育杂志的篇幅,而呈示于教育学家的前列,作者实报无限的歉意。"② 所言是否只是客套,这里不得而知,但"政客"作者确实应该向"教育学家"道歉,哪有这样来戏弄的,完全不顾自己并非造诣一流的史家,却以史家自居于"教育学家的前列"。当时《教育杂志》的准入标准怎么就做不到像《国学季刊》或《清华学报》那样高呢?哪怕像《燕京学报》那样高,或许也不会有此闹剧。

难怪连很少卷入是非的陈寅恪都会看不下去,以至于在1931年清华二十周年校庆典礼上,公开批判"教育学则与政治相通,子夏曰:'仕而优则学,学而优则仕',今日中国多数教育学者庶几近之。"③ 将"多数教育学者"皆视为"政客",或许有欠公允,但当时的教育学者又拿什么来打破学界成见呢?然后,教育界的"学霸"傅斯年也开始发炮,将三十年代初的"教育崩溃"与"哥仑比亚大学的教师学院毕业生给中国教育界的一大贡献"联系起来,认为"五四"以来兴起的教育学乃是造成"教育崩溃"的一大原因之一。

傅斯年还问胡适,为何"这学校的中国毕业生,在中国所作所为,真正糊涂加三级",胡适说"美国人在这个学校毕业的,回去做个小教员,顶

---

① 吴宓《吴宓日记 第2册 1917—1924》,北京:三联书店,1998年,第161页。
② 陶希圣《中国学校教育之史的观察》,《教育杂志》第21卷第3期,1929年,第1页。
③ 陈寅恪《金明馆丛稿二编》,北京:三联书店,2001年,第361页。

多做个中学校长。已经稀有了。我们却请他做些大学教授、大学校长，或做教育部长。"之后，傅斯年对教育学者的表现做了一番评价："这样说来，是所学非所用了，诚不能不为这些'专家'叹息！这些先生们多如鲫，到处高谈教育，什么朝三暮四的中学学制，窦尔墩（即道尔顿）的教学法，说得五花八门，弄得乱七八糟。"傅斯年认为，"第一，小学，至多中学，是适用所谓教育学的场所，大学是学术教育，……第二，教育学家如不于文理各科之中有一专门，做起教师来，是下等的教师；谈起教育——幼年或青年之训练——是没有着落，于是办起学校自然流为政客。"①

句句几乎都是为了将教育学从学院清除出去。面对傅斯年的猛烈炮轰，邱椿率先站出来代表教育学界做了三点反击。首先，傅斯年"未免太看得起"哥大"师范学院"的中国毕业生，实际上，他们在教育界的势力远未大到需要为"教育破产"负责。其次，"欧美各大学其他学院的中国毕业生"同样不乏"不学无术"者。最后便是最关键的一点，即教育学可否与文理科并列为大学的独立学术。对此，邱椿自然持肯定观点，理由是"美国省立大学与著名私立大学的教育学院与文理学院都处于绝对平等的地位"。

前两点反击当无异议，但后一点论据则明显站不住，即以哥大为例，师范学院恰恰"不被视为一所与其他学院平起平坐的学院"，②甚至只能"孤悬于本部校园以外"。③当然，对双方而言，事实如何其实并不重要，因为论辩双方均无法冷静下来去详查实际情况，而是陷入了相互排斥、指责的紧张境地。傅斯年认为"五四"以来的教育学实践把教育"弄得乱七八糟"，又说教育学者"办起学校来自然流为政客"，显然都是气愤之语。邱椿出来反驳同样是因为"恼羞成怒，腔子里堆积许多话不能不借个机会倾吐出来"，以至于情绪性地反讽傅斯年推崇的现代"考古学"也算不上值得教育学者认可的学术——"假若不懂'挖坟墓，嚼枯骨'的中国考古学便算不学无术，百

---

① 傅斯年《教育崩溃之原因》，《傅斯年全集 第5卷》，长沙：湖南教育出版社，2000年，第8—10页。

② O'leary, T.F. *An Inquiry into the General Purpose, Function, and Organization of Selected University Schools of Education.* Washington: Catholic University of America Press, 1941. p.27.

③ Legemann, E.C. *An Elusive Science: the Troubling History of Education Research.* Chicago: The University of Chicago Press, 2000.p.233.

分之九十九的师范学院毕业生都会毫不迟疑地自认为是不学无术之人。"①

收到邱椿的反击,傅斯年又作了回应,语态稍显客气,希望教育学者注意两点:一是"师范学院的中国毕业生确曾在中国民七八以来的教育学界占一个绝大的势力,而其成绩我们似乎不敢恭维";二是"先有一种文理专科之素养,再谈教育,方是实在的,否则教育学虽有原理,而空空如也。"②很明显,邱椿及教育学界与傅斯年所代表的整个教育界的学术权威之间,已经无法调和。而且1925年"教学法"运动退场之后,即使教育学界能够调整学术生产,也来不及了。两年后(即1927年),"五四"以来以"教学法"实验为主的教育学开始遭遇被主流学界扫地出门的"空前厄运",连学院一席之地都难以保住。如邱椿1932年所见:

近五年来,教育学在中国遭遇空前的厄运,因此学教育学者也大倒其霉。少数有权威的学者,不但不承认教育学为一种"科学",而且不承认教育学为一种"学科"。清华大学的教育系取消了。武汉大学本是武昌师大的后身,但改大后不但无教育学系,并且文学院内也不设教育学讲座。广东中山大学亦是广东高师所改,也不设教育学院。最近青岛大学——山东大学——的教育学院停办了,中央大学的教育学院的规模也被缩小了。于是,学教育学而希望当教授者都有"绕树三匝,何枝可栖"的感慨。③

学院体制境况如此悲惨,还要被人落井下石,强加罪名,难怪邱椿会"恼羞成怒",奋起反击"学霸"。但愤怒与言辞反击显然不能让教育学走出败局,而必须检讨、革新"五四"以来的所作所为,方可能赢回学院一席之地。就此而言,赵廷为之后的反思颇值得注意。

相比于邱椿的愤怒与反击,"教学论"专家、《道尔顿制》译者赵廷为则务实地把自己的反思主题转换为"教育的学问为什么给人家瞧不起",并以笔名撰文,在受众面更广的《东方杂志》检讨错误,呼吁教育学界正视日益严重的学术危机处境,积极思索学术革新之路。

赵廷为认为,关于"为什么人家要瞧不起教育的学问","只有一个可能

---

① 邱椿《通信》,《独立评论》第11号,1932年7月31日,第18—22页。
② 孟真《答》,《独立评论》第11号,1932年7月31日,第23页。
③ 邱椿《通信》,《独立评论》第11号,1932年7月31日,第19页。

的答案，就是我国研究教育的人们——连我自己在内——都太不争气，……所以人家就连带的把我们所研究的教育的学问也看得一个钱不值得了。"①由此可贵的虚心自责出发，赵氏批评了当时教育学者的四大"弱点"，其中"最大的弱点就是一味的学时髦。他们今天讲道尔顿制，明天讲测验。在时髦的时候大谈而特谈，等到不时髦的时候，就闭口无语"。其他三大"弱点"包括"太会适应环境，与不学教育的人一样党同伐异，……抢地盘和利用学生"；"对于学问方面不肯下苦功夫"；"研究的兴味实太狭隘"。②

列举完四大弱点，赵廷为希望教育学者"除满足求生的冲动外，还应该分出一部分的精力，努力于各种教育问题的真实的研究"。赵廷为认为，就当时情况而言，教育学者应努力研究"中国卑怯的民族究竟怎么会造成"，"有什么方法可以把中国卑怯的民族改变而成强大的民族"，教育怎么"救国家救人类"，怎么改变"中国学生的无纪律"。③这便是赵廷为为三十年代初病入膏肓的教育学开出的学术重建药方：教育学者应致力于生产"国民性改造教育学"、"救国教育学或救人类教育学"以及"学生纪律教育学"。

无疑，赵廷为依然是从狭隘的教育学视野出发考虑教育学重建，没有想到鲁迅这样的新文学先锋十几年前便已通过小说、杂文创作，贡献了力量强大的"国民性改造教育学"，更未考察胡适、傅斯年、陈寅恪等各路学术权威的学术文化实践，并在此基础上思考教育学怎么可能达到当时的学术认同标准。至于1925年以来舒新城、陶行知、张彭春、萧友梅等几路"教育学教授"的学术文化调整努力，同样不在赵廷为的反思视野里。其视野依然被狭隘的教育学束缚，即使生产出了"国民性改造教育学"一类的"新教育学"，恐怕也还是无法在学术界和文化界确立教育学的学术文化尊严与价值。

据此或许可以认为，赵廷为式的反思尽管十分务实，也非常虚心，但其一番重建构想似乎只是表明，教育学自身其实早已失去能够挣得学术文化尊

---

① 轶尘《教育的学问为什么给人家瞧不起？》，《东方杂志·教育栏》第30卷第2号，1933年1月16日，第7—8页。
② 轶尘《教育的学问为什么给人家瞧不起？》，《东方杂志·教育栏》第30卷第2号，1933年1月16日，第8页。
③ 轶尘《教育的学问为什么给人家瞧不起？》，《东方杂志·教育栏》第30卷第2号，1933年1月16日，第9页。

严的学术视野与学术活力,因此无论怎么重建,或许都无法赶上学术界及文化界的新文化生产与新文化教育成绩。当然,这些都是事后之见。不过,到1940年代,教育学仍未翻身成为学院内一门备受尊重的现代学术文化专业,亦是不争之实,乃至钱锺书在刻画1940年代教育界种种可怜怪状时,无需考证便可来一句:"在大学里,理科学生瞧不起文科学生,外国语文系学生瞧不起中国文学系学生,中国文学系学生瞧不起哲学系学生,哲学系学生瞧不起社会学系学生,社会学系学生瞧不起教育系学生,教育系学生没有谁可以给他们瞧不起,只能瞧不起本系的先生。"①

钱先生有无讽刺教育学的意思,不得而知。但这样的话及其背后反映的学术舆情,的确又会令教育学感到难堪。还好,这里仍可以顺着钱先生的叙事宗旨做点发挥:其实,理科、文科也好,文科内部也好,皆没有必要互相瞧不起,因为谁也强不到哪里去。1948年当选中央研究院考古学院士的夏鼐便曾提醒教育界同人,不要忘记"中国学术的根基极浅,尤其是自然科学可以说刚是萌芽"。②的确如此,要等钱学森等人学成回到新中国,叶企孙等1890一代科学教育家自1925年起辛苦耕耘出来的"萌芽"才开始收获能与西方强敌较劲的现代科学成就。

文科方面,何尝不是如此。朱自清便曾坦言,四十年代教育界的文科学术生产成绩还不如1937年以前。③当然,夏、朱两位先生都是从学术文化角度来衡量。倘若从1937年以来的主流观点——"参加抗战就是教育"——出发,则大可以为,整个文理科教育界显然都有伟大的"抗战"文化创造与教育成绩。仅以音乐教育界为例,便有显著的"抗战发展了音乐,音乐也推动着抗战"的战时新音乐文化运动,并创造了许多提振民族士气的救亡歌曲。④因此这当中最重要的其实仍是克服所谓派系纷争或"文人相轻"的无聊毛病,同时不被西方文化牵着鼻子走,努力为整个教育界与国家创造现代文化与现代文化教育。

---

① 钱锺书《围城》,北京:人民文学出版社,1980年,第78—79页。
② 中央研究院编《国立中央研究院院士录 第1辑》,1948年6月,第5页。
③ 朱自清《论学术的空气》,《朱自清全集 第4卷》,南京:江苏教育出版社,1993年,第490—495页。
④ 胡然《发刊词》,贺绿汀《胜利进行曲》等,《音乐月刊》第1卷第1期,1942年3月,第1—16页。

末尾想说的是，今天的教育学正在如何组织学术生产，其学术文化成绩在学术界居于何种位置，为整个教育界及国家贡献了什么有益的"新文化"，均不在本书的考察之列。不过，本书此前叙述的教育学往事显然能为探讨这些问题提供有益的历史经验与教训。这样说，自然是希望当代中国教育学界能够回望"五四"以来教育学的所作所为，尤其在出现学术认同危机的时候，能够重拾舒新城、陶行知、张彭春、萧友梅等昔日各路教育学前辈如何重建自己的学术文化实践，从而提高教育学的学术文化品质的先导案例。如果还能像张彭春、萧友梅那样，发展现代戏剧或音乐等"新文化"创造及教育实践，那当代教育学者便也可以直接为国家、为学生、为社会贡献优秀的"新文化"了。

参考文献

一、中文部分

丁文江、赵尔丰编《梁启超年谱长编》，上海：上海人民出版社，1983年。

丁钢《20世纪上半叶哥伦比亚大学师范学院的中国留学生——一份博士名单的见证》，《高等教育研究》2013年第5期，第83—87页。

丁钢《历史与现实之间——中国教育传统的理论探索》，桂林：广西师范大学出版社，2009年。

丁钢《课程改革的文化处境》，《全球教育展望》2004年第1期。第16—19页。

马勇《近代中国知识分子的悲剧——试论〈时务报〉内讧》，《安徽史学》2006年第1期，第15—24页。

马健生等《新课程改革存在的主要问题及分析》，《教育科学研究》2007年第2期，第19—22页。

王士平等《近代物理学史》，长沙：湖南教育出版社，2002年。

王元骧《开掘推进梁启超美学思想的研究》，《云梦学刊》2007年第1期，第158—159页。

王风《文学革命与国语运动之关系》，《中国现代文学研究丛刊》2001年第3期，第93—94页。

王尔敏《中国近代知识普及化之自觉与国语运动》,《近代文化生态及其变迁》,南昌:百花洲文艺出版社,2002年。

王冰冰《表象时代的写作困境——评余华的〈第七天〉》,《小说评论》2013年第5期,第118—122页。

王汎森《钱穆与民国学风》,《燕京学报》第21期,北京:北京大学出版社,2006年,第253—288页。

王汎森《章太炎的思想(1868—1919)及其对儒学传统的冲击》,台北:时报文化出版事业有限公司,1985年。

王奇生《新文化运动是如何"运动"起来的》,《近代史研究》2007年第1期,第21—40页。

王国维《〈国学丛刊〉序》,《观堂集林》,石家庄:河北教育出版社,2003年。

王国维《人间词话》,上海:上海古籍出版社,1998年。

王国维《王国维戏曲论文集》,北京:中国戏剧出版社,1957年。

王国维《王国维致罗振玉》(1919年6月12日),见长春市政协文史和学习委员会编《罗振玉王国维来往书信》,上海:东方出版社,2000年。

王国维《文学小言》,《王国维文集 第1卷》,北京:中国文史出版社,1997年。

王国维《孔子之美育主义》,《王国维哲学美学论文辑佚》,上海:华东师范大学出版社,1993年。

王国维《自序(一)》,《王国维文集》,北京:中国文史出版社,1997年。

王国维《自序(二)》,《王国维文集》,北京:中国文史出版社,1997年。

王国维《论近年之学术界》,《王国维全集 第1卷》,杭州:浙江教育出版社,2009年。

王国维《论性》,《王国维全集 第1卷》,杭州:浙江教育出版社,2009年。

王国维《释理》,《王国维全集 第1卷》,杭州:浙江教育出版社,2009年。

王国维《国朝汉学派戴阮两家之哲学说》,《王国维全集 第1卷》,杭州:浙江教育出版社,2009年。

王国维《论哲学家和美术家之天职》,《王国维全集 第1卷》,杭州:浙江教育出版社,2009年。

王国维《红楼梦评论》,《王国维全集 第 1 卷》,杭州:浙江教育出版社,2009 年,第 64 页。

王国维《来日两首》,《王国维文集 第 1 卷》,北京:中国文史出版社,1997 年。

王国维《登狼山支云塔》,《王国维文集 第 1 卷》,北京:中国文史出版社,1997 年。

王国维《叔本华之哲学及其教育学说》,《王国维全集 第 1 卷》,杭州:浙江教育出版社,2009 年。

王国维《屈子文学之精神》,《王国维论学集》,北京:中国社会科学出版社,1997 年。

王国维《奏定经学科大学文学科大学章程书后》,《王国维论学集》,北京:中国社会科学出版社,1997 年。

王国维《哲学辩惑》,《王国维哲学美学论文辑佚》,上海:华东师范大学出版社,1993 年,第 6 页。

王国维《致许家惺(1898 年 2 月 27 日)》,《王国维全集 第 15 卷》,杭州:浙江教育出版社,2009 年。

王国维《致许家惺(1898 年 6 月 18 日)》,《王国维全集 第 15 卷》,杭州:浙江教育出版社,2009 年。

王国维《致许家惺(1898 年 6 月 4 日)》,《王国维全集 第 15 卷》,杭州:浙江教育出版社,2009 年。

王国维《致汪康年》,《王国维全集 第 15 卷》,杭州:浙江教育出版社,2009 年。

王国维《教育小言十二则》,《王国维文集》,北京:中国文史出版社,1997 年。

王国维《教育偶感四则》,《王国维全集 第 1 卷》,杭州:浙江教育出版社,2009 年。

王国维《静庵文集自序》,《王国维文集》,北京:中国文史出版社,1997 年。

王建军《盲目趋新与教学改革——舒新城对道尔顿制教学实验的忧虑》,《课程·教材·教法》2005 年第 5 期,第 90—91 页。

王星拱《科学方法论》，"新潮"丛书第一种，北京大学，1920年。

王贵忱《钱大昕致毕沅书札》，《广州师院学报（社会科学版）》2000年第2期，第33—35页。

王笑龙《陈汉章》，《浙江档案》1987年第8期，第22页。

王爱松《现代出版机制下沈从文早期的文学生产》，《文学评论》2012年第6期，第64—70页。

王家范《吕思勉与"新史学"》，《史林》2008年第1期，第1—20页。

王崇明《胡适为何晚十年获博士学位》，《博览群书》2013年第1期，第19—21页。

王照《小航文存卷一》，《近代中国史料丛刊》第27辑（265），台北：文海出版社，1968年，第117—122页。

中央研究院《国立中央研究院院士录》第1辑，1948年6月。

中华书局编辑部《穷形极相的官场群丑图》，李宝嘉《官场现形记》，北京：中华书局，2013年。

毛子水《师友记》，台北：传记文学出版社，1967年。

毛子水《国故和科学的精神》，《新潮》第1卷第5期，1919年，第731—744页。

卞孝萱《"魁儒"陈汉章》，《文史知识》2008年第2期，109—113页。

甘孺《永丰乡人行年录（罗振玉年谱）》，南京：江苏人民出版社，1980年。

本杰明·史华兹著、叶凤美译《寻求富强：严复与西方》，南京：江苏人民出版社，1996年。

左鹏军《90年代"学术史热"的人文意义》，《华南师范大学学报（社会科学版）》1998年第3期，第68—75页。

石艳《我们的"异托邦"：学校空间社会学研究》，南京：南京师范大学出版社，2008年。

叶企孙《日记》，见叶铭翰等编《叶企孙文存》，北京：首都师范大学出版社，2013年。

叶嘉莹《王国维及其文学批评》，石家庄：河北教育出版社，1997年。

叶澜《中国教育学发展世纪问题的审视》，《教育研究》2004年第7期，第 3—17 页。

申晓云《蔡元培与中华民国大学院制》(上),《民国春秋》1999 年第 6 期,第 3—6 页;申晓云《蔡元培与中华民国大学字制》(下),《民国春秋》2000 年第 1 期,第 24—26 页。

田正平《蔡元培教育思想的历史进步性》,《杭州大学学报》1980 年第 1 期,第 98—104 页。

田正平等《横看成岭侧成峰:乡村士人心中的清末教育变革图景——以〈退想斋日记〉和〈朱峙三日记〉为中心的考察》,载《教育学报》2011 年第 2 期,第 101—107 页。

田彩凤《叶企孙先生年谱》,《清华大学学报(社会科学版)》1998 年第 3 期,第 32—39 页。

白吉尔著、张富强等译《中国资产阶级的黄金时代》,上海:上海人民出版社,1994 年。

白吉庵《胡适传》,北京:人民出版社,1993 年。

冯友兰《三松堂自序》,北京:三联书店,1984 年。

冯自由《康门十三太保与革命党》,《革命逸史 上》,北京:中华书局,1981 年。

司马朝军《黄侃年谱》,武汉:湖北人民出版社,2005 年。

皮后锋《严复的教育生涯》,《史学月刊》2000 年第 1 期。第 54—62 页。

邢军纪《最后的大师:叶企孙和他的时代》,北京:北京十月文艺出版社,2010 年。

朱自清《论学术的空气》,《朱自清全集 第 4 卷》,南京:江苏教育出版社,1993 年。

朱希祖《白话文的价值》,《朱希祖文存》,上海:上海古籍出版社,2006 年。

朱希祖《癸丑日记》,见李德龙等主编《历代日记丛抄》,北京:学苑出版社,2006 年。

朱英《近代中国商会选举制度之再考察——以清末民初的上海商会为例》,《中国社会科学》2007 年第 1 期,第 192—204 页。

朱维铮《〈国故论衡〉校本引言》,《复旦学报》1997 年第 1 期,第 65—72 页。

朱维铮《〈清代学术概论〉导读》，见梁启超《清代学术概论》，上海：上海古籍出版社，1998 年。

朱维铮《音调未定的传统》，杭州：浙江大学出版社，2011 年。

庄森《一份特别的履历书——陈独秀出任北大文科学长的前前后后》，《社会科学战线》2006 年第 1 期，第 134—141 页。

庄森《陈独秀和〈青年杂志〉》，《文艺理论研究》2004 年第 6 期，第 2—16 页。

刘大鹏《退想斋日记》，太原：山西人民出版社，1990 年。

刘广京《一八六七年同文馆的争议》，《复旦学报》1982 年第 5 期，第 97—101 页。

刘云杉《帝国权力实践下的教师生命形态——个私塾教师的生活史研究》，《中国教育：研究与评论》第 2 期，北京：教育科学出版社，2002 年。

刘正伟等《略论清末罗振玉的教育活动和教育主张》，《杭州大学学报（社会科学版）》1997 年 10 月（增刊），第 125—130 页。

刘龙心《从科举到学堂——策论与晚清的知识转型（1901—1905）》，《中国研究院近代史研究所集刊》第 58 期，2007 年 12 月，第 105—139 页。

刘龙心《学术与制度——学科体制与现代中国史学的建立》，台北：远流出版事业股份有限公司，2002 年。

刘龙心《通俗读物编刊社与战时历史书写（1933—1940）》，《中国研究院近代史研究所集刊》2009 年 6 月第 64 期，第 87—136 页。

刘北成《福柯思想肖像》，北京：北京师范大学出版社，2001 年。

刘成禺《世载堂杂忆》，太原：山西古籍出版社，1995 年。

刘复生《通观明变，百川竞发——读〈蒙文通文集〉兼论蒙文通先生的史学成就》，《四川大学学报（哲学社会科学版）》2004 年第 6 期，第 104—109 页。

刘彦波《张之洞薨逝后之时评——以〈申报〉为中心》，《湖北大学学报（哲学社会科学版）》2012 年第 7 期，第 94—97 页。

刘桂秋《无锡时期的钱基博与钱钟书》，上海：上海社会科学院出版社，2004 年。

刘梦溪《"文化托命"与现代中国学术传统》，《中国文化》1992 年第 1 期，第 107—116 页。

刘淑玲《大公报与中国现代文学》，石家庄：河北教育出版社，2004 年。

关晓红《晚清学部研究》，广州：广东教育出版社，2000 年。

汤志钧《论洋务派对〈时务报〉的操纵》，见康家同编《康有为与戊戌变法》，北京：中华书局，1984 年。

汤志钧《章太炎年谱长编》，北京：中华书局，1979 年。

许寿裳《章太炎传》，南昌：百花文艺出版社，2004 年。

孙先伟《林白水的报人生涯》，《民国春秋》1998 年第 2 期，第 45—46 页。

孙宏云《政治学的展开：清华政治学系的早期发展 1926—1937》，北京：三联书店，2005 年。

孙宝瑄《忘山庐日记》，上海：上海古籍出版社，1983 年。

孙诒让《墨子间诂》，北京：中华书局，2001 年。

孙觉民《焦卓然先生和他编纂的〈中华国难教育读本〉》，《山西文史资料》1998 年第 6 期，第 155—161 页。

孙喜亭《教育原理》，北京：北京师范大学出版社，1999 年。

严奇岩《王国维与中国的比较教育研究》，《纪念〈教育史研究〉创刊二十周年论文集（2）》，北京：《教育史研究》创刊二十周年暨中国教育史研究六十年学术研讨会，2009 年 9 月，第 2421—2424 页。

严复《论北京大学校不可停办说帖》，《〈严复集〉补编》，福州：福建人民出版社，2004 年。

严复《政治讲义》，见王栻主编《严复集　第 5 册》，北京：中华书局，1986 年。

严复《与熊纯如书》，见王栻主编《严复集　第 3 册》，北京：中华书局，1986 年。

严璩《侯官严先生年谱》，见王栻主编《严复集　第 5 册》，北京：中华书局，1986 年。

严修自订、高凌霄补、严仁曾增编《严修年谱》，济南：齐鲁书社，1990 年。

苏云峰《张之洞与湖北教育改革》，台北："中央研究院"近代史研究所，1983 年。

杜维明等《李泽厚与 80 年代中国思想界》，《开放时代》2011 年第 11 期，第 5—40 页。

杜新艳《〈清议报〉停刊考》,《云梦学刊》2008 年第 5 期,第 25—31 页。

李小平等《"国语运动"与"白话文运动"的疏离与结合》,《福建论坛》(人文社会科学版) 2013 年第 3 期,第 114—119 页。

李永圻《吕思勉先生编年事辑》,上海:上海书店出版社,1992 年。

李泽厚《论康有为的"大同书"》,《文史哲》1955 年第 2 期,第 10—15 页。

李泽厚《启蒙与救亡的双重变奏》,《中国现代思想史论》,上海:东方出版社,1987 年。

李春萍《"春风化雨":蔡元培与中国现代大学制度》,《高等教育研究》2010 年第 2 期,第 83—92 页。

李济《安阳》,上海:上海人民出版社,2007 年。

李敖《胡适评传》,上海:文汇出版社,2003 年。

李振声《作为新文学思想资源的章太炎》,《书屋》2001 年第 Z1 期,第 36—37 页。

李振涛《基础教育改革的关键词应是"文化变革"》,《人民教育》2008 年第 3—4 期,第 2—5 页。

李健吾《序》,见丁西林《丁西林剧作全集 上》,北京:中国戏剧出版社,1985 年。

李维武《武汉大学与 20 世纪 20 年代中国哲学——王星拱与〈科学概论〉》,《武汉大学学报(人文科学版)》,2008 年第 4 期,第 389—394 页。

李静《萧友梅与北大音乐传习所》,《北京大学学报(哲学社会科学版)》2004 年第 2 期,第 140—143 页。

李锐《疑古与重建的纠葛——从顾颉刚、傅斯年等对三代以前古史的态度看上古史重建》,《清华大学学报(哲学社会科学版)》2009 年第 1 期,第 96—105 页。

杨天石《张之洞刊刻〈劝学篇〉的原委》,《北京日报》2013 年 7 月 15 日,第 020 版。

杨天石等编《中华民国史资料丛稿拒俄运动》,北京:中国社会科学出版社,1979 年。

杨天石《哲人与文士》,北京:中国人民大学出版社,2007 年。

杨建华《〈教育世界〉与清末学制建设》,《宁波大学学报》(教育科学版) 2010 年第 4 期, 第 16—19 页。

杨树达《积微翁回忆录积微居诗文钞》(杨树达文集之十七), 上海: 上海古籍出版社, 1986 年。

吴永军《课程社会学》, 南京: 南京师范大学出版社, 2001 年。

吴永军等《关于我国基础教育新课改问题研究的反思》,《教育发展研究》 2008 年第 18 期, 第 52—56 页。

吴刚《奔走在迷津中的课程改革》,《北京大学教育评论》2013 年第 4 期, 第 20—51 页。

吴学昭《吴宓与陈寅恪》, 北京: 清华大学出版社, 1992 年。

吴蓓《无可奈何花落去——以文本为基点论王国维〈人间词〉》,《浙江学刊》1999 年第 3 期, 第 129—136 页。

吴虞《吴虞日记 上册》, 成都: 四川人民出版社, 1984 年。

吴宓《吴宓日记 第 2 册 1917—1924》, 北京: 三联书店, 1998 年。

邱椿《通信》,《独立评论》第 11 号, 1932 年 7 月 31 日, 第 18—22 页。

佚名《北京大学招考简章》,《北京大学日刊》1919 年 4 月 24 日, 第 3 版。

佚名《奏定初级师范学堂章程》,《中国近代学制史料第 2 辑 上》, 上海: 华东师范大学出版社, 1989 年。

佚名《哲学、国文学、英文学三门研究所启示》,《北京大学日刊》1918 年 10 月 9 日, 第 2 版。

佛雏《〈王国维哲学美学论文辑佚〉序言》,《王国维哲学美学论文辑佚》, 上海: 华东师范大学出版社, 1993 年。

佛雏《王国维与江苏两所"师范学堂"》,《扬州师院学报(社会科学版)》 1990 年第 1 期, 第 94—98 页。

佛雏《王国维诗学研究》, 北京: 北京大学出版社, 1987 年。

余华《内心之死》, 北京: 华艺出版社, 2000 年。

余华《第七天》, 北京: 新星出版社, 2013 年。

余英时《一生为故国招魂——敬悼钱宾四师》, 载氏著《钱穆与中国文化》, 上海: 上海远东出版社, 1994 年。

余英时《现代危机与思想人物》, 北京: 三联书店, 2005 年。

汪原放《亚东图书馆与陈独秀》，上海：学林出版社，2006年。

汪晖《新自由主义的历史根源及其批判》，《台湾社会研究季刊》2001年6月第42期，第1—65页。

汪家熔《大变动时代的建设者——张元济传》，成都：四川人民出版社，1985年。

汪家熔《蔡元培和商务印书馆》，见蔡元培《商务印书馆九十年 我和商务印书馆 1897—1987》，北京：商务印书馆，1987年，第480—482页。

汪毓和《我国现代音乐教育事业的开拓者萧友梅》，《音乐艺术》1987年第4期，第40—46页。

汪懋祖《致新青年杂志记者》，《留美学生季报》民国七年春季第一号，第87—88页。

沈卫威《"学衡派"谱系：历史与叙事》，南昌：江西教育出版社，2007年。

沈卫威《王国维与北京大学关系考索》，《徐州师范大学学报（哲学社会科学版）》2003年第1期，第80—84页。

沈卫威《自由守望——胡适派文人引论》，上海：上海文艺出版社，1997年。

沈从文、张兆和《从文家书》，上海：上海远东出版社，1996年。

沈从文《19300426 吴淞致王际真》，《沈从文全集 第18卷 书信1927年—1948年》，太原：北岳文艺出版社，2002年。

沈从文《19300428 吴淞致王际真》，《沈从文全集 第18卷 书信1927年—1948年》，太原：北岳文艺出版社，2002年。

沈从文《边城》，福州：鹭江出版社，2002年。

沈从文《现代中国文学的小感想》，《文艺月刊》1930年第1卷第5期，第159—162页。

沈尹默《我与北大》，转引自陈平原、夏晓虹编《北大旧事》，北京：北京大学出版社，2009年。

沈艾娣著、赵妍杰译《梦醒子：一位华北乡居者的人生》，北京：北京大学出版社，2013年。

沈原《市场、阶级和社会》，北京：社会科学出版社，2007年。

沈寂《一代影星阮玲玉》，上海：上海书店，1999年。

宋月红等《蔡元培与〈北京大学月刊〉——兼论蔡元培对北京大学的学

术革新》,《北京大学学报（哲学社会科学版）》1997年第6期，第65—73页。

宋志明《编序》，见梁启超著、宋志明选注《新民说》，沈阳：辽宁人民出版社，1994年。

张小丽《北高师教育研究科的历史境遇》，《教育学报》2011年第4期，第111—120页。

张之洞《劝学》，见苑书文等编《张之洞全集第12册》，石家庄：河北人民出版社，1998年。

张之洞《创立存古学堂折》，见苑书文等编《张之洞全集 第3册》，石家庄：河北人民出版社，1998年。

张之洞《致瑞安黄仲韬学士》，见苑书文等编《张之洞全集 第12册》，石家庄：河北人民出版社，1998年。

张子奇《王国维〈文学小言〉论析》，《渤海学刊》1991年第3、4期，第46—51页。

张凤鸣等《屠寄和〈黑龙江舆图〉的测绘》，《北方文物》1987年第1期。第87—92页。

张允侯等编《五四时期的社团》，北京：三联书店，1979年。

张申府《这打击得了民主运动么——怀念韬奋先生，痛悼陶行知先生》，《张申府文集第1卷》，石家庄：河北人民出版社，2005年。

张百熙《张百熙奏筹办京师大学堂情形疏》，《北京大学史料第1卷 1898—1911》，北京：北京大学出版社，1993年。

张仲民《严复与复旦公学》，《历史研究》2009年第2期，第133—146页。

张朋园《梁启超与民国政治》，长春：吉林出版集团有限公司，2007年。

张俊萍《梁启超对我国近代音乐教育发展的贡献》，《兰台世界》2013年第3期，第120—121页。

张晖《书院的知识生产与清代人文图景》，《无声无光集》，杭州：浙江大学出版社，2013年。

张寄谦《严复与北京大学》，《近代史研究》1993年第5期，第141—165页。

张謇研究中心、南通市图书馆编《张謇全集第六卷日记》，南京：江苏古籍出版社，1994年。

陆费逵《论中央教育会》，《教育杂志》第3年第8期，1911年10月1日。

陈乃林《张謇与通州师范》,《扬州师院学报(社会科学版)》1980年第4期,第72—77页。

陈子善《我所知道的女诗人徐芳》,《书城》2006年第4期,第103—107页。

陈丹青《序言》,见贾樟柯《贾想1996—2008》,北京:北京大学出版社,2009年。

陈丹青《笑谈大先生·七讲鲁迅》,桂林:广西师范大学出版社,2011年。

陈文彬《五四时期知识界的"挟洋自重"》,《书屋》2006年第7期,第65—67页。

陈以爱《中国现代学术研究机构的兴起》,南昌:江西教育出版社,2002年。

陈平原《北大传统:另一种阐释——以蔡元培与国学门研究所的关系为中心》,《文史知识》1998年第5期,第28—35页。

陈平原《传统书院的现代转型——以无锡国专为中心》,《现代中国》,合肥:安徽教育出版社,2001年。

陈平原《何为"大学"——阅读〈蔡孑民先生言行录〉》,《学术研究》2010年第4期,第11—21页。

陈平原《迟到了十四年的任命——严复与北京大学》,《开放时代》1998年第3期,第43—49页。

陈平原《现代中国学术之建立——以章太炎、胡适为中心》,北京:北京大学出版社,1998年。

陈平原《思想史视野中的文学——〈新青年〉研究》,《中国现代文学研究丛刊》2002年第3期,第1—31页。

陈存仁《银元时代生活史》,上海:上海人民出版社,2001年。

陈庆年《戊戌乙亥见闻录》,见中国社会科学院近代史研究所编《近代史资料》总81号,北京:中国社会科学出版社,1992年。

陈良飞《学者燕园热议李泽厚与"80年代"》,《东方早报》2011年9月5日。

陈明远《文化人的经济生活》,上海:文汇出版社,2005年。

陈孝全《朱自清传》,北京:北京十月文艺出版社,1991年。

陈学恂主编《中国近代教育史料 中册》,北京:人民出版社,1986年。

陈建华《晚清"诗界革命"盛衰史实考》,《福建论坛》(人文社会科学版)

1987 年第 3 期，第 74—80 页。

徐连云《梁启超"诗界革命"内涵新探》，《文艺争鸣》2007 年第 11 期，第 88—93 页。

陈独秀《文学革命论》，《陈独秀著作选 第 1 卷》，上海：上海人民出版社，1993 年。

陈独秀《国语教育》，《陈独秀著作选 第 1 卷》，上海：上海人民出版社，1993 年。

陈独秀《通告一》，《新青年》第 2 卷第 1 号，1916 年 9 月 1 日。

陈勇《试论钱穆与胡适的交谊及其学术论争》，《史学史研究》2011 年第 3 期，第 65—77 页。

陈勇《钱穆与新考据派关系略论———以钱穆与傅斯年的交往为考察中心》，《上海大学学报（社会科学版）》2007 年第 5 期，第 50—58 页。

陈勇《钱穆传》，北京：人民出版社，2005 年。

陈鸿祥《王国维与"戊戌变法"》，《学海》1998 年第 5 期，84—89 页。

陈鸿祥《王国维传》，北京：人民出版社，2004 年。

陈寅恪《冯友兰中国哲学史上册审查报告》，《金明馆丛稿二编》，上海：上海古籍出版社，1980 年。

陈寅恪《吾国学术之现状与清华之职责》，《金明馆丛稿二编》，北京：三联书店，2001 年。

陈寅恪《陈寅恪集·书信集》，北京：三联书店，2001 年。

陈寅恪《读吴其昌撰梁启超传书后》，《寒柳堂集》，北京：三联书店。2001 年。

陈鹤琴《我的半生》，见胡适、马叙伦、陈鹤琴《四十自述·我在六十年以前·我的半生》，长沙：岳麓书社，1998 年。

邵燕君《"先锋余华"的顺势之作——由〈兄弟〉反思"纯文学"的"先天不足"》，《当代作家》2007 年第 1 期，第 14—17 页。

茅海建《"张之洞档案"与戊戌变法》，《东方早报·上海书评》2013 年 12 月 22 日，第 7 版。

茅海建《张之洞与〈时务报〉、〈昌言报〉》，《中华文史论丛》2011 年第 2 期，第 1—71 页。

林非《现代六十家散文札记》,天津:百花文艺出版社,1980年。

林逸《清鉴湖女侠秋瑾年谱》,台北:台湾商务印书馆,1985年。

欧阳哲生《胡适与北京大学》,《北京大学学报(哲学社会科学版)》1997年第3期,第48—55页。

昆德拉《小说的艺术》,上海:上海译文出版社,2004年。

易琴《20世纪新教育运动与中国近现代教育史研究的兴起——以舒新城为个案》,《教育学术月刊》2011年第9期,第86—88页。

罗小茗《形式的独奏——以上海"二期课改"为个案的课程改革研究》,上海:上海书店出版社,2013年。

罗尔刚《师门五年记·胡适琐记》,北京:三联书店,1998年。

罗庆云等《民国教育家汪懋祖文言文教育思想研究——以1934年有关文言文教育争论为中心》,《武汉大学学报(哲学社会科学版)》2013年第1期,第103—108页。

罗志田《日记中的民初思想、学术与政治》,《近代中国史学十论》,上海:复旦大学出版社,2003年。

罗志田《他永远是他自己——陈独秀的人生与心路》,《四川大学学报(哲学社会科学版)》2010年第5期,第48—60页。

罗志田《再造文明之梦——胡适传》,成都:四川人民出版社,1995年。

罗志田《国家与学术:清季民初关于"国学"的思想论争》,北京:三联书店,2003年。

罗志田《科举制的废除与四民社会的解体——一个内地乡绅眼中的近代社会变迁》,《清华学报》(台湾新竹),1995年第4期。

罗岗《王国维:审美现代性的危中之机》,《危机时刻的文化想象——文学、文学史与文学教育》,南昌:江西教育出版社,2005年。

罗杰鹦《鸟瞰他山之石——莱辛〈拉奥孔〉在中国的接受与研究历程》,《新美术》2007年第5期,第28—39页,第27页。

罗振玉《海宁王忠悫公传》,自陈平原、王枫编《追忆王国维》,北京:中国广播电视出版社,1997年。

罗家伦《今日之世界新潮》,《新潮》第1卷第1号,1919年。第19—24页。

罗家伦《逝者如斯夫》,台北:台湾传记文学出版社,1967年。

罗继祖《王国维之死》，广州：广东教育出版社，1999年。

罗继祖《蜉寄留痕》，上海：上海古籍出版社，1999年。

季羡林《留德十年》，上海：东方出版社，1992年。

金冲及《救亡唤起启蒙——对戊戌维新的一点思考》，《人民日报》1988年12月5日。

金林祥《蔡元培教育思想研究》，沈阳：辽宁教育出版社，1994年。

金德门主编《苏州中学校史》，苏州：苏州大学出版社，1999年。

周一良《毕竟是书生》，北京：北京十月文艺出版社，1998年。

周予同《现代中国教育史》，上海：良友图书有限公司，1934年。

周予同《周予同自传》，《晋阳学刊》1981年第1期，第88—89页。

周传儒《史学大师王国维》，《历史研究》1981年第6期，第108—125页。

周作人《周作人回忆录》，长沙：湖南人民出版社，1982年。

周洪宇等《哥伦比亚大学师范学院与现代中国教育》，《比较教育研究》2010年第11期，第42—47页。

周勇《中国文学与人间情感教育——王国维的文学课程革新实验》，《全球教育展望》2013年第4期，第10—16页。

周勇《文学、电影与人生教育学——论教育学的现象学转向及其优化路径》，《全球教育展望》2013年第8期，51—58页。

周勇《动荡的学科与专业——哈佛教育研究生院的百年难题》，《北京大学教育评论》2012年第2期，第179—186页。

周勇《芝加哥大学教育系的悲剧命运》，《读书》2010年第3期，第80—89页。

周勇《江南名校的中国文化教育》，北京：教育科学出版社，2008年，

周策纵《五四运动——现代中国的思想革命》，南京：江苏人民出版社，1999年。

周晔《〈新教育〉与中国教育近代化》，《高等教育研究》2005年第1期，第87—92页。

周锡瑞著、杨慎之译《改良与革命：辛亥革命在两湖》，南京：江苏人民出版社，2007年。

郑大华《晚清思想史》，长沙：湖南师范大学出版社，2006年。

郑云山等《秋瑾评传》，郑州：河南教育出版社，1986年。

郑振铎《导言》，出自赵家璧主编《中国新文学大系第二集 文学争论集 影印本》，上海：上海文艺出版社，2003年。

房鑫亮《王国维的教育实践与教育思想》，《历史教学问题》2008年第5期，第8—11页。

赵元任、杨步伟《谈陈寅恪》，台北：传记文学出版社，1970年。

赵万里《民国王静安先生国维年谱》，台北：台湾商务印书馆，1978年。

赵书新《清末民初著名学者屠寄》，《理论界》2009年第2期，第126—128页。

赵立彬《晚清至民国时期西化思想的发生与发展述论》，《中山大学学报论丛（社会科学版）》2000年第3期，第139—149页。

郝德永《新课程改革中的文化学研究》，《课程·教材·教法》2004年第11期，第17—21页。

胡先骕《师范大学制评议》，《胡先骕文存 上》，南昌：江西高校出版社，1995年。

胡明《关于胡适的〈水经注〉研究》，《文学评论》1991年第6期，第105—117页。

胡适、唐德刚《胡适口述自传》，上海：华东师范大学出版社，1993年。

胡适《〈中国古代哲学史〉台北版自记》，《中国古代哲学史》，合肥：安徽教育出版社，2006年。

胡适《〈吴虞文录〉序》，见吴虞《吴虞文录》，合肥：黄山书社，2008年。

胡适《〈国学季刊〉发刊宣言》，《胡适文存第二集》，合肥：黄山书社，1996年。

胡适《〈科学与人生观〉序》，《胡适文存第二集》，合肥：黄山书社，1996年。

胡适《五十年来之中国文学》，《胡适文存二集》，合肥：黄山书社，1996年。

胡适《中国哲学史大纲》，上海：上海古籍出版社，1999年。

胡适《书院制史略》，《胡适学术文集·教育》，北京：中华书局，1993年。

胡适《归国杂感》，《胡适文存》，合肥：黄山书社，1996年。

胡适《四版自序》，《尝试集》，北京：人民文学出版社，2000年。

胡适《记全国第八届教育会联合会讨论新学制的经过》，《胡适学术文集·教育》，北京：中华书局，1993年。

胡适《再谈谈整理国故》，《胡适文集 第12卷》，北京：北京大学出版社，1998年。

胡适《论国故学（答毛子水）》，《胡适文存》，合肥：黄山书社，1996年。

胡适《导言》，《中国新文学大系 建设理论集 影印本》，上海：上海文艺出版社，1981年。

胡适《我们今日还不配读经》，《胡适学术代表作 下》，合肥：安徽教育出版社，2005年。

胡适《我的歧路》，《胡适文存二集》，合肥：黄山书社，1996年。

胡适《建设的文学革命论》，《胡适文存》，合肥：黄山书社，1996年。

胡适《胡适口述自传》，合肥：安徽教育出版社，1999年。

胡适《胡适之先生晚年谈话录》，北京：新星出版社，2006年。

胡适著、曹伯言整理《胡适日记全编》第2、3、7册，合肥：安徽教育出版社，2001年。

胡适《胡适的日记 下册》，北京：中华书局，1985年。

胡适《胡适致母函》（1910年6月30日），见杜春和选编《胡适家书选》，《安徽史学》1989年第1期，第72—81页。

胡适《胡适致高一涵》，《胡适往来书信选 上》，北京：中华书局，1979年。

胡适《胡适留学日记 下》，合肥：安徽教育出版社，1999年。

姚鹏等编《胡适讲演》，北京：中国广播电视出版社，1992年。

胡适《南游杂忆》，《胡适文集 第5卷》，北京：北京大学出版社，1998年。

胡适《说儒》，《胡适文集 第5卷》，北京：北京大学出版社，1998年。

胡适《致高一涵》，《胡适来往书信选 上》，北京：中华书局，1979年。

胡适《教务长胡适之先生的演说》，《北京大学日刊》1922年12月23日，第2页。

胡适《新思潮的意义》，《胡适文存》，合肥：黄山书社，1996年。

胡适《蝴蝶》，《尝试集》，北京：人民文学出版社，2000年。

胡晓风《张彭春等：从教育入手使中国现代化》，《生活教育》2011年第3期，第33页。

胡颂平《胡适之先生年谱长编初稿　第1册》，台北：联经出版事业公司，1984年。

胡然《发刊词》，贺绿汀《胜利进行曲》等，《音乐月刊》第1卷第1期，1942年3月，第1—16页。

胡德海《王国维与中国教育学术》，《教育研究》2012年第12期，第110—114页。

柯政《理解困境：课程改革实施行为的新制度主义分析》，北京：教育科学出版社，2011年。

柳无忌《苏曼殊传》，北京：三联书店，1992年。

柳诒徵《学者之术》，《学衡》1924年9月第33期，第1—2页。

轶尘《教育的学问为什么给人家瞧不起？》，《东方杂志·教育栏》1933年1月16日第30卷第2号，第3—9页。

俞同奎《四十六年前我考进母校的经验》，见陈学恂主编《中国近代教育史料中册》，北京：人民出版社，1986年。

俞振基《蒿庐问学记：吕思勉生平与学术》，北京：三联书店，1996年。

狭间直树《梁启超〈戊戌政变记〉成书考》，《近代史研究》1997年第4期。第233—242页。

饶芃子《中国文艺批评王见代转型的起点——论王国维的〈红楼梦评论〉及其它》，《文艺研究》1996年第1期，第59—61页。

饶怀民《黄兴——从传统儒生到革命领袖》，《南方都市报》2011年9月15日，RB16版。

奕䜣等《恭亲王等：奏设同文馆折（附章程）》，见舒新城编《中国近代教育史资料》，北京：人民教育出版社，1961年。

帝召《令德之遗训》，《民吁日报》宣统元年九月二日，第1页。

施耐德《真理与历史——傅斯年、陈寅恪的史学思想与民族认同》，社会科学文献出版社，2008年。

恽代英《恽代英日记》，北京：中共中央党校出版社，1981年。

费侠莉著、丁子霖等译《丁文江：科学与中国新文化》，北京：新星出版社，2006年。

姚纯安《社会学在近代中国的进程》，北京：三联书店，2006年。

姚柯夫《陈中凡传略》，《晋阳学刊》编辑部编《中国现代社会科学家传略 第5辑》，太原：山西人民出版社，1983年。

袁光英等《王国维年谱长编》，天津：天津人民出版社，1996年。

莱辛著、朱光潜译《拉奥孔》，北京：人民文学出版社，1979年。

夏中义《西学与中国文学的百年错位及反正———以王国维从〈红楼梦评论〉到〈人间词话〉的发展变化为中心》，《河北学刊》2011年第6期，第92—100页。

顾红亮《梁启超〈新民说〉权利概念的多重含义》，《江苏社会科学》2010年第6期，第182—188页。

顾诚吾（颉刚）《对于旧家庭的感想》，《新潮》第1卷第2号，1919年。第157—169页。

顾颉刚《走在历史的路上——顾颉刚自述》，南京：江苏教育出版社，2005年。

顾颉刚《我是怎样编〈古史辨〉的？》，《古史辨 第1册》，上海：上海古籍出版社，1982年。

顾颉刚《顾颉刚日记第1卷 1913—1926》；顾颉刚《顾颉刚日记 第2卷 1972—1932》，台北：联经出版事业股份有限公司，2007年。

顾颉刚《蔡元培先生与五四运动》，载钟叔河、朱纯编《过去的学校》，长沙：湖南教育出版社，1982年。

顾潮《历劫终教志不灰——我的父亲顾颉刚》，上海：华东师范大学出版社，1997年。

钱玄同《〈新青年〉改用左行横式的提议》，《钱玄同文集 第1卷》，北京：中国人民大学出版社，1999年。

钱伟长、虞昊编《一代师表叶企孙》，上海：上海科学技术出版社，1995年。

钱钟书《与张君晓峰书》，《钱钟书散文》，杭州：浙江文艺出版社，1997年。

钱钟书《围城》，北京：人民文学出版社，1980年。

钱钟书《读〈拉奥孔〉》，《文学评论》1962年第5期。第59—67页。

钱曼倩等《中国近代学制比较研究》，广州：广东教育出版社，1996年。

钱穆《八十忆双亲师友杂忆》，北京：三联书店，1998年。

钱穆《中国近三百年学术史（一）》，台北：联经出版事业有限公司，1998年。

钱穆《中国学术思想史论丛（一）》，台北：东大图书有限公司，1976年。

钱穆《汉刘向歆父子年谱》，台北：商务印书馆，1987年。

钱穆《先秦诸子系年》，北京：商务印书馆，2008年。

钱穆《关于〈老子〉成书年代之一种考察》，《燕京学报》1930年12月第8期，第1577—1602页。

钱穆《论语文解》，《四书释义论语文解》，台北：联经出版事业有限公司，1998年。

钱穆《纪念张晓峰吾友》，《八十忆双亲师友杂忆合刊》，台北：联经出版事业有限公司，1998年。

钱穆《国史大纲（上）》，台北：联经出版事业有限公司，1998年。

钱穆《国学概论》，台北：联经出版事业有限公司，1998年。

钱穆《国学概论》，北京：商务印书馆，2006年。

钱穆《致胡适书》，《素书楼余渖》，台北：联经出版事业有限公司，1998年。

钱穆《略论中国教育学》，《现代中国学术论衡》，北京：三联书店，2001年。

钱穆《新亚遗铎》，北京：三联书店，2004年。

倪汝明等《发起"北京大学学生会"的缘起》，《北京大学日刊》1922年11月7日，第2版。

徐小群《民国时期的国家与社会：自由职业团体在上海的兴起》，北京：新星出版社，2007年。

徐志摩《徐志摩致胡适》，《胡适来往书信选》，中华书局，1979年。

徐和雍等《章太炎与中国近代民族文化》，《杭州大学学报》1987年第1期，第133—140页。

徐雁平《清代东南书院与学术及文学 上卷》，合肥：安徽教育出版社，2007年。

高小康《领悟悲剧——王国维〈红楼梦评论〉研究》，《文艺理论研究》1996年第5期，第28—35页。

高平叔《蔡元培年谱长编 卷1》及《蔡元培年谱长篇 卷2》，北京：人民教育出版社，1999年。

高益民《顾明远教授文化观的若干辨析》，《比较教育研究》2008年第9期，第10—15页。

郭书愚《"新旧交哄的激进时代"：以张之洞和存古学堂的"守旧"形象为例》，《四川大学学报（社会科学版）》2013年第1期，第44—54页。

郭武群《张彭春对中国话剧的三大贡献》，《天津大学学报（社会科学版）》2006年第2期，第111—114页。

郭金海《1948年中央研究院第一届院士的选举》，《自然科学史研究》2006年第1期，第33—49页。

郭金海《中央研究院第一届院士候选人提名探析》，《中国科技史杂志》2008年第4期，第326—342页。

唐宝林等《陈独秀年谱》，上海：上海人民出版社，1988年。

唐德刚《晚清七十年》，长沙：岳麓书社，1999年。

陶成章《浙案纪略》，见中国近代史学会编《辛亥革命资料丛刊 第三册》，上海：上海人民出版社，1957年。

陶行知《〈中华教育改进社第二届年会社务报告〉的补充说明》，《陶行知全集 第1卷》，1983年。

陶行知《中国师范教育建设论》，《陶行知全集 第1卷》，长沙：湖南教育出版社，1983年。

陶行知《杜威将来华讲学——致胡适》，《陶行知全集 第2卷》，长沙：湖南教育出版社，1985年。

陶希圣《中国学校教育之史的观察》，《教育杂志》1929年第21卷第3期，第1—9页。

陶英慧《蔡元培年谱》（上），台北："中央研究院"近代史研究所专刊（36），1977年。

桑兵《晚清民国的国学研究》，上海：上海古籍出版社，2001年。

桑兵《晚清民国的知识与制度体系转型》，《中山大学学报（社会科学版）》2004年第6期，第90—98页。

桑兵《晚清学堂学生与社会变迁》，上海：学林出版社，1995年。

桑兵《章太炎晚年北游讲学的文化象征》,《历史研究》2002年第4期,第3—19页。

桑兵《盖棺论定"论"难定:张之洞之死的舆论反应》,《学术月刊》2007年第8期,第138—146页。

桑兵《清末新知识界的社团与活动》,北京:三联书店,1995年。

教育部《基础教育课程改革纲要(试行)》,《中国教育报》2001年7月27日。

勒文森著、刘伟等译《梁启超与近代中国思想》,成都:四川人民出版社,1986年。

黄世晖《蔡孑民传略》,载《蔡孑民先生言行录》,桂林:广西师范大学出版社,2005年。

黄艾仁《胡适与北京大学》,载耿云志、闻黎明编《现代学术史上的胡适》,北京:三联书店,1993年。

黄延复《言行奇特的名教授刘文典》,《文史春秋》1994年第1期,第54—57页。

黄克武《惟适之安:严复与近代中国的文化转型》,北京:社会科学文献出版社,2012年。

黄坤《一个世纪话题——评梁启超的〈新民说〉》,《华东师范大学学报社科版》1998年第2期,第43—49页。

黄忠敬《知识·权力·控制:基础教育课程文化研究》,上海:复旦大学出版社,2003年。

黄炎培《八十年来》,北京:中国文史出版社,1982年。

萧公权《中国政治思想史 第3册》,沈阳:辽宁教育出版社,1998年。

萧公权《问学谏往录》,合肥:黄山书社,2008年。

萧公权著、汪荣祖译《近代中国与新世界——康有为变法与大同思想研究》,南京:江苏人民出版社,2007年。

萧公权《近代思想史上的"主义与问题"之争的再思考——严复与胡适的经验论思想比较及其启示》,《开放时代》1997年第1期,第47—55页。

曹顺庆等《王国维〈红楼梦评论〉之得与失》,《文史哲》2011年第2期,第76—81页。

戚学民《〈戊戌政变记〉的主题及其与时事的关系》,《近代史研究》2001年第6期,第81—126页。

盛巽昌、朱守芬《学林散叶》,上海：上海人民出版社,1997年。

雪洱《无毒不"圣人"》,载氏著《国运1909》,西安：陕西师范大学出版社,2010年。

崔运武《舒新城教育思想研究》,沈阳：辽宁教育出版,1994年。

崔志海《梁启超〈新民说〉再认识》,《近代史研究》1989年第4期,第84—95页。

康有为《大同书》,沈阳：辽宁人民出版社,1994年。

康有为《孔子改制考》,北京：中华书局,1957年。

章开沅《开拓者的足迹——张謇传稿》,北京：中华书局,1986年。

章太炎《与王鹤鸣书》,见汤志钧《章太炎年谱长编 上册》,北京：中华书局,1979年。

章太炎《与胡适》,《章太炎书信集》,石家庄：河北人民出版社,2003年。

章太炎《国学概论》,上海：上海古籍出版社,1997年。

章太炎《膏兰室札记》,《章太炎全集 卷1》,上海：上海人民出版社,1982年。

章太炎《演说录》,《民报》第6号,1906年7月25日,第9—10页。

商丽浩《王国维与近代西方教育学说的传播》,《杭州大学学报》1993年第1期,第127—133页。

清华救国会《告全国民众书》,转引自杨树先《一二九运动史若干问题再研究》,《中共党史研究》1992年第6期,第68页。

梁吉生《张伯苓与南开话剧》,《人物》2009年第10期,第61—67页。

梁齐姿《施善与教化》,河北教育出版社,2001年。

梁启超《与林迪臣太守书》,《饮冰室合集文集之三》,北京：中华书局,1989年。

梁启超《上南皮张尚书书》,《饮冰室合集文集之一》,北京：中华书局,1989年。

梁启超《论小说与群治的关系》,《饮冰室合集文集之十》,北京：中华书局,1989年。

梁启超《近三百年学术史》，北京：东方出版社，1996年。

梁启超《近世文明初祖二大家之学说》，《新民丛报》第1号，1902年2月。第11页。

梁启超《初归国演说词·鄙人对于言论界之过去及将来》，《饮冰室合集·文集之二十九》。北京：中华书局，1989年。

梁启超《保教非所以尊孔论》，《新民丛报》第2号，1902年2月22日，第61—72页。

梁启超《清代学术概论》，上海：上海古籍出版社，1998年。

梁启超《梁启超自述》，郑州：河南人民出版社，2004年。

梁启超《释革》，《饮冰室合集·文集之九》，北京：中华书局，1989年。

梁启超《新民说一》，《新民丛报》第1号，1902年2月8日。

梁柱《蔡元培与北京大学》，《北京大学学报（哲学社会科学版）》1980年第2期，第9—16页。

梁鼎芬《梁鼎芬致汪康年·七十二》，见上海图书馆编《汪康年师友书札》（二），上海：上海古籍出版社，1986年。

屠寄《致缪荃孙》，见顾廷龙《艺风堂友朋书札上》，上海：上海古籍出版社，1980年。

彭玉平《王国维〈文学小言〉研究》，《河南师范大学学报（哲学社会科学版）》2011年第1期，第160—165页。

彭玉平《王国维与梁启超》，《中山大学学报》2009年第2期，第39—51页。

彭华《王国维之生平、学行与文化精神》，《儒藏论坛》2009年第2期，第45—70页。

彭江《教育之根与文化自觉——读顾明远先生〈中国教育的文化基础〉有感》，《中国教育学刊》2006年第5期，第12—14页。

彭明《五四运动史研究的几个问题》，《文史哲》1989年第3期，第3—9页。

彭春凌《以"一返方言"抵抗"汉字统一"与"万国新语"——章太炎关于语言文字问题的论争（1906—1911）》，《近代史研究》2008年第2期，第65—82页。

斯道雷著、杨竹山译《文化理论与通俗文化导论》，南京：南京大学出版社，2001年。

董宝良《蔡元培整顿与改革北京大学的历史经验》,《青岛科技大学学报(社会科学版)》2005年第3期,第99—104页。

董标《符号、知识与课程》,《教育理论与实践》2003年第3期,第6—10页。

蒋建华《全球课程改革走向何方》,《教书育人》2005年第1—2期,第28页。

蒋梦麟《西潮·新潮》,长沙:岳麓书社,2000年。

蒋维乔《中国教育会之回忆》,《东方杂志》第33卷第1号,1936年1月。第7—15页。

辜鸿铭《清流传》,北京:东方出版社,1997年。

喻长霖《京师大学堂沿革略》,载陈学恂主编《中国近代教育史料中册》,北京:人民出版社,1986年。

程天君《"接班人"的诞生——学校中的政治仪式考察》,南京:南京师范大学出版社,2008年。

程勉中《敢为天下先的〈无锡白话报〉》,《档案与建设》1998年第2期,第44页。

程鸿彬《延安1938—1942——"都市惯性"支配下的文学生产》,《中国现代文学研究丛刊》2009年第1期,第163—172页。

程福蒙《全球化与本土化之间:课程改革论述的转变与文化认同问题》,《教育学报》2006年第3期,第27—31页。

傅斯年《致胡适》,《傅斯年全集 第7卷》,长沙:湖南教育出版社,2000年。

傅斯年《教育崩溃之原因》,《傅斯年全集 第5卷》,长沙:湖南教育出版社,2000年。

傅斯年《新潮之回顾与前瞻》,《新潮》1919年第2卷第1号,第199—205页。

傅斯年《新潮发刊旨趣书》,《新潮》1919年第1卷第1期,第1—4页。

孟真(傅斯年)《出版界评》,《新潮》1919年第1卷第1期,第131—133页。

孟真(傅斯年)《答》,《独立评论》1932年7月31日第11号,第23页。

舒新城《今后的中国道尔顿制——并将两次参与道尔顿制实验失败的经

验呈读者》，见吕达、刘立德编《舒新城教育论著选 上》，北京：人民教育出版社，2004年。

舒新城《我和教育——三十五年教育生活史（1893—1925）》，上海：中华书局，1945年。

舒新城《现代教学方法》，上海：中华书局，1930年。

舒新城《蜀游心影》，上海：开明书店，1929年。

鲁迅《门外文谈》，《且介亭杂文》，北京：人民文学出版社，1973年。

鲁迅《无声的中国》，《三闲集》，北京：人民文学出版社，1973年。

鲁迅《自序》，《呐喊》，北京：人民文学出版社，1973年。

鲁迅《中国小说史略》，《鲁迅全集 第9卷》，北京：人民文学出版社，2005年。

鲁迅《关于太炎先生二三事》，见许寿裳《章太炎传》，南昌：百花文艺出版社，2004年。

鲁迅《估〈学衡〉》，《热风》（《鲁迅全集》第1卷），北京：人民文学出版社，2005年。

鲁迅《现今的新文学的概观》，《三闲集》，北京：人民文学出版社，1973年。

鲁迅《扁》，《三闲集》，北京：人民文学出版社，1973年。

鲁迅《致许寿裳》（1918年1月4日），《鲁迅全集 第11卷 两地书书信》，北京：人民文学出版社，2005年。

鲁迅《随感五十四》（一九一九），《热风》，北京：人民文学出版社，1973年。

鲁迅《随感录三十三》，《热风》，北京：人民文学出版社，1973年。

鲁迅《鲁迅日记》，《鲁迅全集 第6卷》，北京：人民文学出版社，2005年。

鲁洁《应对全球化：提升文化自觉》，《北京大学教育评论》2003年第1期，第27—30页。

谢长法等《〈教育世界〉与晚清实业教育》，《职教论坛》2009年4月（上），第62—64页。

靳玉乐等《新课程改革的文化哲学探讨》，《教育研究》2003年 第3期，第 67—71 页。

雷洁琼《顾颉刚先生在燕大的活动》,见王熙照编《顾颉刚学行录》,北京：中华书局,2006 年。

虞昊、黄延复《中国科技的基石——叶企孙和科学大师们》,上海：复旦大学出版社,2000 年。

虞昊《叶企孙》,北京：金城出版社,2011 年。

詹武《颜任光》,《新东方》2000 年第 9 期。

静观《北京大学新旧之暗潮》,《申报》1919 年 3 月 6 日,第 6 版。

姜丹书《施存统的〈非孝〉与"浙一师风潮"》,《民国春秋》1997 年第 3 期,第 25—26 页。

蔡元培《十五年来我国大学教育之进步》,见高平叔编《蔡元培全集 第 5 卷》,北京：中华书局,1988 年。

蔡元培《三十五年来之中国新文化》,见高平叔编《蔡元培全集 第 6 卷》,北京：中华书局,1988 年。

蔡元培《五十年来中国之哲学》,《蔡元培学术论著》,杭州：浙江人民出版社,1998 年。

蔡元培《为北京大学堂改称并推荐严复任校长呈》,见高平叔编《蔡元培全集 第 2 卷》,北京：中华书局,1984 年。

蔡元培《北大第二十二年开学式演说辞》(1919 年 9 月 20 日),见高平叔编《蔡元培全集 第 2 卷》,北京：中华书局,1984 年。

蔡元培《对于新教育之意见》,见高平叔编《蔡元培全集 第 2 卷》,北京：中华书局,1984 年。

蔡元培《自写年谱·我在教育界的经验》,见高平叔编《蔡元培全集 第 7 卷》,北京：中华书局,1989 年。

蔡元培《我在北京大学的经历》,见陈平原编《北大旧事》,北京：北京大学出版社,2009 年。

蔡元培《我在教育界的经验》,见高平叔编《蔡元培全集 第 7 卷》,北京：中华书局,1989 年。

蔡元培《我在教育界的经验》,见高平叔编《蔡元培全集 第 7 卷》,北京：中华书局,1984 年。

蔡元培《序》，见胡适《中国哲学史大纲》，上海：上海古籍出版社，1999年。

蔡元培《爱国女学三十五年来之发展》，见高平叔编《蔡元培全集　第7卷》，北京：中华书局，1984年。

蔡元培《就任北京大学校长之演说》，见高平叔编《蔡元培全集　第3卷》，北京：中华书局，1984年。

蔡元培《蔡孑民先生在爱国女学校之演说》，《东方杂志》第14卷第1号，1917年1月，第20—22页。

蔡元培《整顿北京大学的经过》，见高平叔编《蔡元培全集　第7卷》，北京：中华书局，1989年。

蔡登山《现代文学史遗落的两位女作家——徐芳与王世瑛》，《民国的身影：重寻遗落的文人往事》，桂林：广西师范大学出版社，2009年。

裴宜理著、刘平译《上海罢工：中国工人政治研究》，南京：江苏人民出版社，2001年。

廖世承《东大附中道尔顿实验报告》，上海：商务印书馆，1925年。

廖梅《汪康年与中国近代化思潮的特征》，《复旦学报》1996年第6期，第91—96页。

翟翔《寻觅胡适之》，《博览群书》2012年第11期，第119—122页。

黎锦晖《国语运动史纲上》、《国语运动史纲下》，上海：商务印书馆，1935年。

潘毅《中国女工——新兴打工者主体的形成》，北京：九州出版社，2011年。

潘懋元《蔡元培教育思想》，《辽宁高等教育研究》1982年第1期，第57—76页。

薛涌《政治与文化》，《读书》1986年第8期，第40—49页。

魏定熙《北京大学与中国政治文化》，北京：北京大学出版社，1998年。

瞿葆奎《中国教育学百年（上）》，《教育研究》1998年第12期，第3—12页。

瞿葆奎《两个第一：王国维译、编的〈教育学〉——编辑后记》，《教育学报》2008年第2期，第3—9页。

C. C.Yu. Professor Jonquei Ssu-Kuang Lee,《国立中央研究院地质研究所丛刊第八号李四光教授六旬寿辰纪念册》，地质研究所印行，1948年11月。

第 I—VII 页。

Ronald E.Koetzsch 著、薛晓华译《学习自由的国度：另类学校在美国的实践》，上海：华东师范大学出版社，2005 年。

二、英文部分

Alexander, B.K.et al. *Performance Theories in Education: Power, Pedagogy, and the Politics of Identity*. L. Erlbaum Associates, 2007.

Apple, M.E. *Official Knowledge: Democratic Education in Conservative Age*. London: Routledge, 1993.

Ayers, W. *Chang Chih-tung and Educational Reform in China*. Cambridge: Harvard University Press, 1971.

Barnard, H. *German Schools and Pedagogy: Organization and Instruction of Common Schools in Germany*. New York: F.C.Brownell, 1861.

Bauman, Z. *Modernity and the Holocaust*, Cambridge: Polity Press, 2007.

Biggerstaff, K. *The Earliest Modern Government School in China*, Cornell University Press, 1961.

Bonnell, V.E. & Hunt, L. eds. *Beyond the Cultural Turn: New Directions in the Study of Society and Culture*. Berkeley and Los Angeles: University of California Press, 1999.

Buck, P. ed. *Social Science in Harvard, 1860-1920*. Cambridge: Harvard University Press, 1980.p.225.

Canguilhem, G. Report from Mr. Canguilhem on the Manuscript Filled by Mr. Michel Foucault, Director of the Institute Francais of Hamburg, in Order to Obtain Permission to Print His Principal Thesis for the Doctor of Letters, in *Critical Inquiry*, Vol.21, No.2, 1995. p.280.

Center for Contemporary Culture Studies. *First Report*. University of Birmingham, Sept., 1964.

Chesneaux, J. *Popular Movements and Secret Society in China, 1840-1950*. Stanford: Stanford University Press, 1972.

Chiang Monlin. *A Study in Chinese Principles of Education*, Shanghai: Commercial Press, 1918: 154-168.

De Certeau, *The Practice of Everyday Life*. Berkeley: University of California Press, 1984.

Duiker, W.J. *Ts'ai Yüan-p'ei: Educator of Modern China*. University Park: Pennsylvania State University Press, 1977.

Elman, B.A. *Classicism, Politics, and Kinship: The Ch'ang-chou School of New Text Confucianism in Late Imperial China*. Berkeley: University of California Press.1990.

Elman, B.A. *From Philosophy to Philology: Intellectual and Social Aspects of Change in Late Imperial China*. Cambridge: Harvard University Press, 1984.

Foucault, M. *Madness and Civilization*. New York: Routledge, 2001.

Foucault, M. *The Birth of Clinic*. New York: Routledge, 2003.

Geitz, H. et al. eds. *German Influences on Education in the United States to 1917*.New York: Press Syndicate of the University of Cambridge, 1995.

Gibson, M. *Culture and Power, A History of Culture Studies*. New York: Berg Publishers, 2007.

Giroux, H.A. Curriculum, Multiculturalism, and the Politics of Identity, in *NASSP Bulletin: National Association of Secondary School Principals*, Vol.76, No.548. 1992. p.1-11.

Hayhoe, H. ed. *Education and Modernization: The Chinese Experience*. Oxford: Pergamon, 1992. Potts, P. *Modernising Education in Britain and China*. New York: Routledge Falmer, 2003.

Hayhoe, R. *China's University,1895—1995: A Century of Cultural Conflict*. New York: Garland Publishing, Inc.1996。

Horggart, R. *The Use of Literacy*. London: Penguin , 1958.

Iserael, J. *Student Nationalism in China: 1927-1937*. Stanford: Stanford University Press, 1966.

Keenan, B. *Imperial China's Last Classical Academy : Social Change in the Lower Yangzi,1864-1911*. Berkeley: Institute for Asian Studies, University of

California, 1994.

Kros, C. Ethnic Narcissism and Big Brother: Culture, Identity, and the State in the New Curriculum, in *Bulletin of African Studies in Canada*, Vol.38, No.3, 2004. p.587-602.

Kwong, L.S.K. *A Mosaic of the Hundred Days: Personalities, Politics, and Ideas of 1898*. Cambridge: Harvard University, Council on East Asian Studies,1984.

Lawton, D. et al. *Theory and Practice of Curriculum Studies*. Abingdon: Routledge, 2012.

Legemann, E.C. *An Elusive Science: the Troubling History of Education Research*. Chicago: The University of Chicago Press, 2000.p.233.

Li, L. *Student Nationalism in China, 1924-1949*. Albany: State University of New York, 1991.

Maton, K. et al. Returning cultural studies to education, in *International Journal of Cultural Studies*, Vol.5, No.4, 2002. p.379-392.

Mclaren, P. et al. A Revolutionary Critical Pedagogy Manifesto for the Twenty-first Century, in *Education and Society*, Vol.27, No.3, 2009. p.59-78.

Millner, J. *The Passion of Michel Foucault*. Cambridge: Harvard University Press, 2000.

O'leary, T.F. *An Inquiry into the General Purpose, Function, and Organization of Selected University Schools of Education*. Washington: Catholic University of America Press, 1941. p.27.

Peter McLaren, P. & Farahmandpur, R. *Teaching Against Global Capitalism and the New Imperialism: A Critical Pedagogy*. Oxford: Rowman & Littlefield Publishers, Inc. 2005.

Phillips, R. Contesting the Past, Constructing the Future: History, Identity and Politics in Schools, in *British Journal of Educational Studies*, Vol. 46, No. 1.1998.p. 40-53.

Powell, A.G. *The Uncertain Profession: Harvard and the Search for Educational Authority*. Cambridge: Harvard University Press, 1980. p.271-275.

Schwartz, B.I, *In search of wealth and power: Yen Fu and the West*. Cambridge: Belknap Press of Harvard University Press,1964.

Steinmetz, G. *State/Culture: State-Formation after the Cultural Turn*. Ithaca: Cornell University Press, 1999.

Tarc, A.M. Reparative Curriculum, in *Curriculum Inquiry*, Vol. 41, No. 3. 2011.p. 350-372.

Tobin, K. Toward a Cultural Turn in Science Education, in *Cultural Studies of Science Education*, Vol.1, No.1, 2006. p.7-16.

Wang Fan-sen, *Fu Ssu-nien: History and Politics in Modern China*. Princeton: Princeton University Press, 1993.

Weaver, J. (Popular) Culture Matters - Iterating Curriculum, Identities, and Hip-Hop, in *Journal of Curriculum Theorizing*, Vol.20, No.1. 2004. p.111-112.

Webster, F. Cultural Studies and Sociology at, and after, the closure of the Birmingham School, in *Cultural Studies*, Vol.18, No.6,2004. p. 847-862.

Wen-hsin Yeh, Middle Country Radicalism: May Fourth Movement in Hangzhou, in *China Quarterly*, Vol.140, Dec.1994. pp.903-925.

Wen-hsin Yeh,*Provincial Passages: Culture, Space, and the Origins of Chinese Communism*. Berkeley: University of California Press, 1996.

Williams, R. *Culture and Society, 1780-1950*. London : Chatto & Windus, 1959.

Williams, R. *Marxism and Literature*. Oxford: Oxford University Press, 1977.

Willis, P. *Learning to Labor: How Working Class Kids Get Working Class Jobs*. New York: Columbia University Press, 1981.

后　记

十八年前（1996年）秋，我来到丁钢先生门下学"教育史"，方向是"中国文化与教育"。曾在英语系读过一点教科书的我由此第一次听说"做学问"，只不过我一点儿心得也没有。相比之下，1912年，17岁的钱穆高中毕业后到乡下小学任教，没多久便知道参照《马氏文通》的体例，研究《论语》中的修辞法，还写成一部《论语文解》，以超越当时伦理说教型的《论语》教学。我读研究生时23岁，却仍不知道该读什么书，如何读，读后又能做出什么学问与教学。

做这样的联想与比较是想说，我起初并非"做学问"的料。一直以来的上学不过是在应付教科书、考试，踢球、听歌而已。读研究生了，同样难逃这些经历，然后到毕业时重复大学时的蒙昧结局，不知道自己能做什么。很明显，非得有人出来干预，我才能走出无知与蒙昧。这个出来干预的人正是我的导师丁钢先生。

印象中，老师的第一次干预是叫我列出报到以来自学了哪些"中国文化"和"教育史"著作，给了我三次机会，我也未列出一份能让老师满意的书单，我所列的都是常见教科书，且编者是谁也说不清。像《论语》，都不知道先读杨伯峻译本，再读刘宝楠译本。之后，老师把我训了一顿。当时的我的确十分无知，仍以大学时的任课教师印象来对待导师的干预，私下想你凭什么训我。

言外之意，我并不"服气"。后来，老师把我领到家里聊天，听老师讲他当年如何做佛教史研究，以及怎样整合哲学、文化史和教育史。这次的

"登堂入室"让我开始"服气"。聊天结束时，老师给我布置了一本书读——我从未听过的海德格尔的《存在与时间》，还叮嘱我看《读书》杂志，说什么"你可以不读书，但不能不读《读书》"。海德格尔的书，我读了两个月也不知道它写的什么。《读书》里的文章，有些倒是能看出点意思。我因此有了一份必看的杂志。

第二年，我读了不少二手评论，才对海德格尔的书略微有点明白，并因此喜欢老师的安排。我不知道老师为什么让我读《存在与时间》，但这本书的确很适合长期找不到"意义"的我。之后，老师又引导我去揣摩康德、黑格尔的历史哲学，读后同样也有这种效果。我因此开始关注康德、黑格尔如何思考"历史"，为整个人类生活确立了什么样的终极"目的"或意义。

看书期间，老师继续和我聊天，聊他大学、研究生时的哲学与中国古典文化求学经历。慢慢地我有些明白，老师让我看《存在与时间》《读书》，看康德、黑格尔，是为了将我引入他那一代人的文化世界，让我体会1980年代"文化热"时期有过什么样的思想方式与意义探寻努力。就是这通哲学与思想训练让我喜欢上了读书，也首次体会到了何谓令人佩服的教师与教学。不仅如此，我还试图仿照海德格尔、康德等人，去思考"历史"、人生以及教育的"终极意义"。

我总算有了很想去研究的问题。有问题后，读起书来也更有劲。马克思、福克纳、卡夫卡以及当时影响甚大的先锋作家余华等人如何描绘"历史"或人类存在的意义？学界有何高手能准确生动地解释这些人的"历史"或人类思考？我总是追切想在诸如此类的问题上求得解答。只要校园里那两家学术书店——"心中书社"、"大夏书店"（均早已关门）——有好书来，我便去买。然后还去上图和季风、鹿鸣等书店。我甚至想，要是可以一辈子尽情踢球、买书、读书就好了。但现实问题依然无法绕过，而最棘手的现实问题莫过于"硕士论文"写什么，才符合"教育史"的专业规矩。

老师像是心里有数，写什么，怎么写，都由我自己定。我决定写王阳明的"教育哲学"，这样既未逾越"教育史"专业认可的人物，又能表达在老师一番训练下养成的思考兴趣。至于为何选王阳明，则因为我曾读到余英时先生的《钱穆与中国文化》，里面说钱先生创办新亚书院时曾病倒在教室里，但他不去看医生，而是叫余英时去取《王阳明全集》。余先生的描述让我震撼：王阳明这么厉害，那他在教育方面有过什么壮举呢！于是我写了王阳明如何超越早已形同虚设的权威理学教育，开拓他认为真正有力量的心学教育。

硕士论文写完，老师要我留下读博士。我犹豫过一阵，但最后还是选择留下读书，并很快迷上了伯明翰学派的"文化研究"、布尔迪厄的文化社会学及"后现代"文化理论。这些理论让我觉得，原来读书与写作其实不必围绕经典著作打转，而大可以表达普通人的日常生活及其种种体验与问题。而就在此时，老师突然开起讲座，讲福柯的"知识考古学"。于是我跟着读起了福柯。我记得，随便翻到的第一句话便让我震撼，那句话大意讲，人们总要依靠喋喋不休地说话来维持交往与礼仪，好像一不说话便会有问题，为什么友谊不可以在沉默中发生呢？

等到读完他的传记及诸多著作时，我将福柯视为最欣赏的当代西方思想家和文化史学家。康德、马克思等均曾论证，"历史"或人类生活是由相互矛盾乃至你死我活的"人性"与"社会"力量构成的。福柯作为"二战"后崛起的法国新一代先锋思想家同样相信"历史"的矛盾性与悲剧性，但福柯和他们表达得不一样，他的读书与写作不是为了揭示"历史"中普遍抽象的"人性"或"社会"矛盾，而是在呈现西方"日常生活世界"中起着支配作用，任何西方人（从国王、总统到罪犯）都无法摆脱的悲剧经验结构。他也因此把普遍抽象的古典哲学，改造成了如艺术电影、先锋话剧一般发人深省的著作。

福柯真是风格全新的先锋哲学思考者与写作者，我根本不知道可以将他划入哪个"专业"体系。不过，吸引我的还不是福柯倔强的"跨专业"表现，而是他的非凡思想与写作能力：在康德、黑格尔、马克思等一流思想家，以及许多文学家早已写出大量杰出"历史"著作的情况下，他还能想出、写出才华横溢、新意迭出的崭新"历史"作品。

因为受伯明翰学派、布尔迪厄和福柯的影响甚大，我也希望自己能写出与他们风格相近的博士论文。首先想到的是，重返家乡，调动自己熟悉的"日常生活"经验，刻画1980年代以来"国营"小工厂的教育生活与"情感结构"变迁。我写了八万多字的计划。老师看后觉得，做下去的话，需要一年半载的蹲点，这样会中断读书进程，形成不了对将来发展有利的厚实理论积累。我觉得老师分析得有理,因此放弃自己熟悉的"日常生活"经验及返乡计划,转到图书馆中寻觅合适的教育往事,勾勒一幅充满喧哗与斗争、让人无所适从的教育历史景观。最终我在十一世纪的"教育空间"里,找到了满意的教育历史景观。之后答辩时,又幸运地遇到鼓励年轻学子创新的田正平先生担任答辩主席,从而不仅顺利完成生平第一部"专著",还得到一纸"教育史"博士学位证书。

2002年秋,我毕业留校,进入"课程与教学系",因此得以继续留在老师身边读书。那时我第一次听说"课程与教学系",自然不清楚它是做什么的。但是老师也没对我说什么,他和过去一样,只叫我继续读书。但我很清楚工作毕竟不同于可以自由读书的学生时期,这次我真得把自己的读书、思考和"课程论"这一闻所未闻的新专业联系起来,所以我开始梳理美国1910年代以来的"课程论"历史演变轨迹,了解大学里的"课程专家"到底是做什么的。

起初的梳理结果让我沮丧。博比特、泰勒等先驱"课程开发专家"、"课程管理专家"或"课程评价专家"都是在帮助中小学设计课程,或指导中小学教师做教学改革。在我的印象里,帮中小学设计课程,给中小学教师提供教学改革指导均是"教研员"做的事。而我对这些事一点经验与心得都没有,怎样才能把"课程论"专业做好,从而可以像博比特、泰勒那样,成为比"教研员"更具专业能力的"课程开发专家"、"课程管理专家"或"课程评价专家"?

还好,当梳理到1970年代以来兴起的新型"课程论"时,我看到了不少人文社会学背景的"课程理论家"、"课程社会学家"和"课程政治学家"。他们多是美国1960年代大学校园里以颠覆西方传统礼教、游行示威、玩摇滚乐等"文化革命"行动,来推翻当代西方"资本主义"体制的"左翼"文科学子和"新马克思主义"者。"文化革命"消失后,他们因为各种机缘转入美国州立大学的"课程与教学系",然后一直在以马克思主义、后现代主义等文化社会理论武器,批判美国联邦政府1980年代以来的"新自由主义"教育路线和课程改革运动。

他们的批判让我觉得,"课程论"专业所做之事,除了和"教研员"比试专业功夫外,还可以依靠文化社会理论对现有课程与教学展开批评。而我恰好有些文化社会理论知识积累。可以说，从看到他们的作品起，我便十分欣赏这一代教育批判家。总之，遇到他们，让我觉得自己可以写点儿关于课程的批评文章。然而不久我发现，对于美国课程，国内"课程论"业界并无批判兴趣，他们感兴趣的乃是从《不让一个孩子落后》《力争上游》等美国联邦政府问题重重、甚至自欺欺人的课程改革文件中着力寻求参照与"启示"。

如此一来，从马克思主义、后现代主义等文化社会理论出发批评美国课程有何意义呢？它能让我在业界获得立足之地吗？同时，我对"教研员"的工作既毫无兴趣又乏知识积累，不可能成为泰勒式的古典"课程专家"。入职之初的我真希望自己是在"教育社会学"体系里任职，那样的话，我便可以没有跨专业压力，可以安心探索以文化社会理论为基础的课程研究与批评；而且"教育社会学"体系里的人也很热情地接纳了我，即使我是个业余的"教育社会学"爱好者。

为了适应专业体系，我开始调整，暂时搁置博士以来的历史与文化理论积累，悲剧、欲望、权力、资本，还有福柯、伯明翰学派等等都要跳过去，改用"课程论"专业的主流概念，围绕它们构思新的写作主题，从而可以为"课程论"专业做点事情。我不知道其他毕业后因为各种原因也要改行的年轻学子是如何应对专业转型的，但对我来说，这的确是一件极其困难的事。

幸运的是，系里工作风格十分自由。几位学科负责人更是让我在"基地所"兼职，鼓励我写"课程改革"、"课程领导"、"教师专业发展"方面的论文。那些年，教育部正在实施"新课程改革"，我所在的系与"基地所"承担了诸多"新课程改革"重任。面对系所领导的期望与鼓励，我确实得写点东西，以分担一点任务。但我到底因为缺乏"课程论"专业基础与能力，总写不出，以至几乎辜负了系所的期望与鼓励。

头一年的摸索确实很困难。我看了许多国内外有关"课程论"的专业文章，但只要与自己的那点历史与文化理论基础不吻合，我便不知道专业文章在讲什么，更搞不清从中可以学到什么。怎么会这样？一旦离开博士期间打下的那点历史与文化理论基础，我竟不会阅读、思考，也不会写东西。而此前写的东西，即那幅十一世纪文化教育景观，又无法与当时系所及整个"课程论"业界关注的"新课程改革"建立起理论联系。

若是高人，也许能轻易建立起联系。但我无论怎么想，都找不到合适的理论方式，从而将博士论文描绘的历史景观注入业界关注的"新课程改革"。我不得不离开十一世纪，转入民国时期。当时人文学界也兴起了民国学术史研究热潮，到处都能看到章太炎、梁启超、胡适、陈寅恪等前辈的学术文化身影，这为我认识民国历史经验提供了许多线索与史事基础。同时，我的老师则在提倡"教育叙事研究"。因此2004年春，我确立了一个探索方向——考察钱穆、朱自清、顾颉刚等民国教育界前辈的教育人生。直到2009年前往加州大学洛杉矶分校学习，我都在做这种考察，并以为这样做，能对"新课程改革"议题作出一些积极回应。

也因此，起初几年里，我时常得琢磨"课程论"业界用以建构课程改革议题的专业概念，其中想得最多的专业概念是"教师专业发展"和"新课程"。我希望能从这些概念出发，来理解民国前辈教师的教育人生，从而将民国前辈的教育经验带入"新课程改革"的议题论坛。颇为尴尬的是，似乎就是因为太缺乏专业基础，即使看过国内外许多相关文章，我也无法形成任何明确且可以赢得业界重视的"教师专业发展"和"新课程"理论。最终我只能凭借来自现实或历史的印象，来界定它们的内涵。

例如，琢磨"教师专业发展"时，我竟将其内涵界定为某个以"教书"为业的人，在"教书生活"中可能经历的一切"酸甜苦辣"。我就是用这种"教师专业发展"理论，来解读前辈教师的教育人生。至于"新课程"的内涵，我的界定更是不专业。我觉得所谓"新课程"，就是指学校"课程表"上没有的以前未曾开设的课程，而当代中国的确需要发展许多"新课程"，如环境保护研究、海洋文化研究、流行文化批评等。

依靠这些以印象为基础的专业概念界定，我从前辈教师的教育人生、从他们的学术与教学实践中，归纳出了一门"五四"以来兴起、至今仍然十分重要的"新课程"，即"中国文化教育"，并为此写了本专著。然而直到2009年出国访学，我的"教师专业发展"和"新课程"界定，以及由此界定形成的历史经验描述，也没有对业界的"新课程改革"议题探讨及其解题方式产生任何影响。这让我觉得自己在业界仿佛是个"多余的人"。

现在想来，原因都来自自身——缺乏专业基础，又不肯下功夫做好专业转型。其实，在基础教育改革日渐重要的时代，中国十分需要比"教研员"还要厉害的"课程开发专家"、"课程管理专家"和"课程评价专家"。但这是事后之见，出国前的我仍只留恋在书斋里读书，留恋博士以来形成的那点历史与文化理论根底。

来到加州大学洛杉矶分校后，同样每天只知道往图书馆跑，那里的图书馆实在太适合读书。里面不光有学生，还有许多教授，包括我的美方导师。美方导师年近八旬，研究领域是教育政治史、大学史和宗教文化史。他也觉得，像我这样只乐于跑图书馆的人，绝不可能成为"课程专家"，因为后者除了需要看业界专业文章外，还得经常往中小学和教育局跑。

美方导师对我跑图书馆有一种强化作用。那里的教育学院也很有意思，除美方导师外，还有麦克拉伦和研究后现代理论与媒体文化的凯尔纳。这些人的书我之前看过不少，来洛杉矶后才发现，原来他们是在 Urban School 系（相当于"课程与教学系"）工作。他们都是"课程论"业界的另类。一个是在书斋里，拿着马克思主义理论武器，四处寻找联邦政府、OECD、世界银行等"帝国主义"体系的教育文献，以对其展开批判。另一个除在书斋外，还曾在纪录片工作室工作，忙于撰写媒体文化论著，制作纪实节目，引导教师、研究生和公众批判联邦政府、商业媒体共谋出来的种种反民主的文化"鸦片"。

只是当时他们均已老去，也没有合适的年轻人来接班，他们所在的"课程与教学系"必然会因此发生巨变，或许再也看不到马克思主义的西方"资本主义"和"帝国主义"批判，以及微观灵活的美国媒体文化批判与教学。但他们都做了自己认为正义的事，而且坚持做了一辈子。

2012年春，麦克拉伦无法继续留在加州大学洛杉矶分校，只能远赴新西兰奥克兰大学。远走新西兰之前，他来本所和南京师范大学教育社会学研究中心交流。记得我带他去朱家角游玩时，他在店铺里，一看到毛主席像章、红军帽等红色小物件便来劲儿。我也因此更加觉得他是一个有信仰的人——信仰马克思主义。他对美国联邦政府、OECD 等"帝国主义"体系的教育改革举动发起批判，他是在以新的实践方式，延续大学时便已定下的马克思主义信仰，即重建西方"资本主义社会"体制。

接待麦克拉伦时，我早已想好自己作为教师该做什么，能做什么。其实就是读点书，写点意义自知的文章，然后依靠它们教点书而已。入职后研究点转向民国历史经验以来，我其实也在做这些事。只是刚开始那些年，不知道安心把这些事做好便可以了，思绪老是被如何在业界的专业体系里立足以及写的东西能否在"新课程改革"中派上用场等外在问题缠住。但现在这些问题都已淡去了。

博士毕业后的跨行就业以及由此而产生的专业认同危机，同样早已消散。我甚至觉得："课程论"乃至整个"教育学"堪称最"兼容并包"的专业：文理科学术、电影、音乐、美术、小说、戏剧等广为人知的"文化"，只要喜欢，觉得有意义，其实都可以放入其中，因为它们都是某种"课程"和"教育"，并一直在影响社会大众和无数被称作"学生"的年轻生命。只不过"课程论"业界现有的研究与教学体系容量尚小，只能探讨"课程开发"、"课程评价"、"教师专业发展"等专业议题，体制与人力还未健全到可以涵盖那些广为人知的"文化"，更不可能向"教研员"、中小学推广那些"文化"。

专业认同危机之所以会消解，思绪之所以不再被那些外在问题缠住，有许多原因：比如老师一直支持我不拘泥于任何学科与专业的做法，并为我作示范；再如其他师长以及"课程论"业界诸多未曾当面请益的前辈给予的无私认可与鼓励。不过这些因素似乎都不如所读之书影响大。言外之意，我是在了解诸多民国教育界前辈的职业生涯与意义建构努力之后，才慢慢安静下来，并知道了自己到底该做和能做什么。

像章太炎先生，经历本已无比丰富，竟还曾跳出整个"历史"或"三界"之外，试图建构常人看来不可能实现的"乌托邦"世界，为清末以来各种几无意义的人生定下新的奋斗目标。蔡元培、梁启超、王国维、胡适、钱穆、朱自清、顾颉刚、陈寅恪等其他前辈，未必都能达到章太炎先生的丰富、透彻与高度，但在一无是处的历史与人生境遇中，他们均能建立起堪称高尚、且相对统一的人生理想，它便是尽力以教育、学术和写作的方式，为国家做点儿有意义的事。

民国前辈的经历让我觉得自己有过的专业困惑实在微不足道，我也因此总是留恋前辈们的历史世界。本书即是过去十年"民国之旅"的总结，其所描述的正是几代前辈的意义建构努力。无疑，和几代前辈比，我没有能力提出前辈们曾提出的种种现代文化理想，也未曾像他们那样，在无比艰难的情况下，仍要为中国在西方面前实现文化与教育独立，坚持从事研究、写作与教学。但我却可以尽力理解、描述他们的努力经历，并因此深信，对当代教师而言，如果他们能像许多前辈那样，致力于以自己的教育、学术和写作实践，为国家创造并传播一点有价值的现代"科学"或"艺术"文化，那便是在过一种有意义的教育人生。

尤为重要的是，过去十年的读书、思考还让我对"中国文化"有了更为丰富的理解。读硕士时，在老师的启发下，我知道可以将"中国文化"界定为"儒佛道"思想，同时也欣赏老师试图以"中国文化"之名，改变"教育史"只关注儒道思想的传统视野。写博士论文时，我受福柯影响，竟像"五四"青年那样，把"程朱理学"看作紧张教育格局与矛盾生命体验的制造力量，认为正是它成为"知识权力"，才使得此前及此后时常在"学生"和社会日常生活中出现的东西，如元稹、苏轼、秦观、曹雪芹等人的文学实践，都被视为"玩物丧志"，乃至堕落。

从"文学"角度揭示"程朱理学"在"学生"和社会日常生活领域制造的无情与霸道，把福柯式的文化视野与美学风格注入传统"教育史"的"理学教育"叙述框架，同时丰富老师的"中国文化"架构与议题，将"文学"与生命美学拉入其中，这是我写博士论文的基本考虑。总之是在彰显福柯式的"中国文化"理解。诸多"经学"甚至"子学"等权威经典因此被归为"压抑"来源，诗词小说一类的"文学"则被视为"美好"象征。但在考察了诸多民国前辈的文化转向与文化归宿之后，福柯式的"中国文化"理解崩溃了。

大约从2007年起，我不再把"中国文化"视为福柯式的"分裂"或"排斥"结构，在其中，"经学"、"子学"几无人趣，却高高在上，"文学"、"工艺"则被视为几无价值的"雕虫小技"。会有这种转变，就是因为内心流入许多民国前辈的"中国文化"理解与情怀。尤其钱穆、陈寅恪等先生在任何情况下，都能对本国文化保持"温情"，坚信"中国文化"必将"复振"，这更是让我意识到了自己的任性与肤浅。我常常思考，这些先生均曾努力了解西方文化，为什么他们坚信"中国文化"，甚至一生就是为了以各种方式捍卫"中国文化"而努力呢？

顺着这些先生的"中国文化"信仰，我还耐心体会了孔子为何将远古历史文化遗产整理成"六艺"，以及他为何能给许多学生留下"学而不厌、诲人不倦"的师者形象。我的体会没什么具体学术参照，因此谈不上有何学术或理论发现，但却解答了我读硕士以来的一系列意义难题。我觉得孔子从中国远古历史提炼出来的"仁"的确堪称"极高明而道中庸",它可以消除那些左右西方现代"历史"和人类生活的矛盾力量,而"仁道"什么也不是,它是《诗经》里刻画的种种"好心好意"。

它上符"天道",人间一切美好的存在都由它塑造。好的国家政治、社会秩序、家庭生活、文学、艺术、科技,都源于孔子以《诗经》或其他方式呈现的动人"仁道"。这样的理解让我更加欣赏钱穆、陈寅恪等民国前辈的"中国文化"信仰及其坚定的文化复兴意志,也让我从读硕士以来的"历史"矛盾与悲剧思想中走了出来,从此不愿再被福柯式的文化矛盾束缚住。我甚至为福柯感到遗憾,一直梦想在"另一种文化"中思考、生活的他如果熟悉《诗经》以来的美好"中国文化",或许就不会把那么多精力用于"解构"西方现代文明体系了。

此刻的问题是,书写完了,十八年来的读书与思索也暂告段落,又得琢磨未来该做什么。写此书时,夜晚回家路上,总能看到17楼老师办公室的灯还亮着。我知道,老师正在那里阅读最近买的新书,构思"新教育文化史"。他试图把历史及当代电影、音乐、戏剧等等文化实践拉入"教育史"和教育研究,而且除了广为人知的文化实践外,还想把学生的"摇滚乐"实践列为研究对象,看看普通个体在各自境遇中如何以自己的文化实践教育自我、塑造自我。

老师的试验无疑又会影响我,促使我加入其中,并到历史上选择感兴趣的文化实践,分析其文化内涵与教育意义。我也可能选择当代文化实践,并已为此做了许多准备。总之,我将开始一段新的探索旅程。得益于老师的长期引导和诸多师长的无私帮助,我终于不再像十八年前那样不知所措,这一次我很清楚自己要做什么。中国有太多美好的文化实践,无论过去,还是今天,都是如此。仅就文学、电影、音乐等我感兴趣的文化领域而言,这其中就有无数美好的实践努力与作品,我也因此可以一直探索下去,尽管我自己无法创造任何优秀的文学、电影或音乐作品。

最后感谢永梅兄、茶居兄张罗本书出版事宜。我不记得怎么和他们成为朋友的。南北相隔甚远,平时见面也不多,但只要我们一聚到一起,总是相谈甚欢。更早认识的茶居兄,不仅是个诗人,而且很能饮酒,真是个"痛饮酒,熟读《离骚》"的性情中人。他一听到我说在写这本书,便让我交给他处理，感觉就像我敬他酒一般简单。由此想起，这篇后记是从2月9日下午开始写的。当天中午我还在浙江赶高铁。路上一直在下雪，我向送行的友人提起了张岱的《湖心亭看雪》。我喜欢其中的天籁场景与痴相。茶居兄亦喜欢张岱，希望有一天他能如愿回归故乡的天籁小岛，然后永梅兄、我和其他朋友可以前往拜访，看他在岛上饮酒写诗的畅快样子。

2014年2月22日

于华东师范大学文科大楼1635室